汽车专业“十四五”精品教材

新能源汽车维护与故障诊断

（微课版）

主　编　苍安裕　薛　勇　钟奇成
副主编　张斐然　吴燕梅　李　鑫
段亚楚　李丽伟　周文喆　冯世敏

哈尔滨工程大学出版社
Harbin Engineering University Press

内容简介

本书主要从学生所必备的基础技能出发，使学生快速掌握新能源汽车辆维护和常见故障排除方法，并具备诊断故障思维的能力。本书共分6章，主要包括新能源汽车维护与保养、新能源汽车高压安全、新能源汽车故障诊断技术基础、纯电动汽车故障诊断与排除、混合动力汽车故障诊断与排除、新能源汽车典型故障诊断与排除。

本书可作为应用型本科、职业院校汽车专业的通用教材，也可作为汽车类相关专业人员的参考用书。

图书在版编目（CIP）数据

新能源汽车维护与故障诊断 ：微课版 / 苍安裕，薛勇，钟奇成主编. —哈尔滨 ：哈尔滨工程大学出版社，2022.10（2026.3 重印）

ISBN 978-7-5661-3723-4

I. ①新… II. ①苍… ②薛… ③钟… III. ①新能源－汽车－车辆修理－高等职业教育－教材②新能源－汽车－故障诊断－高等职业教育－教材 IV. ①U469.707

中国版本图书馆 CIP 数据核字（2022）第 192904 号

新能源汽车维护与故障诊断（微课版）

XINNENGYUAN QICHE WEIHU YU GUZHANG ZHENDUAN（WEIKE BAN）

责任编辑　张　曦

封面设计　赵俊红

出版发行　哈尔滨工程大学出版社

社　　址　哈尔滨市南岗区南通大街 145 号

邮政编码　150001

电　　话　0451-82519989

经　　销　新华书店

印　　刷　唐山唐文印刷有限公司

开　　本　889 mm×1 194 mm　1/16

印　　张　12

字　　数　345 千字

版　　次　2022 年 10 月第 1 版

印　　次　2026 年 3 月第 2 次印刷

书　　号　ISBN 978-7-5661-3723-4

定　　价　49.80 元

http://www.hrbeupress.com

E-mail:heupress@hrbeu.edu.cn

前言

由于汽车产业快速发展造成了交通拥堵、能源危机和环境污染等问题，成为限制汽车产业发展的主要瓶颈，因此新能源汽车产业成为国家重点发展和大力扶持对象。受益于国家政策的扶持，新能源汽车产业得到飞速的发展，由此带来的新能源汽车后市场将需要大量的销售、维修及其他各方面的人才。

为满足相关专业职业教育的迫切需求，我们组织新能源汽车一线培训专家、维修技师、职教专家及职业院校资深教师，联合编写了《新能源汽车维护与故障诊断（微课版）》一书。本书主要从学生所必备的基础技能出发，使学生快速掌握新能源汽车维护和常见故障排除方法，并具备诊断故障思维的能力。

本书共6章，包括新能源汽车维护与保养、新能源汽车高压安全、新能源汽车故障诊断技术基础、纯电动汽车故障诊断与排除、混合动力汽车故障诊断与排除、新能源汽车典型故障诊断与排除等内容。在内容上强调入门性、基础性，内容组织由浅入深，实用性较强，本书具有以下特色。

（1）注重学生个性与创新精神及实践能力和动手能力的培养，注重技能型、紧缺型人才的培养，以实用、够用为原则，体现职业教育特色，紧密跟随新能源行业的发展。

（2）从实用型人才培养原则出发，内容全面、重点突出、资料新颖、数据准确、层次分明。在理论体系、组织结构和文字论述方面均有新的尝试，能够满足新能源汽车技术领域对实用型高素质人才的需要。

本书由苍安裕（吉林工程技术师范学院长德校区汽车学院）、薛勇（锡林郭勒职业学院汽车系）和钟奇成（防城港市理工职业学校）担任主编，由张斐然（泰安技师学院）、吴燕梅（重庆机电职业技术大学）、李鑫（黄河科技学院）、段亚楚和李丽伟（东明县职业中等专业学校）、周文喆（吉林工程技术师范学院）和冯世敏(湛江电子职业技术学校)担任副主编。本书的相关资料和售后服务可扫描封底微信二维码或登录www.bjzzwh.com下载获得。

本书是编者多年教学实践和相关科研成果的结晶，凝聚了编者的智慧、经验和心血。本书在编写过程中借鉴了大量有关图片，参考了很多汽车厂家的汽车维修资料和国内同行的文献资料，在此一并向相关作者表示真诚的感谢。

由于编者水平有限，书中难免存在疏漏或不足之处，恳请广大师生和读者批评指正。

编　者

CONTENTS
目录

CONTENTS

目录

第一章

新能源汽车维护与保养

本章导读

随着新能源汽车使用时间的推移，功能性组件的性能磨损、老化、腐蚀等原因，可能致使行车安全性能逐渐降低，定期按照规定进行保养，才能保障新能源汽车的安全行驶。相对于传统的燃油汽车，新能源汽车维护项目较少，但是由于结构特征的差别，在其使用与维护中有一定的特殊性。

学习目标

1. 了解新能源汽车维护项目与传统汽车的区别。
2. 熟悉新能源汽车日常保养内容。
3. 掌握新能源汽车的维护项目及内容。
4. 熟悉新能源汽车充电的安全警告及注意事项。
5. 掌握新能源汽车售前检验的操作规程。

第一节 新能源汽车使用与检查

一、新能源汽车的维护与保养概述

大数据、人工智能、新能源等高科技以迅雷不及掩耳的势头已成为生活中不可或缺的一部分，特别是新能源汽车的迅速普及，让人们切实感受到科技的进步。据中国汽协数据显示，2018 年 1 月至 9 月国内传统汽车销量整体下滑 11.55%，新能源汽车销量为 73.5 万辆，同比增速高达 72%，可以感受到新能源汽车的发展已经进入快车道。随着新能源汽车技术的逐渐成熟，加上政府的大力扶持和高度关注，新能源汽车的技术问题和安全问题是有保障的。但是由于新能源汽车在构造上和传统汽油车大不相同，很多人都用保养传统汽车的方法来保养新能源汽车，所以在错误的使用习惯和保养习惯下，汽车的寿命会减少，同时发生事故的概率会增大。

传统汽车需要进行保养，才能充分保持车辆的优势性能，保障驾乘安全。新能源汽车也不例外，但是由于新能源汽车的动力结构与传统汽车不同，在保养方面也有所区别。以下是关于新能源汽车的养护知识介绍。

新能源汽车与汽油车两者在保养上的区别很大，传统汽车主要针对发动机系统的保养，需要定期更换机油机滤等；而纯电动汽车是靠电机驱动，不需要机油、三滤、皮带等常规保养，主要是对电池组和电动机进行日常的养护，并保持其清洁即可，由此可见电动汽车的保养比传统汽车方便很多。

电动汽车保养内容主要包括以下几点。

（1）更换减速器齿轮油。

（2）对底盘固定点进行紧固。

（3）检查车辆涉及的高压接插件是否出现松动、进水、氧化和腐蚀。

（4）对电池包均衡性进行判定。

二、新能源汽车日常保养

（一）新能源汽车的日常检查

新能源汽车日常维护主要包括驾驶舱的仪表显示检查、前机舱部件外观检查、车身及轮胎检查、充电口、车厢内饰及座椅检查五个方面。

1. 驾驶舱的仪表显示检查

下面以 2018 款比亚迪 e5 车（智联畅享型）的仪表来说明，仪表外观如图 1-1 所示。

（1）仪表左侧

仪表左侧显示驾驶人安全带、车速及能量回收、驻车显示等，如图 1-2 所示。驾驶人需要检查仪表显示是否正常，安全带指示灯（安全带没有闭合时）、整车系统故障灯、气囊安全指示灯、低压电池电量警告灯、驻车制动灯、制动片磨损指示灯等是否点亮。

图 1-1 比亚迪 e5 车仪表外观

（2）仪表上部及中部

比亚迪 e5 车正常上电之后，仪表中部如图 1-3 所示，主要显示动力电池剩余电量、ECO（经济模式）、上电指示灯（OK）、轮胎气压、挡位、定速巡航、行驶里程、制动系统指示灯、充电提醒灯。仪表上部有左转向指示灯、右转向指示灯、前后雾灯、小灯及智能钥匙系统警告灯。

汽车的 ECO 模式分为主动式 ECO 驾驶模式和被动式 ECO 驾驶模式两种。被动式 ECO 没有专门的按键，只有一个提醒功能，驾驶人开车时，会在仪表盘上有一个绿色的 ECO 提醒标志，当车速超过 20 km/h，ECO 会根据当前的能耗进行智能评估，达到最佳能耗率时，仪表盘会同步显示绿色的 ECO 字样。

图 1-2 比亚迪 e5 车仪表左侧

图 1-3 比亚迪 e5 车仪表中部

（3）仪表右侧

比亚迪 e5 车正常上电之后，仪表右部主要显示车速、胎压警告灯、ESP 系统故障灯、动力电池灯、车身防盗指示灯等。

2. 前机舱部件外观检查

在车辆下电的情况下，检查前机舱室左侧（相对于驾驶人一侧）PTC 罐、动力电池包冷却液、前机舱室右侧的洗涤液和四合一冷却液。检查低压蓄电池的桩头是否连接牢靠，外观检查高压电控箱体的高压接插件是否牢靠等，如图 1-4 所示。

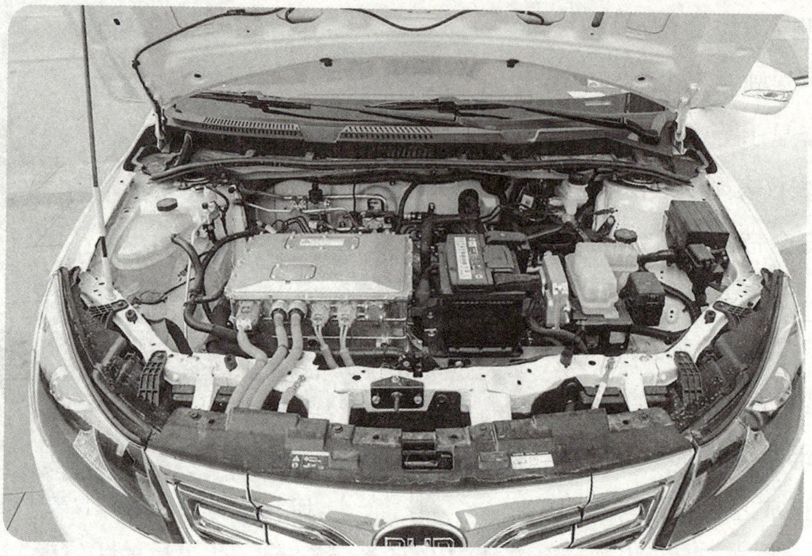

图 1-4　比亚迪 e5 车前机舱

3. 车身及轮胎检查

比亚迪 e5 车的轮胎及外观检查应按照顺时针方向进行，检查顺序是左前侧车门→左前轮胎及轮眉→前机舱盖及灯光总成→右前轮胎及轮眉→右前车门→右后车门及右后轮胎→行李舱及灯光总成→左后轮胎及左后车门，如图 1-5 所示。

4. 充电口盖的检查

检查交流充电口盖（图 1-6 左侧）和直流充电口盖（图 1-6 右侧）插头桩是否正常、充电口盖是否开闭正常。

图 1-5　比亚迪 e5 车身及轮胎检查图

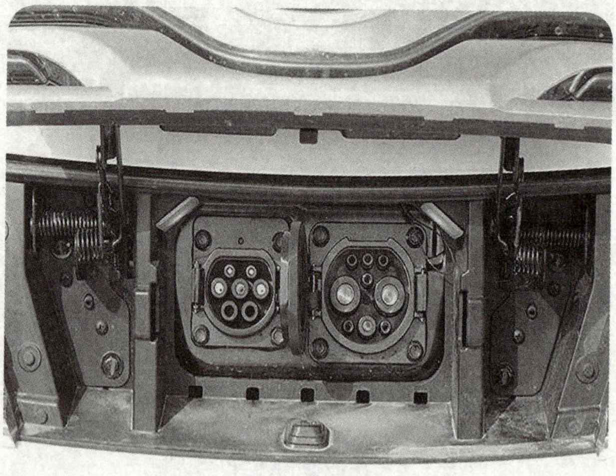

图 1-6　比亚迪 e5 车充电口盖

5. 车厢内饰及座椅检查

检查前、后排座椅、车辆顶篷、地板等内饰情况，是否需要清洁、更换、维修。

（二）新能源汽车保养注意事项

1. 严禁存放时亏电

蓄电池在存放时严禁处于亏电状态，亏电状态是指电池使用后没有及时充电。在亏电状态下存放电池，很容易出现硫酸盐化，硫酸铅结晶物附着在极板上，会堵塞电离子通道，造成充电不足，电池容量下降。亏电状态闲置时间越长，电池损坏越重。因此，电池闲置不用时，应每月充电一次，这样能较好地保持电池均衡状态。

2. 定期检查

在使用过程中，如果电动汽车的续航里程在短时间内突然大幅度下降十几公里，则很有可能是电池组中最少有一块电池出现问题。此时，应及时到销售中心或汽车 4 S 店进行检查、修复或配组。这样能相对延长电池组的寿命，最大限度节省开支。

3. 避免大电流放电

电动汽车在起步、载人、上坡时，尽量避免猛踩加速，形成瞬间大电流放电。大电流放电容易产生硫酸铅结晶，从而损害电池极板的物理性能。

4. 正确掌握充电时间

在使用过程中，应根据实际情况准确把握充电时间，参考平时使用频率及行驶里程情况，把握充电频次。正常行驶时，如果电量表指示红灯和黄灯亮，就应充电；如只剩下红灯亮，应停止运行，尽快充电，否则电瓶过度放电会严重缩短其寿命。充满电后运行时间较短就充电，充电时间不宜过长，否则会形成过度充电，使电瓶发热。过度充电、过度放电和充电不足都会缩短电瓶寿命。一般情况，蓄电池平均充电时间在 10 小时左右。充电过程如果电瓶温度超过 65℃，应停止充电。如图 1–7 所示为充电枪。

图 1–7　充电枪

5. 防止暴晒

电动汽车严禁在阳光下暴晒。温度过高的环境会使蓄电池内部压力增加而使电池失水，引发电池活性下降，加速极板老化。

6. 避免充电时插头发热

220 V 电源插头或充电器输出插头松动、接触面氧化等现象都会导致插头发热，发热时间过长会导致插头短路或接触不良，损害充电器和电瓶，带来不必要的损失。所以发现上述情况时，应及时清除氧化物或更换接插件。

7. 经常检查轮胎气压注意事项

（1）将轮胎气压保持在正确的胎压。

（2）必须每两个星期或至少每个月检查一次轮胎气压。

（3）不正确的轮胎气压会造成耗电、行驶里程短、降低驾驶的舒适性、降低轮胎寿命并降低行车安全性。

8. 其他重要注意项目

（1）每天出车前先检查电量是否充足，刹车性能是否良好，螺丝是否松动等，应及时修理排除故障，检查完成后确定没有故障时才能出车。

（2）充电部分修理或更换充电保险丝时，必须先拔下 220 V 电源插头，不准带电工作。

（3）每次停车都必须关闭电源开关，拔出钥匙，将挡位开关扳至空挡位置，并将手刹拉起。

（4）维修或更换电瓶、电器时，须关闭电源总开关后操作。

（5）儿童在车内玩耍时要拔掉钥匙开关，以免造成危险。

（6）电动汽车行驶前，须检查车门是否关紧。

（7）充电应在儿童无法接触到的地方进行。

（8）因事故或其他原因造成起火时应立即关闭总电源开关。

（三）日常驾驶注意事项

新能源汽车日常驾驶需要注意以下几点。

（1）缓步加速起步，避免猛加速、猛减速、猛转弯、急刹车等激烈驾驶方式。

（2）保持中低速行驶（60 km/h，尽量保持在 ECO 状态），避免超速、超载行驶。

（3）日常注意检查车轮、胎压及制动装置，并按规定进行定期保养，确保行车安全。

（4）计划出行，尽量减少车辆载重，提高车辆的续航里程。

（5）当车辆电量接近 30% 时，应及时充电。如果车辆经常在电量低于 10% 时继续行驶（部分车辆会进入限速状态），会造成动力电池过放损坏。

三、新能源汽车的维护与保养

（一）新能源汽车基本保养部位

此次保养的车辆以“比亚迪·唐”车型为例，正式保养开始之前，服务店的工作人员给车辆套上售后服务六件套，以便在保养过程中保持车辆的整洁和有序，如图 1–8、图 1–9 所示。套上保护套之后，来看一下新能源汽车保养的专用工位以及新能源汽车保养时会用到的专业绝缘工具，如图 1–10、图 1–11 所示。有干净、整洁、安全的环境和专用的绝缘工具，就可以进行新能源汽车保养的操作了。

1. 外观检查

外观检查顾名思义就是对车辆外在各部件进行检查与维护，包括车内各开关、组合仪表、方向盘、安全带、雨刷等部件，其中重点检查轮胎胎压、轮胎螺丝等重要部件。如图 1–12 所示为检查轮胎胎压，如图 1–13 所示为检查轮胎螺丝。

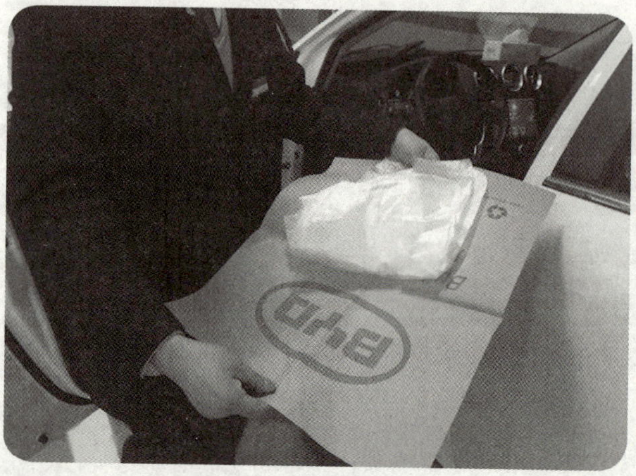

图 1–8　售后服务六件套

图 1–9　安装售后六件套

图 1–10 新能源汽车专用维修工位

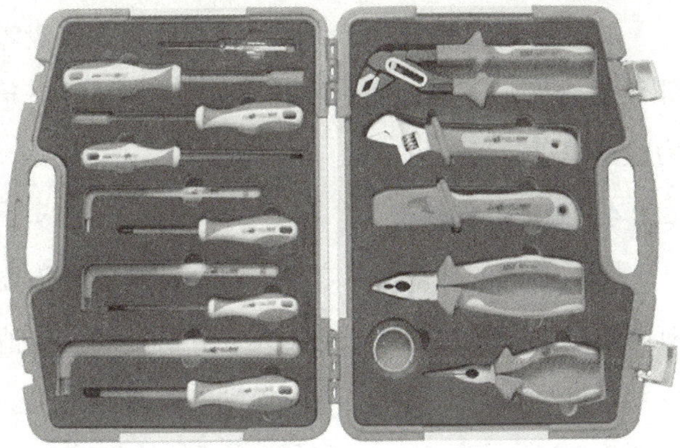

图 1–11 新能源汽车的专用绝缘工具

图 1–12 检查轮胎胎压

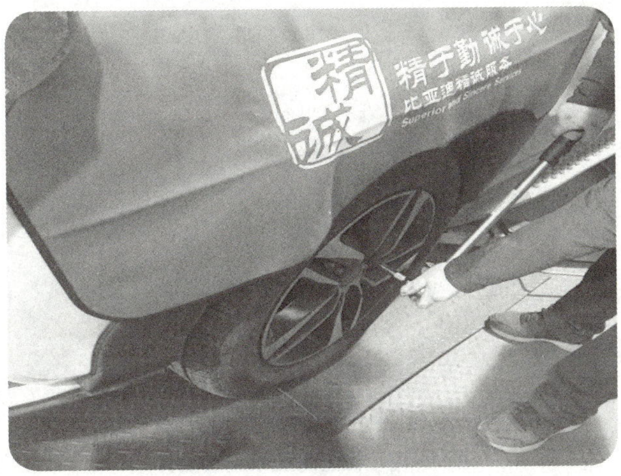

图 1–13 检查轮胎螺丝

2. 油液检查

比亚迪·唐是混合动力汽车，所以这里包含燃油车的常规保养项目，其他的新能源电动汽车就只需检查防冻液、制动液、玻璃水等液体，根据检查情况确定添加或更换。如图 1–14 所示为检查制动液，如图 1–15 所示为更换发动机机油。

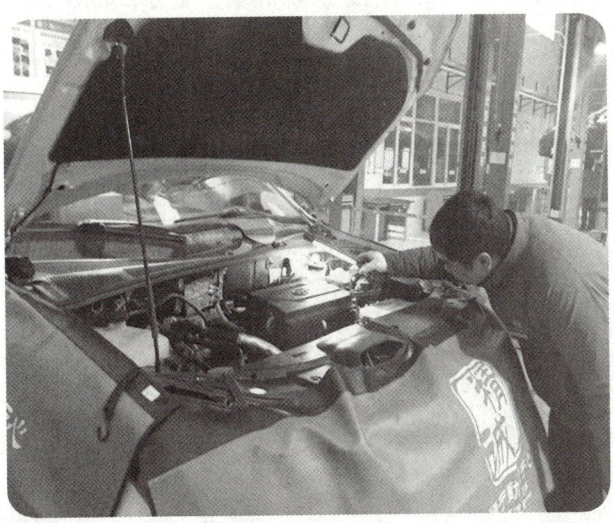

图 1–14 检查制动液

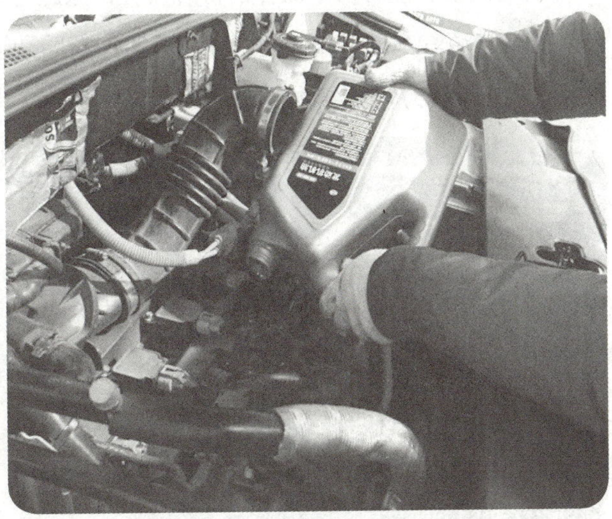

图 1–15 更换发动机机油

3. 底盘检查

底盘检查主要是检查油液是否有渗漏、底盘零部件是否变形、紧固底盘螺栓等。如图 1-16 所示为检查底盘。

图 1-16　检查底盘

4. 高压部件检查

除了常规的检查保养之外，新能源汽车还需要对高压系统线路接插件、高压元件外观、动力电池包外观进行检查，确认是否有松动、磕碰等情况。如图 1-17 所示为检查高压系统接插件，如图 1-18 所示为检查动力电池包外观。

图 1-17　检查高压系统接插件

图 1-18　检查动力电池包外观

5. 系统模块检测

系统模块检测，主要通过比亚迪 VDS1000 专用诊断仪，对全车各个模块进行扫描，确认各系统工作状态，观察动力电池的工作参数，如果发现异常情况，可及时进行处理。除此之外，对整车各个模块进行扫描，以检查是否有软件需要更新，如有更新则及时进行处理。如图 1-19 所示为专用诊断仪检测。

以上便是新能源汽车保养的常规流程，除此之外，比亚迪汽车服务店还有保养增值服务，如图 1-20 所示，新能源汽车的保养增值服务就是清理轮胎杂物，不要小看这一项服务，轮胎杂物的危害不容小觑，如图 1-21 所示为轮胎杂物的危害性内容。

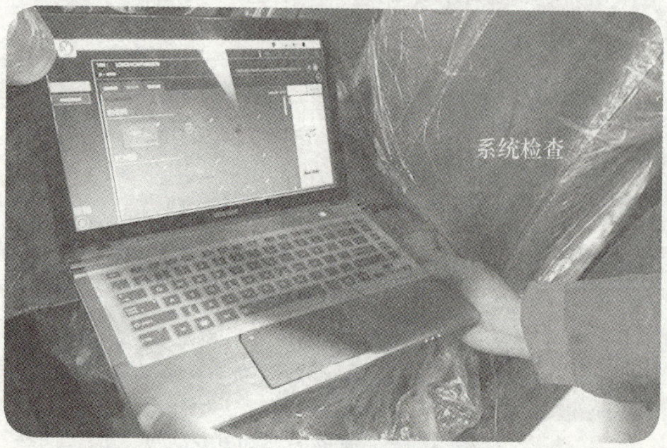

图 1-19　专用诊断仪检测

图 1-20　清理轮胎杂物

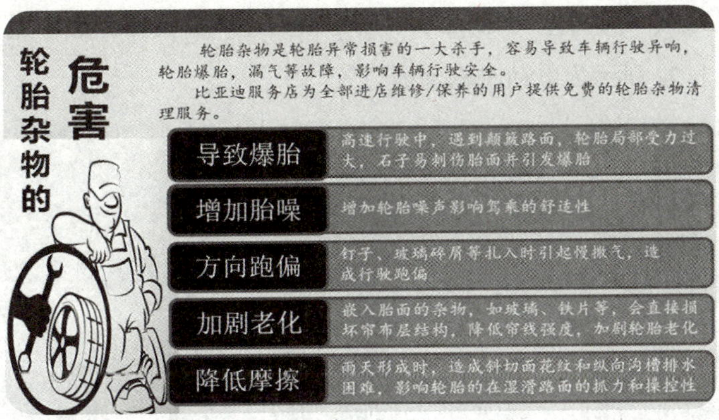

图 1–21　轮胎杂物的危害

上述为新能源汽车保养流程。同时，要提醒新能源汽车车主，自购车之日起，要按照以下规定期限到汽车 4 S 店进行强制走合保养。磨合期保养内容见表 1–1。

表 1–1　磨合期保养内容

车型	免费强制走合保养周期 （时间或总里程数，两者以先达到者为准）	免费保养项目
混合动力车型	自购车之日起 6 个月或行驶里程 3 500 公里以内	发动机机油、机油滤清器
纯电动汽车型（E6）	自购车之日起 6 个月或行驶里程 5 000 公里以内	齿轮油
纯电动汽车型（E6 除外）	自购车之日起 6 个月或行驶里程 12 000 公里以内	保养检查

免费强制走合保养后，按照以下周期进行一次定期保养，时间或总里程数，两者以先到达者为准。定期保养内容见表 1–2。

表 1–2　定期保养内容

车型	定期保养周期 （时间或总里程数，两者以先达到者为准）	保养项目
混合动力车型	12 个月或 7 500 公里	参照用户手册 《保养计划项目表》执行
纯电动汽车型	6 个月或 12 000 公里	

电动汽车在使用过程中，要留意汽车用电的情况，估算应该什么时候为汽车充电，以及隔多长时间充一次电。电池的用量可以通过电压表盘来显示，当指针从“H”降到“L”附近时，就意味着要为汽车充电了。要注意的是，尽量不要用到没电，因为到了一定的公里数，汽车就很明显动力下降，再勉强行驶，会大幅度地降低电池寿命。

（二）新能源汽车所需要的额外保养

新能源汽车除在动力源、驱动方式上与普通汽车不同外，其他系统部件大致相同。在日常保养中，风窗洗涤液、轮胎气压、制动性能等常规检查项目与普通车辆相同。但纯电动汽车的行驶与供电系统密不可分，因此，“三电”部分的维护保养尤为重要。

“三电系统”的检查是电动汽车保养的重点，虽然进了店里只是插上电脑检查各项参数，但其重要性远高于上面的常规目视检查。动力系统由三个部分组成：动力电池、电机和调速系统，分别对应燃油车的供油系统、发动机和变速箱。检查电池组的各项信息情况，防止因个别废电池充放电过热引起自燃。

电机的调速通过 ECU 控制输入电压，一般有单级齿轮组变速，需要检查润滑情况，润滑油更换周期在 60 000 公里左右。如图 1–22 所示为电动汽车油液位置。

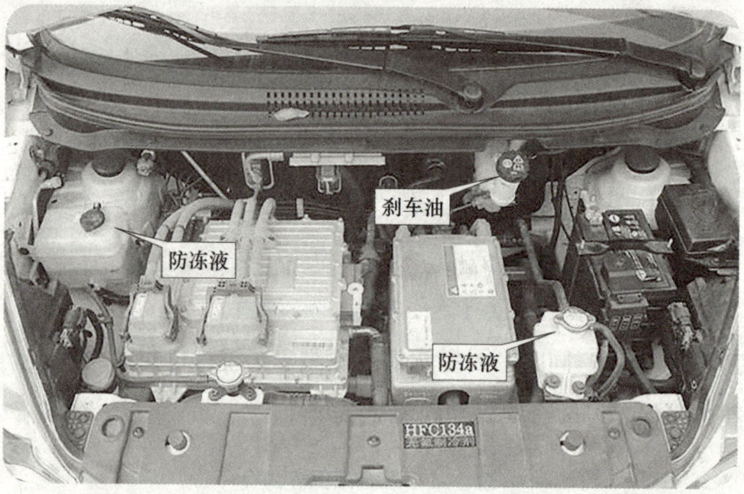

图 1–22　电动汽车油液位置

电机部分，除了特斯拉使用的是鼠笼式异步电机外，国内大部分电动汽车都用的是永磁同步电机，全密封、防水防尘，不需要空气、供油、润滑，除非绕组短路，或者永磁体退磁，否则开到报废都不用拆开。另外，因为效率高、产热少，散热系统也相对简单，有自然风冷的导热片，不需要冷却液，非常省事，也有很多高端车会使用液冷系统给电机散热。

新能源汽车的电池无疑是非常金贵的，需要比燃油车更复杂的管理系统，除了控制每一个子电池的充、放电外，也需要更加严密的温度监控和更高效的热管理。这里说的是热管理，而不是散热，现在的动力电池对环境温度要求很高，环境温度低了，空调系统要给它供热升温，环境温度高了，空调系统会吹走热量，同时视情况给驾驶室供热。

四、新能源汽车的充电

（一）充电安全警告

（1）请选择在相对较安全、通风的环境下充电（如避免有液体、火源等环境）。

（2）不要修改或者拆卸充电设备及相关端口，这样可能导致充电故障，引起火灾。

（3）充电前请确保车辆、供电设备和充电连接装置的充电端口内没有水或外来物，及金属端没有生锈或者腐蚀造成的破坏和影响。

（4）当组合仪表中的电量表指针指向表盘中的红色区域时，表示动力电池电量低，应尽快充电。建议在电量降至红色区域时及时充电。不建议在电量完全耗尽后再进行充电，否则会影响动力电池的使用寿命。

（5）在驱动电池的合理工作范围内对车辆进行充电，交流充电时，当电池温度高于 50℃或低于 –20℃时；直流充电时，当电池温度高于 55℃或低于 –10℃时，车辆将不能正常充电，需作电池降温或保温处理。

（6）家用交流充电用电源插座，应使用 220 V，50 Hz，16 A 的专用插座且有接地装置，否则不允许充电，因为不正常的端子连接可能导致短路或电击，威胁生命安全。

（7）如果在充电时发现车里散发出一种特殊的气味或者冒烟，应立即停止充电。

（8）为了避免造成严重的人身伤害，车辆正在充电时，要有以下预防意识。

①当有闪电时，不要接触充电端口；不要给车辆充电或触摸车辆，闪电击中可能导致充电设备损坏，引起人身伤害。

②充电结束后，不要以湿手或站在水里去断开充电连接装置，否则可能引起电击，造成人身伤害。

③车辆行驶前请确保充电连接装置从车辆充电口断开，如果连接充电装置，整车不能正常行驶。

④雨天情况下，即使有遮雨棚也不建议进行充电动作，如果没有遮雨棚为防止线路短路不允许进行充电工作。

新能源汽车的充电注意事项

（二）充电注意事项

建议采用黄黑色边框，并添加安全符号，如车端充电枪为黑 / 蓝色，并有车端标签。车辆充电使用交流电路和电源插座（空调插座），不允许使用外接转换接头。插线板等，且应确保 16 A 电源插座接地良好。专用交流电路是为了避免线路损坏或者由于给动力电池充电时的大功率导致线路跳闸保护，如果没有使用专用线路，可能影响线路上其他设备的正常工作。

（1）为了避免对充电设备造成破坏，应注意以下几点。

①不要在充电插座塑料口盖打开的状态下关闭充电口盖板；

②不要用力拉或者扭转充电电缆；

③不要使充电设备承受撞击；

④不要把充电设备放在靠近加热器或其他热源的地方。

（2）当采用家用充电设备时，如遇到外部电网断电情况下，会自动重新启动充电，无须重新连接充电连接装置。

（3）充电时，不建议人员停留在车辆内。

（4）充电时，建议将车辆停放在通风处。

（5）当动力电池电量充满后，系统会自动停止充电。

（6）停止充电时应先断开交流充电连接装置的车辆插头，再断开电源端供电插头。

（7）当环境温度低于 0℃时，充电时间要比正常温度下时间长，充电能力较低。

（8）动力电池在搁置过程中会发生自放电现象，用户在搁置动力电池时，确保动力电池处于半电状态（50% ～ 60%）。建议用户搁置动力电池的时间不要太长，最多不要超过 3 个月。

（9）不要将车辆搁置在超过 55℃环境下超过 24 小时；或低于 -25℃环境下超过 1 天。

（10）如电动汽车长期不使用时，最好每隔一个月进行一次慢充充电保养。建议用户不要在动力电池电量低（SOC10% ～ 20%）的情况下停放超过 7 天。

（11）电动汽车长期停放后首次使用前需进行均衡充电，充电时间需在 8 小时的基础上适当延长以完成充电均衡。

（12）动力电池充电完成所需时间因充电方法、剩余电量、实时温度、使用时间、环境温度等条件而变化，用户手册里给出的数据与实际充电所需时间会有差别。

（13）当车辆需要在短时间内快速充电，并在有快速充电桩的条件下，可以对车辆进行快速充电。快速充电可以在短时间内将电池包进行快速补电。但不建议使用快速充电将动力电池充至满电或频繁使用快速充电，可能会对动力电池组的性能造成一定影响。

（14）动力电池的可用能量会随着使用时间的延长而逐步衰减。如果动力电池的使用时间已经很长，充满电时动力电池电量也不会指示在 100% 附近。

（三）充电方式

车辆有以下三种充电方式。

（1）家用交流充电：利用家用交流充电线，将被充车辆与家用 220 V，50 Hz，16 A 的单相三眼插座可靠连接，应确保插座的地线与大地连接良好。

（2）交流充电桩充电：利用充电桩用交流充电线，将被充车辆与官方认可的交流充电桩按照操作说明可靠连接，通过插卡、输入密码、启动等一系列操作后，完成交流充电工作。

（3）直流充电桩充电：利用充电桩自带的充电线，将被充车辆与官方认可的直流充电桩按照操作说明可靠连接，通过插卡、输入密码、启动等一系列操作后，完成直流充电工作。

（四）家用单相交流慢速充电开始充电操作流程

（1）打开充电口盖板和充电座防尘盖，确认充电座防尘盖和充电枪枪口颜色一致。

（2）将车端充电枪与车身上的充电座良好相连，直到听到“咔”的响声。

（3）将供电端（桩端）充电枪与充电桩上的充电座良好连接。

（4）按照充电桩的使用方式进行充电模式 3 的后续操作。

（5）充电结束后，将供电端充电枪和车端充电枪均拔出。

（6）盖好供电端充电枪和车端充电枪的防尘盖，如图 1-23 所示。

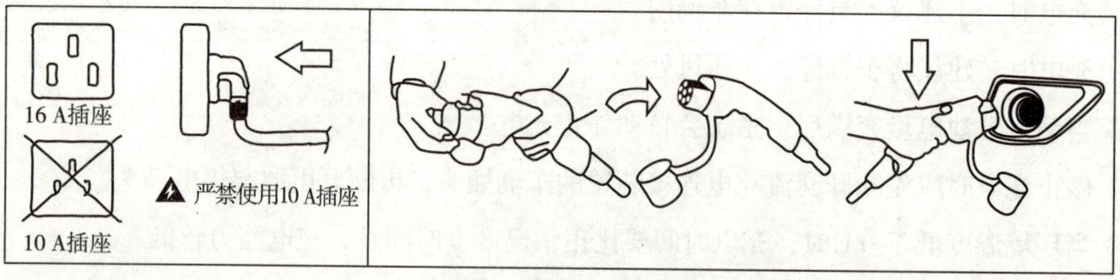

图 1-23　充电枪防尘盖

（五）停止充电

如图 1-24 所示为充电口防尘盖。

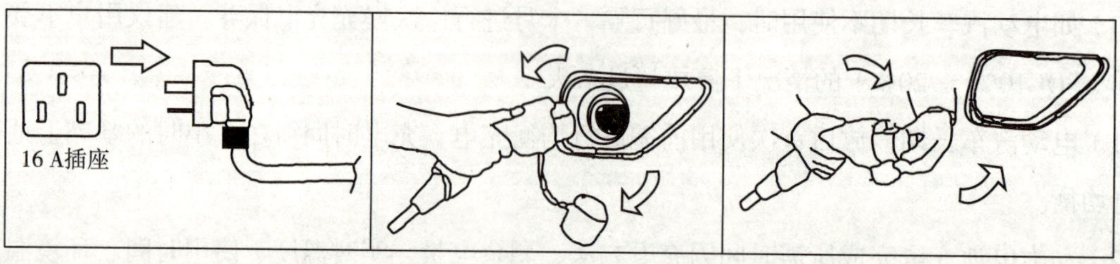

图 1-24　充电口防尘盖

（六）家用充电线控制盒指示灯状态

如表 1–3 所示为家用充电线控制盒指示灯状态。

表 1–3　家用充电线控制盒指示灯状态

工作状态 Condition	指示灯状态 LED Display Status		
	电源指示灯（绿色） Power	故障指示灯（红色） Fault	充电指示灯（绿色） Charge
初始模式 Initial Mode	常亮 On	亮（0.5 s） On（0.5 s）	亮（0.5 s） On（0.5 s）
等待充电 Ready for Charging	常亮 On	灭 Off	常亮 On
正常工作模式 Normal Charging Mode	常亮 On	灭 Off	闪烁（1 s） Blink（1 s）
充电完成 Charging Completed	常亮 On	灭 Off	灭 Off

（七）直流充电桩快速充电

第 1 步：将车辆停至直流充电桩指定停车地点，关闭点火开关，将点火钥匙取下。

第 2 步：打开充电口盖板，松开快充充电插座塑料卡扣，打开塑料盖。

第 3 步：将直流充电桩用充电枪与车身上的慢充充电插座相连接。此时组合仪表上充电连接指示灯点亮。充电过程中充电连接指示灯一直处于点亮状态，只有拔下充电枪并关闭塑料盖及充电口盖板之后，充电连接指示灯才会熄灭。

（八）充电时间

充电桩交流充电为标准充电模式时（充电桩充电），在环境温度＞0℃的情况下，车辆从电量报警状态到充满电，耗时 8 小时。当使用家用充电模式时，充电功率为 3 kW 左右，为家用标准空调插座（16 A 插座）所能提供的最大安全功率。家用充电线控制盒指示灯状态见表 1–3。

（九）注意事项

（1）当充电线三芯插头未拔下时，严禁将手指放入充电枪插头。

（2）当充电线控制盒故障指示灯点亮时，请确认充电枪与车辆端交流充电插座是否连接良好。

五、新能源使用操作检查

（一）车辆测试

1. 测试前检查

如果制动系统的制动液不足、无真空助力、踏板行程过长或有泄漏，则不可在道路上进行车辆测试，直到发现制动液不足、踏板行程过长或泄漏的原因并且排除为止。影响到行驶安全的零部件维修以及功能性测试，例如制动、灯光与转向，都应在执行车辆测试前维修完毕。测试前检查主要涉及下列事项。

（1）冷却液液面高度。

（2）轮胎胎压是否正确，型号与胎纹是否适用以及是否超过磨损极限。

（3）动力电池电量是否足够测试使用。

（4）检查变速器与其他部位是否漏油（制动油）、漏冷却液。如有泄漏，记下可能泄漏的位置，并将附近的区域擦拭干净，以便在测试完成后检出泄漏的程度。

2. 启动车辆

注意切勿在冷车时以高速行驶或将加速踏板踩到底。车钥匙在钥匙开关 ON 挡时，做如下检查。

（1）手制动是否已拉起。

（2）换挡杆是否在空挡。

（3）仪表所有标识读数是否正常。

3. 道路测试

在继续测试前，应在低速时检查制动的操作。如果制动跑偏或有故障显现的状况，如故障未排除，不可继续道路测试。试车中应遵守交通规则。试车中不允许野蛮驾驶。避免在交通繁忙时进行，可能对交通造成不便或危及其他道路使用者。换挡注意以下事项。

（1）车辆静止时，驾驶员进行换挡操作必须同时踩下制动踏板才算换挡成功。如果驾驶员换挡时，未踩下制动踏板，仪表显示当前换挡旋钮的物理挡位并进行闪烁，此时驾驶员需要换至 N 挡，重新进行换挡操作。

（2）车辆运行中，当车速低于 5 km/h 并不为 0 时，驾驶员进行换挡操作，从 D–R 挡、E–R 挡，或者从 R–D 挡、R–E 挡不需要踩制动踏板。当车速高于 5 km/h 时，从 D–R 挡、E–R 挡，或者从 R–D 挡、R–E 挡，仪表显示当前挡位位置并闪烁，整车不响应油门需求。

4. 驾驶时的注意事项

（1）在驾驶过程中，请勿将手放置在换挡旋钮上，手的压力可能导致换挡机构的过早磨损。

（2）启动车辆前请确认旋钮处于 N 挡位置。

（3）在车辆运行过程中请勿换挡。

（二）车间操作内容

1. 车间作业须知

（1）车间作业环境要求

维修车间是车辆维修作业所在地，干净、整洁、安全、规范的维修车间是衡量一个维修企业素养的标准。

（2）车间事故的因素

车间事故主要由人为因素和自然因素造成。人为因素主要由于工作人员忽视车间管理制度，疏忽大意或不正当的作业造成，自然因素是由于设备或工具出现故障或缺少完整的安全装置、工作环境不良等原因造成。车间事故危及人身安全，对财产也会造成重大损失，无论任何事故发生，后果不可估量。

2. 人与车辆安全防护

（1）人员防护

在车间内作业的维修人员穿戴整洁的工作服和安全鞋，是职业化形象的具体体现，也是安全生产的具体要求。安全防护包括工作服、安全鞋、绝缘手套、护目镜。如图 1–25 所示为安全防护用品。

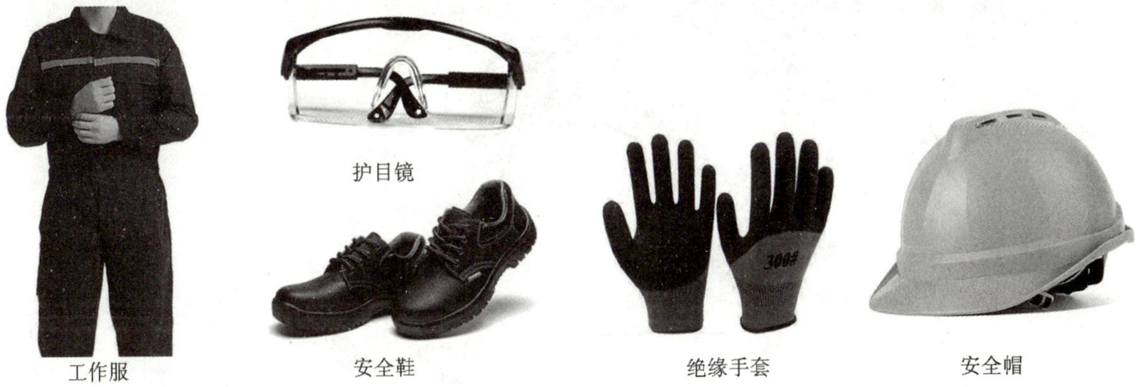

图 1–25　安全防护用品

（2）车辆防护

在进行车辆作业前，必须对车辆内外做好防护工作，这不仅是保护车辆，也能体现企业“客户至上”的理念。如图 1–26 所示为车辆防护用品安装位置。

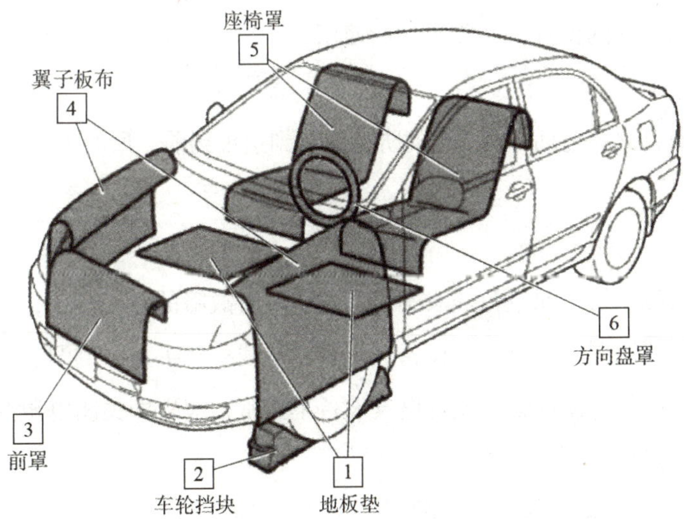

图 1–26　车辆防护用品安装位置

3. 工作安全须知

（1）防火安全

①预防措施

不得在工作场所吸烟。如在吸烟区吸烟后，应确认烟头熄灭在烟灰缸里。

不要在正在充电的蓄电池旁使用明火或产生火花的设备。因为在充电时蓄电池产生可燃性气体——氢气。

在机油存储地或可燃性的零件清洗剂附近，不要使用明火。携带燃油或清洗剂到车间时，应使用密封的容器。吸满机油和汽油的碎布在特定情况下，可能发生自燃，所以应将其放入带盖的金属容器内。

不要将可燃性废机油或燃油倒入污水管道，这不仅会造成环境污染，还可能造成污水管道发生火灾。应将这些废油倒入指定的回收容器内，加以回收利用。如图 1-27 所示为车间防火要求。

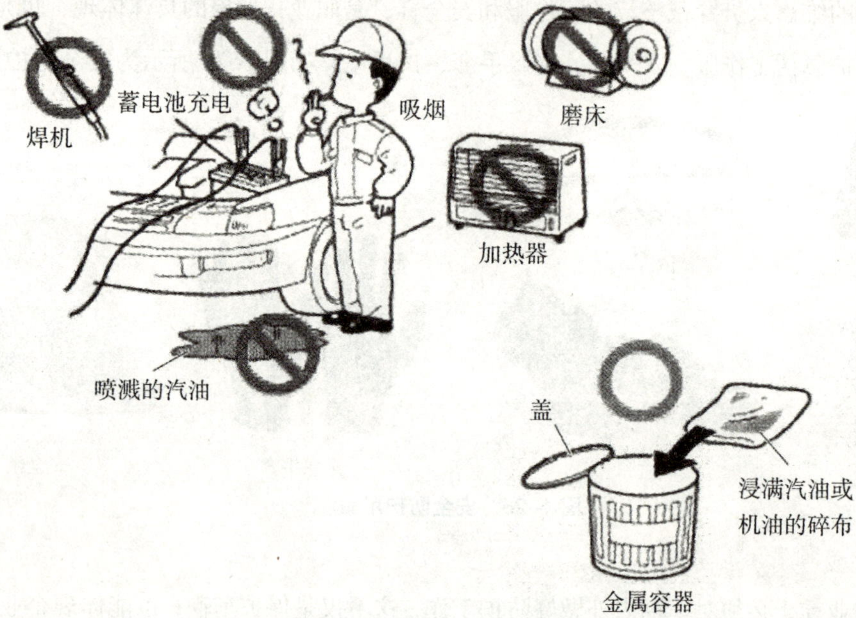

图 1-27　车间防火要求

在维修燃油系统前，应先断开蓄电池的负极，在没有修好前，可以防止误启动。

熟悉车间灭火器和消防栓的位置，并熟悉如何使用。

②施救

如发生火灾，首先拨打火警电话 119，在消防员没有到达现场前，所有人员应配合扑灭火焰。

（2）防电安全

①预防措施

拔电缆插头时，不要拉电线，而应拉插头本身；对于标有故障的电气开关，千万不要触碰；不要靠近断裂或摇晃的电线；不要用湿手接触电气设备；不要让电线接触尖角、潮湿、有油污、高温的地方；在马达、配电箱等电气附近使用易燃物如发现电气设备不正常，应立即关闭电源开关，并加以警示并上报。如图 1-28 所示为用电设备防范。

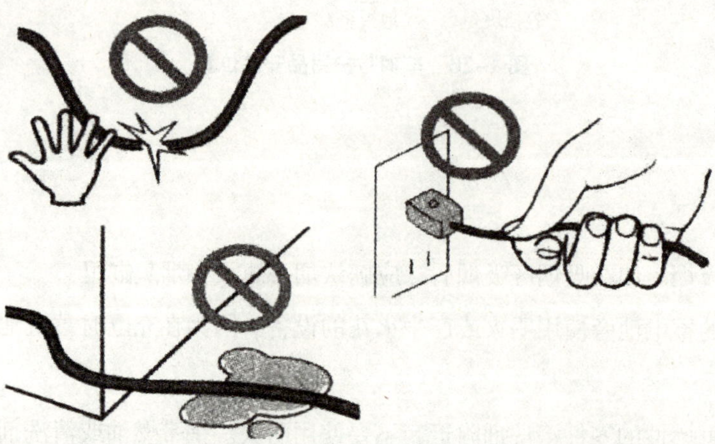

图 1-28　用电设备防范

②施救

如果因电路或电气设备引起的火灾或人身伤害，应先断开电源开关，再施救，无论何时，在车间发现险情，都应立即向上级汇报。

（3）对于在维修间内的车辆，务必确定以下几点。

①防止车辆前后移动。

②在车辆前方执行作业前，将钥匙从钥匙开关锁中取出。

③在前机舱实施作业，务必要使用翼子板护套。

④在车底工作时须将蓄电池负极拆开。

⑤顶起车辆时，不可顶在动力电池处。

（4）危险

不要在只靠一个千斤顶支撑的车底工作。

这里提供的举升要求适用于整车，对于一辆拆除了驱动电机或动力电池的汽车，重心发生变化，使举升情况不稳定，此时要将汽车支撑或固定在举升设备上。

（5）提示

不要把工具、换下的配件等遗留在工作区域或其周围，应当保持工作区的干净和整洁。

（6）注意

在车上实施焊接操作时，必须要拆除蓄电池配线，避免造成相关零部件损坏，同时周边要配备适当的灭火设备。

（7）牵引

必须注意关于牵引的法律规定。两名驾驶员都必须熟悉牵引过程的特点，否则不能进行牵引启动和牵引工作。如使用牵引绳，牵引车的驾驶员在启动和换挡时要特别注意缓慢地操作离合器。被牵引车的驾驶员应注意随时保持牵引绳绷紧。两辆汽车上的遇险警报灯都要打开，应遵守不同的法规要求。车钥匙必须置于 ON 挡，这样不会锁死方向盘，而且可以打开转向信号灯、喇叭、车窗玻璃刮水器和车窗玻璃清洗位置。车辆牵引时，挡位置于空挡，并打开危险警报灯，距离较远时车前部必须被抬起。在变速器不能得到润滑的情况下，汽车只能在驱动轮抬升的情况下才能被牵引。

（8）跨接

跨接启动方式并不建议使用，但在某些情况下这是可以将车辆启动的唯一方法，在这种情况下，跨接启动后的蓄电池必须立即充电，以避免蓄电池永久性的损坏。

跨接启动前应阅读蓄电池部分的所有安全注意事项和警告。蓄电池容易产生易燃、易爆的氢气，一定要使火苗或火花远离通气口。不要使用输出电压超过 12 V 的启动辅助蓄电池或其他启动辅助电源。不按照这些说明进行可能会导致人身受到伤害。跨接一辆不能启动的车辆需要注意以下事项。

①戴上护目镜，摘下金属饰物，如表带或手镯，以免无意中发生电接触。

②必须确认跨接线的线径适合工作的需要，必须要使用高负荷的导线。

③要确认备用蓄电池的电压与车辆上的蓄电池具有相同的电压，蓄电池必须要以并联的方式连接。

④在连接跨接线前，务必要关闭所有可以切断的电气回路，如此可以降低在最后连接时，产生电弧的危险。

⑤不要跨接冻结的蓄电池，否则会造成人身伤害。

⑥电池电解液是腐蚀性酸性溶液，不要让电解液接触到眼睛、皮肤或衣服，连接线夹时不要倾斜蓄电池或使线夹彼此接触，如果酸液溅入眼中或皮肤上，要立即用大量清水进行冲洗。

搭车启动：一辆正常运行的汽车启动时，要防止跨接启动车辆的车身相互接触，否则可能会损坏每辆汽车的电气系统。在将跨接线连接至蓄电池时，切勿使跨接线彼此接触或碰触到车身接地。一个充满电的蓄电池，如果经由跨接线短路，会以高于 1 000 A 的放电率放电，造成电弧并使跨接线与端子的温度快速上升，甚至可能会造成蓄电池的爆炸。未遵守这些说明，可能会造成人员受害。

（9）举升和支撑点

在车架边梁或者其他指定的举升点举升车辆时，要确保千斤顶垫块未碰到制动油管或者高压线。如果碰到了上述部位，会造成车辆损坏或性能下降。开始任何举升程序前，应确保车辆位于清洁、坚硬、水平的表面上；确保所有提升装置符合重量标准且处于良好的工作状态；确保所有的车辆负载平均分布并且固定不动。如果只是用车架纵梁支撑车辆，应确保提升装置未在车架纵梁上施加过大的力或损坏车架纵梁。将前端举升机垫块放置在前车架纵梁和侧车架纵梁之间连接处的下面；将后端举升机垫块放置在后车架纵梁和侧车架纵梁之间连接处的下面。

（10）高压维修

在对电动汽车进行维修时禁止带电作业，正规操作流程如下。

第 1 步：关闭点火开关；

第 2 步：断开低压蓄电池负极电缆；

第 3 步：使用专用万用表对所维修部位进行电压测量，如所测值大于 0 V，应使用专用放电棒对该部件进行放电，当电压完全消失后方可进行下一步操作；

第 4 步：戴好专用防高压绝缘手套；

第 5 步：实施作业。

注意事项：

①在维修作业时对高压部件母线端应使用绝缘胶带缠绕，防止高压触电或短路。

②维修作业前必须佩戴防高压绝缘手套。

③所有高压部件母线为橙色。

④高压部件上侧会有警告标签。

⑤防止电解液的溢出高压绝缘鞋主要适用于高压电力设备方面电工作业时作为辅助安全用具，在 1 kV 以下可作为基本安全用具。

⑥ HV 蓄电池使用二氧化碳类型灭火器。无法使用少量的水灭火，但可以使用大量并持续的水进行灭火。

⑦在溢出电解液被中和后，使用吸水毛巾布吸收多余的电解液。

⑧使用绝缘胶布覆盖所有的高压电线或端子。

⑨在维修塞被拔出后，使用绝缘胶布包住维修塞槽。

⑩必须要使用工作面带有绝缘橡胶的工作台。

第二节 新能源汽车常规维护

一、新车售前检验（PDI）的意义和作用

新车售前检验（pre delivery inspection，PDI）是指新车到达4S店以后，交付给客户前，经销商对车辆实施的检验。因为新车从生产商到达经销商经历了数千公里的运输历程和长时间的停放，为了保证新车的安全性和原车性能，PDI检查必不可少。车辆档次越高，其控制系统的自动化程度越高，PDI检查的项目也就越多。例如，未做PDI的新车会一直运行在运输模式，这种模式只能简单行驶，很多系统未被激活。功能不全的情况下强行使用会严重损害车辆，给车辆及驾驶员的安全造成极大危害。PDI检查项目范围很广，如电池是否充放电正常、钥匙是否匹配记忆功能、是否激活舒适系统、仪表灯光功能是否设置到原车要求等。PDI检查的目的是确保车辆的安全性和驾驶的舒适性。

二、新车售前检验（PDI）的项目和要求

车辆状态验证、工作状态恢复、车辆功能检查这三道工序组成了完整的PDI检查流程，如图1–29所示。

（一）车辆状态验证

整车制造企业向汽车4S店运输新车的过程中，车辆可能出现损伤，经销商在车辆到达后需要验证车辆状态，清点随车资料及物品是否齐全，以保证车辆状态正常、随车物品齐全。

图1–29　PDI检查流程

1. 验证运输状况

车辆运输状况主要包括运输公司、司机姓名、司机联系电话、发车地点、运输车号、装运车辆数量等。新车由整车厂运输到4S店后，首先由销售人员验证车辆运输状况，验收合格后编写入库编码，并将车辆运输状况及入库编码记录在车辆入库检验单上。

2. 核对、清点明细资料及随车物品

销售人员完成运输状态验证后需对车辆进行明细资料的核对及随车物品的清点。车辆明细资料主要包括车辆品牌、车型、规格、颜色、车辆识别代码（vehicle identification，VIN）等信息。随车物品包括车辆手续资料和随车工具。车辆手续资料包括车辆安全性能检验证书、车辆铭牌和车辆 VIN 号等的拓印、运单、新车点检单、货物进口证明书（进口车）、进口车辆随车检验单等。随车工具一般包括用户使用手册、保修手册、慢充线、备胎、钥匙、工具包、点烟器、灭火器等。

销售人员对车辆明细资料和随车物品进行仔细核对与清点，确定是否完整及正确，并在新车入库检验单中标记，对发现的问题进行记录并提出处理意见。

（二）工作状态恢复

为了避免新车在运输中发生问题，整车制造厂在车辆离厂前对车辆采取了相关保护措施。所以，在 PDI 检查时必须对车辆工作状态进行恢复。

（1）安装保险丝。在新车运输中，为了避免顶灯、收音机等部件有电流通过，制造商已提前将其保险丝或短路销拆下，并放在继电器盒内。在车辆交付客户前，应首先将保险丝或短路销安装到相应位置。

（2）安装制造商提供的零部件。为避免运输过程中的损坏，制造商会将外后视镜等外部凸出部分的零部件单独包装，接车后按需要对其进行安装。单独包装的零部件一般包括外后视镜、备胎固定架托座、气管、前阻扰流板盖、轮帽和盖。

（3）取下前弹簧隔圈。用举升机或千斤顶将车辆升起，从前悬架上取下前弹簧隔圈。

（4）拆下制动盘的防锈罩。用手取下盘式制动器上的防锈罩，不要使用螺丝刀或其他工具，以防损坏车轮和制动盘。

（5）安装橡胶车身塞（如果有）。将橡胶车身塞装入车身相应部件的孔内。

（6）取下紧急拖车环。将紧急拖车环从保险杠上取下，然后在紧急拖车环的孔上加盖。紧急拖车环孔盖在手套箱中，取下的紧急拖车环放在工具袋中。没有装紧急拖车环的车辆不进行此项工作。

（7）调整轮胎压力。保证轮胎（包括备胎）气压正常。

（8）除去不必要的标识。将不必要的标志、标签、贴纸及保护盖等取下。

（9）取掉车身防护膜。冲洗车身，除去运输过程中的灰尘；揭下车身的保护膜；检查车辆油漆表面是否有黏性残留物或凸出物。

（三）车辆功能检查

车辆功能检查即认真细致地验收即将交付的新车，以便及时发现质量缺陷，保证新车交付到客户手中时状况及性能良好，各部件和机械运转正常，达到顾客满意的要求，避免日后召回带来的麻烦。车辆功能检查的内容包括检验前的准备工作、环车检查、前机舱检查、车辆底部检查、道路驾驶检查、交付检查及车辆清洁等方面。

1. 准备工作

（1）准备好胎压表、绝缘万用表、检测照明灯等检测设备。

（2）放置驾驶室座椅护套、方向盘护套及驾驶室脚垫。

（3）准备好组套工具、扭力扳手、橡皮软管等。

（4）准备新车交接检验记录单（PDI 检查单）及记录板夹。

2. 环车检查

（1）清洗车身和内部，清洁时注意不要划伤车身及座椅。

（2）环绕汽车一周，仔细查看全车油漆颜色是否一致，车身表面有无划痕、掉漆、开裂、起泡或锈蚀，并用手摸一摸有无修补痕迹。

（3）检查车门、行李箱盖和油箱盖开关是否正常，车窗是否完好，前后挡风玻璃有无损伤，车门把手开关是否灵活、安全、可靠，门窗密封条是否损坏，车门打开后在某个限制位是否有轻微晃动现象，电动车窗升降是否稳定。

（4）检查备胎的气嘴帽是否完好、备胎气压及固定情况是否正确、备胎与其他轮胎的规格是否相同。

（5）检查车辆各处标志、装饰条是否完好、安装是否牢靠。

（6）检查车辆前照灯、左右转向灯、危险报警灯、制动灯、倒车灯、示宽灯、雾灯、阅读灯及灯具外壳等是否正常。

（7）按压喇叭开关，检查喇叭工作是否正常。

（8）进入驾驶室，插入钥匙，点火开关置于“ON”，检查刮水器、喷水清洁器工作是否正常。

（9）检查后窗除雾器及点烟器工作是否正常。

（10）检查灭火器及随车工具是否固定。

3. 检查前机舱

（1）检查低压蓄电池正负极柱是否牢固，检查电量。

（2）目测冷却液、风窗清洗液、制动液等液面位置是否符合要求。

（3）检查汽车冷却液、制动液、电解液及制冷液等有无泄漏。

（4）检查高、低压线束接头是否松动。

4. 检查车辆底部

（1）检查制动系统软管和线路。

（2）检查传动轴防尘罩。

（3）检查动力转向系统。

（4）检查齿条 – 齿轮护罩情况。

（5）检查全部转向系统紧固件。

（6）检查轮胎气压和轮胎规格，检查防盗螺栓接头是否配套，检查轮胎有无磨损、刮痕以及有无镶嵌碎石头。

（7）检查车轮紧固螺栓力矩。

（8）检查减振器性能是否完好。

（9）检查动力电池外壳有无破损、裂纹等。

5. 道路驾驶检查

（1）启动车辆，观察车辆仪表盘及报警装置工作是否正常。

（2）检查制动踏板、加速踏板的高度及自由行程。启动车辆，踩下加速踏板，应感觉轻松自如，并有一小段自由行程；踩下制动踏板不放，此时踏板应保持一定高度，若其缓慢下移，则表示制动系统有泄漏现象。

（3）检查车辆运行情况。将换挡机构置于 N 挡，启动车辆，观察仪表台，若“READY”指示灯点亮，说明车辆启动正常，此时将挡位放置 D 挡，轻踩加速踏板，观察车辆加速是否平顺；在车辆停稳后，将挡位放置 R 挡，检查车辆倒车是否正常。

（4）检查车辆行驶性能及操纵性是否良好。驾驶车辆进行上下坡行驶，测试车辆动力性能和加速性能是否良好；车辆加、减速过程中，轻打方向盘，检查车辆转向能力是否良好；检查车辆方向盘自动回正性能是否良好；车辆以最小转弯半径掉头行驶时，检查有无异常。

（5）检查制动系统工作是否正常。驾驶车辆获得一定速度后，轻踩制动踏板，检查车辆制动是否平顺；车辆停稳后，关闭点火开关，拉起驻车制动，检查车辆是否不动。

（6）检查转向系统工作是否正常。在行驶过程中转动方向盘，观察转向的准确性和灵敏度；以最小转弯半径掉头行驶，检查有无异常。

（7）检查空调的制冷、暖风、内外循环系统等是否工作正常。

（8）检查音响系统是否工作正常。

6. 交付检查及车辆清洁

（1）揭下车辆不必要的标签，清洗车辆。

（2）检查随车工具和资料是否齐全。

（3）检查需交付客户的所有相关资料是否齐全，清点查验发票、出厂合格证、保险单、保修单、说明书、使用手册、保修手册等是否齐全正确。

三、新能源汽车的新车维护

（一）纯电动汽车保养项目

电动汽车的保养主要是针对电池组和电动机进行日常的养护。纯电动汽车的电池组与电机代替了普通汽车的发动机来驱动汽车行驶，变速箱与普通汽车的变速箱也略有不同，但底盘和电器部分与普通汽车基本一致。车辆的正确维护保养对于安全驾驶和减少车辆的维修成本是必不可少的。为了确保车辆保持最佳的状态，接到电动汽车后，务必查看该车的保养手册，并按照手册中的规定进行保养。下面为一般电动汽车和传统汽车类似的保养项目。

（1）每年或 20 000 公里更换变速箱油和空调滤芯。

（2）每两年或 40 000 公里更换防冻液和刹车油。

（3）每次保养检查底盘、灯光、轮胎等常规部位。

由于电动汽车是靠电机驱动的，不需要机油、三滤、皮带、涨紧轮等，也不用担心会出现漏油的情况。电动汽车只需要对驱动电池组和电机进行一些常规的检查，并保持其清洁即可，可见电动汽车在保养方面与传统汽车相比是有很大优势的。针对现在混合动力和插电混合动力车型，发动机保养和普通汽油车一样，但电机保养更为重要，要定期加润滑油，去售后做检查。如图 1-30 所示为比亚迪秦发动机机舱布局。

图 1-30 比亚迪秦发动机机舱布局

（二）纯电动汽车与传统汽车保养比较

众所周知，纯电动汽车的保养费用要比燃油车便宜，以下是保养项目费用对比。

1. 纯电动汽车、燃油车保养项目对比

燃油车需要定期做保养，换机油、机滤、火花塞等。但电动汽车没有发动机和变速箱动力总成，这些保养就免去了。因此，纯电动汽车的保养价格也比较便宜。

2. 纯电动汽车、燃油车保养费用对比

（1）燃油车保养费用

一般情况下，燃油车 7 000 公里左右保养一次。10 万元以下的车型，小保养一次花费 300 ～ 500 元；10 万～ 20 万元的车型，保养一次花费 500 ～ 700 元；20 万元以上乃至更贵的车型，保养一次就过千元甚至数千元了。

（2）纯电动汽车保养费用

以纯电动汽车大家族的北汽新能源 EX200 系列保养价格为例：每 10 000 公里保养一次，A 轮保养和 B 轮保养交替进行，A 轮保养 320 元 / 次，B 轮保养 120 元 / 次；第 1 个 10 000 公里保养费 320 元，第 2 个 10 000 公里保养费 120 元，行驶 60 000 公里，总保养费 1 320 元。

3. 纯电动汽车的保养内容细则

首先，纯电动汽车的电池、电机和电控系统是核心，有厂家质保。因此，主要是检查一下电路有无

老化损坏、螺丝有无松动，其次，是对易损件的检查和处理，如刹车片、空调滤芯、轮胎等。总之纯电动汽车的常规保养以检查为主。

纯电动汽车的常规保养内容见表 1–6。

表 1–6　纯电动汽车常规保养项目及内容

系统类别	检查内容	处理方法	A 级保养			B 级保养		
			项目	配件及材料	数量或价格	项目	配件及材料	数量或价格
1. 动力电池系统	安全防护	检查并视情处理	√			√		
	绝缘	检查并视情处理	√			√		
	接插件状态	检查并视情处理	√			√		
	标识	检查并视情处理	√					
	螺栓紧固力矩	检查并视情处理	√			√		
	动力电池加热功能检查	检查并视情处理	√					
	外部检查	清洁处理	√					
	数据采集	分析并视情处理	√			√		
2. 电机系统	安全防护	检查并视情处理	√			√		
	绝缘检查	检查并视情处理	√			√		
	电机和控制器冷却检查	检查并视情处理	√			√		
	外部检查	清洁处理	√			√		
3. 电器电控系统	机舱及各部位低压结束防护及固定	检查并视情处理	√			√		
	机舱及各部位接插件状态	检查并视情处理	√			√		
	机舱及底盘高压线束防护及固定	检查并视情处理	√			√		
	机舱及底盘各高、低压电器固定及接插件连接状态	检查、视情处理并清洁	√			√		
	蓄电池	检查电量状态并视情处理	√			√		
	灯光、信号	检查并视情处理	√			√		
	充电口及高压线	检查并视情处理	√			√		
	高压绝缘监测系统	检查并视情处理	√					
	故障诊断系统报警监测	检查并视情处理	√					

表 1-6（续 1）

系统类别	检查内容	处理方法	A 级保养			B 级保养		
			项目	配件及材料	数量或价格	项目	配件及材料	数量或价格
4. 制动系统	驻车制动器	检查效能并视情处理	√			√		
	制动装置	泄漏检查	√			√		
	制动液	液位检查	√	更换制动液		√	视情添加制动液	
	制动真空泵、控制器	检查（漏气）并视情处理	√			√		
	前、后制动摩擦副	检查并视情处理	√			√		
5. 转向系统	方向盘及转向管柱连接紧固状态	检查并视情处理	√			√		
	转向机本体连接紧固状态	检查并视情处理	√			√		
	转向横拉杆间隙及防尘套	检查并视情处理	√			√		
	转向助力功能	路试并视情处理	√			√		
6. 车身系统	风窗及洗涤雨刷	检查并视情处理	√	添加风窗洗涤剂	材料收费	√	添加风窗洗涤剂	材料收费
	顶窗	检查并视情处理	√			√		
	座椅及滑道	检查并视情处理	√	加注润滑脂	润滑脂 250 g	√	加注润滑脂	润滑脂 250 g
	门锁及铰链	检查并视情处理	√			√		
	机舱铰链及锁扣	检查并视情处理	√			√		
	后备门（厢）铰链及锁	检查并视情处理	√			√		
7. 传动及悬挂系统	变速箱（减速箱）	检查减速箱连接、紧固及渗漏	√	更换减速箱齿轮油				
	传动轴	检查球笼间隙及护罩，并视情处理	√			√		
	轮辋	检查、紧固并视情处理	√					
	轮胎	检查胎压并视情处理	√			√		
	副车架及各悬置连接状态	检查紧固	√					
	前后减振器	检查渗漏情，紧固并视情更换	√					
	机舱铰链及锁扣	检查并视情处理	√			√		

表 1-6（续 2）

系统类别	检查内容	处理方法	A 级保养			B 级保养		
			项目	配件及材料	数量或价格	项目	配件及材料	数量或价格
8. 冷却系统	冷却液液位及冰点	液位及冰点测试并视情添加	√	更换冷却液		√	冬季时检测冰点并视情添加	
	冷却管路	检查渗漏并视情处理	√			√		
	水泵	检查渗漏并视情处理	√			√		
	散热水箱	检查并清洁	√			√		
9. 空调系统	空调冷、暖风功能	测试并视情处理	√					
	压缩机及控制器	检查压缩机及控制器安装及线束接插件状态	√					
	空调管路及连接固定	管路防护检查并视情处理	√			√		
	空调系统冷凝水排水口	检查并视情处理	√					
	空调滤芯	检查并视情处理	√	更换空调滤芯	滤芯收费（首次保养免费）	√	清洁	
10. 换电装置	换电限位装置有无磨损松旷现象	检查并视情处理	√			√		
	底盘有无磕碰现象	检查并视情处理	√			√		
	换电装置密封是否良好	检查并视情处理	√			√		
	限位装置润滑	检查并视情处理	√			√		

任务训练

训练准备

1. 安全、整洁的汽车维修车间或模拟汽车维修车间。
2. 齐全的消防用具及个人防护用具。
3. 新能源整车及相关防护工具。
4. 汽车举升机、常用工具。
5. 汽车故障诊断仪。
6. 清洁用品等。

训练实施

新能源汽车 PDI 检查

<table>
<tr><td>车型：</td><td></td><td></td><td></td><td>车架号：</td><td colspan="2"></td></tr>
<tr><td>送车人员：</td><td></td><td>电话：</td><td></td><td>日期：</td><td colspan="2">年 月 日</td></tr>
<tr><td>检查类别</td><td colspan="2">检查项目</td><td colspan="4">存在问题</td></tr>
<tr><td rowspan="3">基本检查</td><td colspan="2">（1）外观</td><td colspan="4"></td></tr>
<tr><td colspan="2">（2）轮胎</td><td colspan="4"></td></tr>
<tr><td colspan="2">（3）内饰</td><td colspan="4"></td></tr>
<tr><td rowspan="11">车辆功能检查</td><td colspan="2">（1）遥控器、中控门锁及钥匙</td><td colspan="4"></td></tr>
<tr><td colspan="2">（2）车门窗及后备箱</td><td colspan="4"></td></tr>
<tr><td colspan="2">（3）主驾和副驾座椅</td><td colspan="4"></td></tr>
<tr><td colspan="2">（4）仪表盘各项指示灯</td><td colspan="4"></td></tr>
<tr><td colspan="2">（5）导航仪及收音机</td><td colspan="4"></td></tr>
<tr><td colspan="2">（6）照明灯光、指示灯光</td><td colspan="4"></td></tr>
<tr><td colspan="2">（7）雨刷</td><td colspan="4"></td></tr>
<tr><td colspan="2">（8）空调</td><td colspan="4"></td></tr>
<tr><td colspan="2">（9）后视镜（高配）</td><td colspan="4"></td></tr>
<tr><td colspan="2">（10）天窗（高配）、车内灯</td><td colspan="4"></td></tr>
<tr><td colspan="2">（11）遮阳板及化妆镜</td><td colspan="4"></td></tr>
<tr><td rowspan="2">随车物料检查</td><td colspan="3">（1）铭牌及随车资料（导航手册、用户手册、质保手册）</td><td colspan="3"></td></tr>
<tr><td colspan="3">（2）随车工具（备胎、工具三件套、千斤顶）</td><td colspan="3"></td></tr>
<tr><td rowspan="3">出库状态验收</td><td colspan="3">验收情况</td><td>验收人签字</td><td colspan="2"></td></tr>
<tr><td colspan="3" rowspan="2"></td><td>销售管理部</td><td></td><td></td></tr>
<tr><td>物流公司</td><td></td><td></td></tr>
<tr><td rowspan="2">接车状态验收</td><td colspan="3" rowspan="2"></td><td>经销商（或大客户）</td><td></td><td></td></tr>
<tr><td>物流公司</td><td></td><td></td></tr>
</table>

训练评价

任务技能评分记录表

<table>
<tr><td colspan="2">选手姓名</td><td colspan="2"></td><td>选手工位号</td><td colspan="3"></td></tr>
<tr><td>序号</td><td>作业项目</td><td>内容</td><td>配分</td><td>评分标准</td><td>记录</td><td>扣分</td><td>得分</td></tr>
<tr><td rowspan="4">1</td><td rowspan="4">工具选用</td><td rowspan="4">选取工具和使用</td><td rowspan="4">20</td><td>错误选用工具扣 2 分 / 次</td><td></td><td></td><td></td></tr>
<tr><td>错误使用工具扣 2 分 / 次</td><td></td><td></td><td></td></tr>
<tr><td>工具掉落地面扣 2 分 / 次</td><td></td><td></td><td></td></tr>
<tr><td>未按规定整理工具扣 2 分</td><td></td><td></td><td></td></tr>
<tr><td>2</td><td>车辆保护</td><td>安装保护装置</td><td>20</td><td>安装漏掉一处扣 2 分</td><td></td><td></td><td></td></tr>
<tr><td rowspan="5">3</td><td rowspan="5">检查流程</td><td rowspan="2">检查条目</td><td rowspan="2">40</td><td>方法错误一处扣 2 分</td><td></td><td></td><td></td></tr>
<tr><td>漏检一处扣 2 分</td><td></td><td></td><td></td></tr>
<tr><td rowspan="3">技术要求</td><td rowspan="3">10</td><td>未达到相关技术参数每一处扣 2 分</td><td></td><td></td><td></td></tr>
<tr><td>错误每一处扣 1 分</td><td></td><td></td><td></td></tr>
<tr><td>忘记技术要求扣 5 分</td><td></td><td></td><td></td></tr>
<tr><td rowspan="2">4</td><td rowspan="2">清理作业</td><td rowspan="2">清理车辆和场地</td><td rowspan="2">10</td><td>车辆未清理扣 5 分</td><td></td><td></td><td></td></tr>
<tr><td>场地未清理扣 5 分</td><td></td><td></td><td></td></tr>
<tr><td>5</td><td>安全操作</td><td>安全操作</td><td colspan="2">发生安全事故以 0 分记</td><td></td><td></td><td></td></tr>
<tr><td>现场记录</td><td colspan="7"></td></tr>
<tr><td>开始时间</td><td colspan="2"></td><td>结束时间</td><td></td><td>超时</td><td colspan="2"></td></tr>
<tr><td>检测人</td><td colspan="2"></td><td>总分</td><td></td><td>评审教师</td><td colspan="2"></td></tr>
</table>

课程思政

辛国斌出席中国电动汽车百人会高层论坛（2022）并作主旨发言

2022 年 3 月 26 日，中国电动汽车百人会高层论坛（2022）在京举行，工业和信息化部党组成员、副部长辛国斌出席论坛并作主旨发言。

辛国斌指出，党中央、国务院高度重视新能源汽车产业发展。习近平总书记多次作出重要指示批示，为我们推进产业发展指明了方向、提供了根本遵循。有关各方共同努力，克服疫情冲击等不利影响，推动新能源汽车产业实现“十四五”良好开局，进入规模化、高质量的快速发展新阶段，市场规模实现新突破、关键技术取得新进展、综合收益见到新成效。但在供给质量、支撑条件、稳定运行等方面还存在一些问题和挑战，需要认真研究解决。

辛国斌表示，工业和信息化部将坚决贯彻落实习近平总书记重要指示批示精神，认真落实党中央、国务院决策部署，进一步创新思路、完善措施，推动新能源汽车产业高质量发展。重点做好五方面工作：一是完善支持政策体系，加强对产业发展新阶段面临问题的系统研究，修订完善双积分管理办法，组织编制汽车产业绿色低碳发展路线图；二是加快融合创新发展，加快新体系电池、车规级芯片、车用操作系统等关键技术攻关和产业化，推进“车路网云图”一体化发展；三是加大推广应用力度，继续做好汽车芯片保供，换电模式试点、燃料电池汽车示范等工作，启动公共领域车辆全面电动化城市试点，协同推进充换电基础设施建设；四是提升质量安全水平，健全标准法规体系，稳妥推进智能网联汽车准入试点，发布实施新能源汽车企业安全体系建设指导意见；五是优化产业发展环境，适度加快国内资源开发进度，打击不正当竞争行为，推动关键原材料价格回归理性，进一步加强统筹布局，遏制盲目投资、重复建设。

（来源：装备工业一司　发布时间：2022-3-28）

思考练习

一、选择题

1. 以下对新能源汽车 DC-DC 的功能描述正确的是（　　）。

A. 纯电模式下，DC 的功能替代了传统燃油车挂接在发动机上的 12 V 发电机，和蓄电池并联给各用电器提供低压电源

B. 将电池包的直流电转换为交流电给驱动电机供电

C. 监测电池包状态

D. 将电动机回馈的交流电转换为直流电

2．电动机上安装的旋变传感器用于检测电动机的转速和旋转位置，相当于燃油车上的（　　）。

A．凸轮轴位置传感器　　B．氧传感器

C．曲轴位置传感器　　D．进气压力温度传感器

3．以下哪一项不属于比亚迪 E5 车型高压组件？（　　）

A．高压电控总成　　B．动力电池组

C．PTC 加热器　　D．高压互锁开关

4．以下关于比亚迪 E5 车型无电模式启动车辆说法不正确的是（　　）。

A．踩下制动踏板并按下启动按钮，启动按钮指示灯点亮

B．在 10 s 内将钥匙靠近启动按钮

C．5 s 内会启动车辆

D．无电模式指遥控钥匙内电池没电

5．以下关于新能源汽车安全防护说明正确的是（　　）。

A．绝缘手套至少需要 00 级，使用前需要进行吹气检测

B．手摇表使用前需要进行开路、短路试验

C．数字兆欧表可以激活 500 V、1 000 V 电压进行短路测试

D．进行高压电测试时只要确保双手不构成回路，不带绝缘手套也是可以检测的

6．以下关于安全措施说法正确的是（　　）。

A．售后维修服务人员只需要有低压电工证

B．洗车时不能进行车辆充电

C．高压回路故障时通过互锁开关切断高压电

D．自放电电路包括主动放电、被动放电，被动放电优先

7．以下哪一项不属于高压下电流程？（　　）

A．断开维修开关或互锁开关

B．万用表测试电容电量，判断是否完全放电

C．断开负极至少 5 min，进行高压电缆电压测试应为 0 V

D．妥善保管维修开关或低压负极包裹绝缘胶带，防止重新连接

二、简答题

1．车主日常检查与保养包括哪些方面？

2．新能源汽车基本保养部位包括哪些？

3．PDI 检查的意义和作用是什么？

4．PDI 检查的流程是什么？

5．PDI 检查的注意事项有哪些？

第二章

新能源汽车高压安全

本章导读

新能源汽车与传统汽车在原理上有较大的区别，新能源汽车由高压电气系统和低压电气系统组成，而传统汽车只有低压电气系统。在维修新能源汽车常见故障中车辆不能正常上电，表现为车辆不能行驶，与高压电气系统中动力电池包电池管理系统、双路电高压电控以及充电系统有关联。因此要想诊断上述故障不仅要掌握新能源高压电气控制原理，还要掌握高压部件检测方法。通过学习本章内容，使读者掌握新能源高压安全注意事项。

学习目标

1. 了解动力电池包、高压互锁、高压配电箱的结构与原理。
2. 掌握电池管理器原理和控制策略。
3. 掌握充电技术运用与管理。
4. 能判断修复简单高压电器常见故障。
5. 掌握动力电池包拆卸流程。

第一节 新能源汽车高压电气系统

一、动力电池包

（一）动力电池包总成安装位置

动力电池包总成安装在后排座椅与行李舱之间，如图 2-1 所示。

图 2-1　动力电池包位置

（二）动力电池包功用

（1）充电储能

（2）放电

动力电池

（三）动力电池包结构及参数

动力电池包外形结构如图 2-2 所示；动力电池包外壳如图 2-3 所示。

图 2-2　动力电池包外形结构

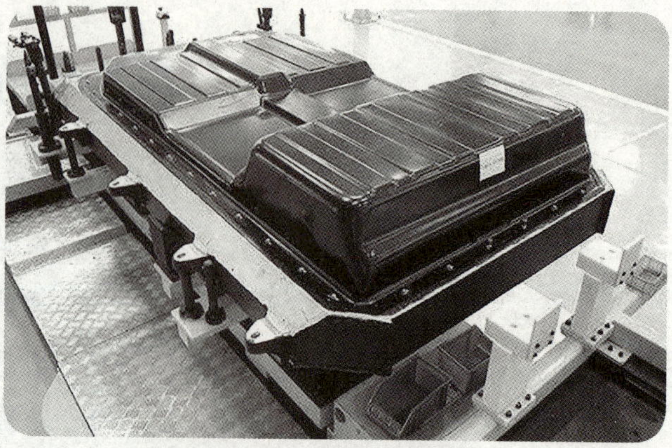

图 2-3　动力电池包外壳

1. 组成

（1）动力电池模组（分 10 个模组，共 152 个单体）

（2）动力电池串联线

（3）动力电池采样线

（4）电池信息采集器

（5）接触器、保险

（6）电池包护板

（7）安装支架

2. 参数

（1）每个单体 3.3 V

（2）电池包标称电压 501.6 V

（3）标称容量 26 A · h

（4）一次充电 13 度

（四）动力电池包线束

1. 高压线束（如图 2-4 所示）

高压线束作为电动汽车上动力输出的主要载体，是整车性能和安全的关键零部件之一。高压线束包含的零件包括高压电缆、电缆包覆物（波纹管、编制网）、固定支架、高压接插件、高压端子等。

2. 采样线束（如图 2-5 所示）

动力电池采样线束的主要功能是连接电池管理控制器和电池信息采集器，实现二者之间的通信及信息交换。

图 2-4 动力电池包高压线束

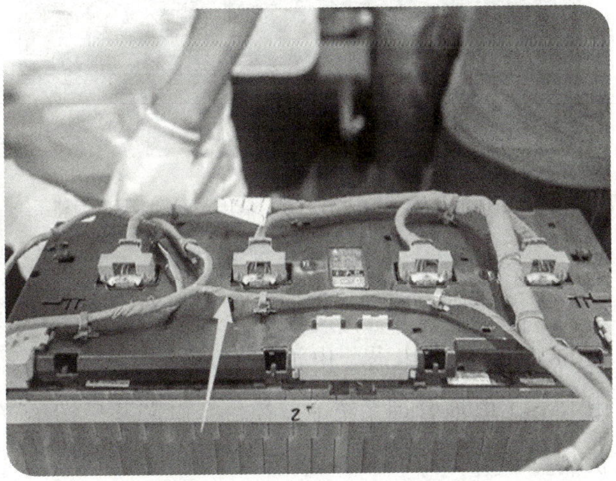

图 2-5 动力电池包采样线束

（五）动力电池包拆卸和拆解

北汽新能源汽车 EV150 和 EV160 采用的是磷酸铁锂电池，这种电池寿命长，循环寿命大于 2 000 次，安全性能高，但能量密度相对较低；EV200 则采用的是韩国 SK 三元锂离子电池，这种电池能量密度相对较高，但循环寿命只有 1 000 次。

以下是 EV200 动力电池包的拆卸和拆解过程。首先做好断电工作，举升车辆至工作高度。先拔除电池总成的低压控制端子后再拔除高压线束端子。之后就可以进行拆卸工作。使用电池托架并在电池重心处上升至电池底板高度，拧下固定螺栓即可卸下电池。从车上卸下电池后拧下电池包螺栓即可观察到内部。如图 2-6 所示。

图 2-6　EV200 动力电池包拆卸

动力电池包的内部结构如图 2-7、图 2-8 所示。

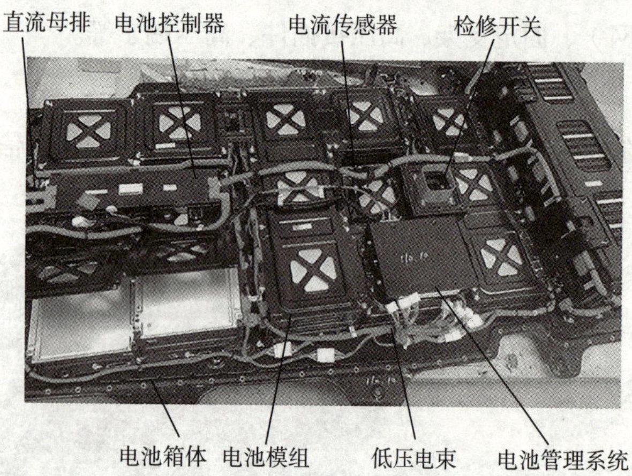

图 2-7　动力电池包内部结构

图 2-8　动力电池包内部布局图

电池总成内部的构造属于行业机密，每个厂家的动力电池系统都不大一样。EV200 所使用的电芯为 SK 三元锂电电芯，电池包布局结构为 3 P91 S（3 个并联，91 个串联），共 3×91= 273 个电芯。由 BMS（电池管理系统）监控每个电芯并反馈给 VCU（整车控制系统），以确保每块电池工作的最佳状况。

（六）新能源汽车动力电池包的正确保养方法

（1）正确掌握充电时间。电量表指示灯的红灯和黄灯亮起时，说明该充电了；只有红灯亮时，应立即停止运行，尽快充电，否则会导致电瓶过度放电严重缩短其寿命。如果充满电后运行时间较短就再次充电，充电时间不宜过长，否则会形成过度充电、电瓶发热，也会缩短电瓶寿命。一般情况下蓄电池平均充电时间在 8 ～ 10 h，充电过程中电瓶温度如果超过 65℃，立即停止充电。

（2）保护好充电器。充电时保持充电器的通风，否则不但影响充电器的寿命，还可能发生热漂移而影响充电状态。

（3）最好每天充电。就像我们日常使用手机一样，坚持每天充电能提高电池的活性，而经常等到没电了再去充电则会降低电池的使用寿命。

（4）当车辆闲置不用时应确保电池的电量，并定期对电池进行充电。

（5）减少大电流放电。电动汽车在起步、载人、上坡时，尽量避免猛踩加速，形成瞬间大电流放电。大电流放电容易导致产生硫酸铅结晶，从而损害电池极板的物理性能从而降低电池的寿命。

（6）定期深放电。电池定期进行一次深放电也有利于“活化”电池，此举可以略微提升电池的容量。

二、电池管理系统

（一）分布式电池管理系统介绍

1. 组成

分布式电池管理系统（distributed battery management system，DBMS），由 10 个电池信息采集器（battery information collector，BIC）和 1 个电池管理控制器（battery management controller，BMC）组成。

2. 安装位置

10 个 BIC 分别位于 10 个动力电池模组的前端，BMC 位于行李箱车身右 C 柱内板后段，如图 2–9、图 2–10 所示。

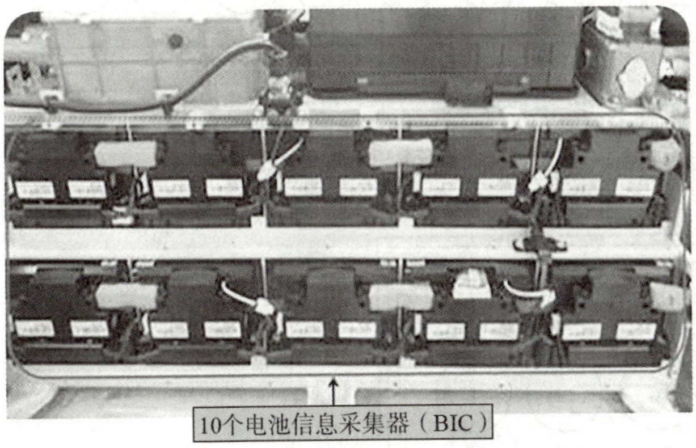

图 2–9　动力电池信息采集器安装位置

图 2–10　动力电池管理器安装位置

3. 功用

BIC 的主要功能是电压采样、温度采样、电池均衡、采样线异常检测等。

BMC 的主要功能是总电压监测、总电流监测、SOC 计算、充放电管理、接触器控制、功率控制、电池异常状态报警和保护、漏电报警、碰撞保护、自检以及通信功能等。

（二）K64/K65 接插件引脚顺序（图 2-11）

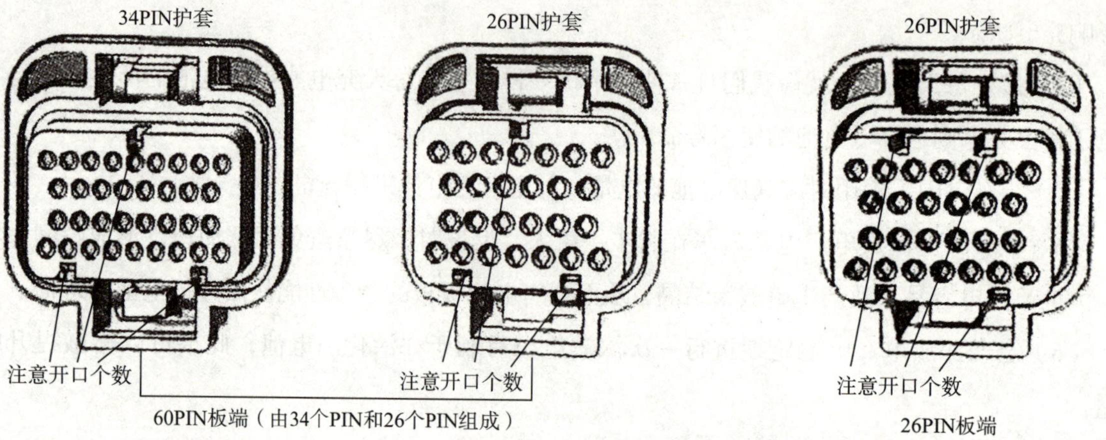

图 2-11　动力电池信息采集器 K64/K65 接插件引脚

（1）K64——34 pin+26 pin，如图 2-12 所示为动力电池信息采集器 K64 接插件引脚。

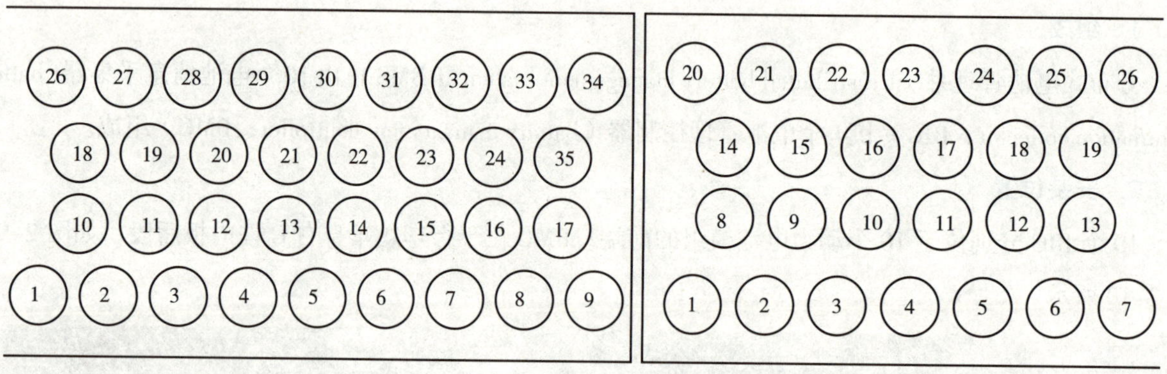

图 2-12　动力电池信息采集器 K64 接插件引脚

（2）K65——26 pin，如图 2-13 所示为动力电池信息采集器 K65 接插件引脚。

图 2-13　动力电池信息采集器 K65 接插件引脚

（三）动力电池管理器电池异常状态报警和保护

如表 2-1 所示为动力电池管理器故障。

表 2-1　动力电池管理器故障

故障状态	电池管理器系统故障诊断状况
模块温度 >65℃	1 级故障：一般高温告警
模块（单体）电压 >3.85 V	1 级故障：一般高压告警
模块（单体）电压 <2.6 V	1 级故障：一般低压告警
绝缘电阻 < 设定值	1 级故障：一般漏电告警
模块温度 >70℃	2 级故障：严重高温告警
模块（单体）电压 >4.1 V	2 级故障：严重高压告警
模块（单体）电压 <2.0 V	2 级故障：严重低压告警
绝缘电阻 < 设定值	2 级故障：严重漏电告警

（四）动力电池管理器系统框图

如图 2-14 所示为动力电池管理器框图。

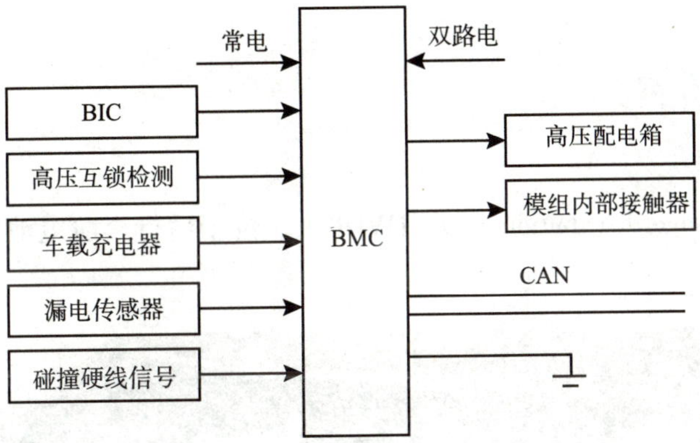

图 2-14　动力电池管理器框图

（五）动力电池管理器电路原理图

如图 2-15 所示为动力电池管理器电路原理图。

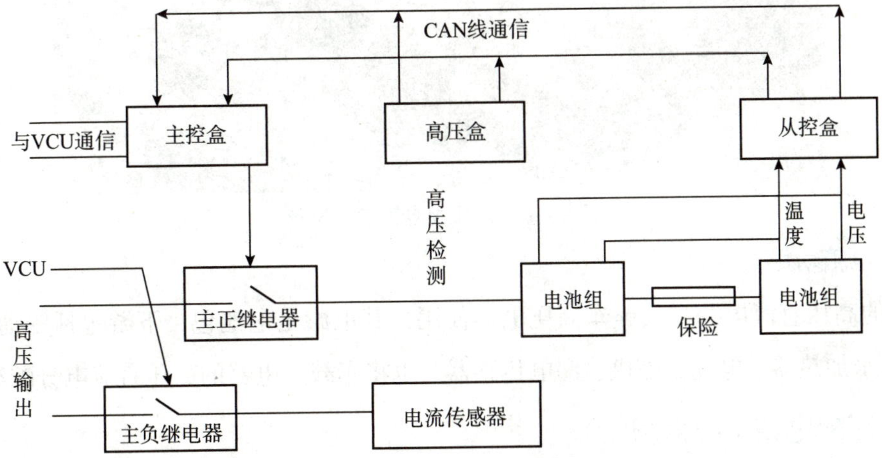

图 2-15　动力电池管理器电路原理图

（六）低压铁电池唤醒方法

（1）全车无电，低压电池是否休眠，如休眠可按下左前门微动开关唤醒。

（2）测量低压铁电池启动极柱与负极柱之间电压，确认是否电芯亏电。

（3）救援搭电方法：启动极柱和 DC 极柱需同时接上电源。

（4）充电方法：DC 极柱唤醒前提下，通过连接 DC 极柱和负极柱充电，防止过充。

完全亏电低压铁电池启动极柱电压会很低，此时低压极柱同样无法输出，可以先使用充电设备正极连接低压铁电池正极柱，负极连接低压铁电池负极柱，使用恒压限流方式对低压铁电池充电，稳定电压在 15 V，电流限制在 30 A 以内，充电 10 s 后将低压铁电池正极柱唤醒，然后再将充电设备正极连接低压铁电池正极柱上完成充电。低压铁电池完成充电时间一般在 2 ～ 3 h，最后充电后电流变为 0 ～ 1 A，充电过程完成。

特别注意：从低压铁电池正极柱才能有过充保护，所以步骤（2）和（3）最终都是通过低压铁电池正极柱补充电，切勿一直从正极柱充电，稳压源电压控制在 15 V 以内，否则容易引起过充风险。

三、高压配电箱

（一）高压配电箱介绍

1. 高压配电箱安装位置

高压配电箱（high voltage distribution assy，HVDB），位于后行李舱电池包支架右上方，如图 2-16 所示。

图 2-16 高压配电箱安装位置

2. 高压配电箱功用

将电池包的高压直流电分配给整车高压电器使用，其上游是电池包，下游包括驱动电机控制器及 DC 总成、PTC 水加热器、电动压缩机、漏电传感器，也将车载充电器的高压直流电分配给电池包。

（二）高压配电箱系统框图

如图 2-17 所示为高压配电箱系统框图。

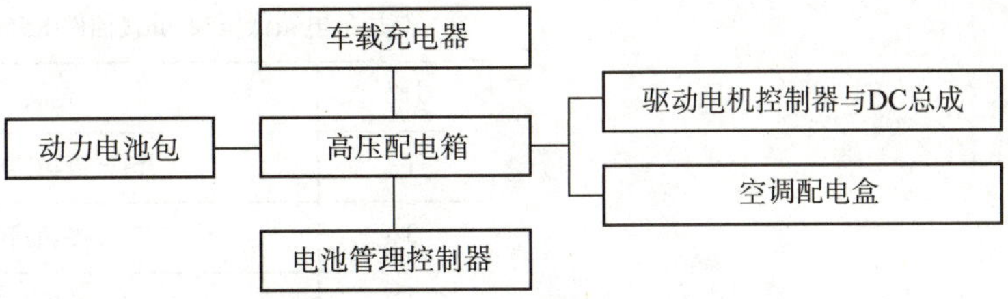

图 2-17　高压配电箱系统框图

（三）高压配电箱结构

高压配电箱外部有高压端子、低压线束、漏电传感器检测线、空调保险、车载充电保险。高压配电箱外部高压端子如图 2-18 所示。

图 2-18　高压配电箱外部高压端子

高压配电箱内部由接触器、保险、电流霍尔传感器等结构组成，如图 2-19 所示。

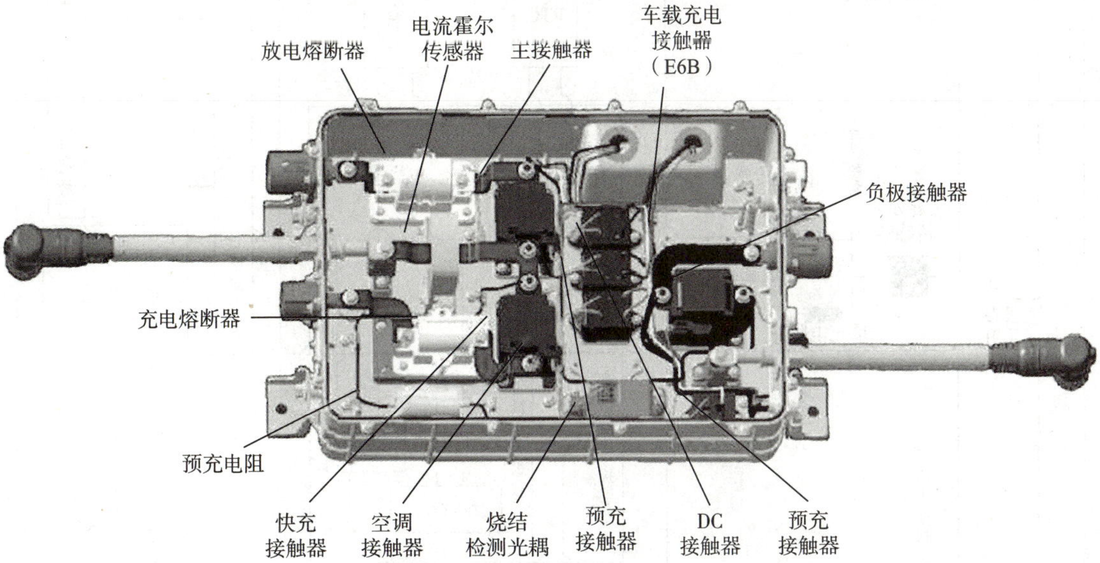

图 2-19　高压配电箱内部结构

（四）高压配电箱低压控制 22 pin 接插件针脚定义

如图 2-20 所示为高压配电箱低压控制 22 pin 接插件（K54）针脚定义。

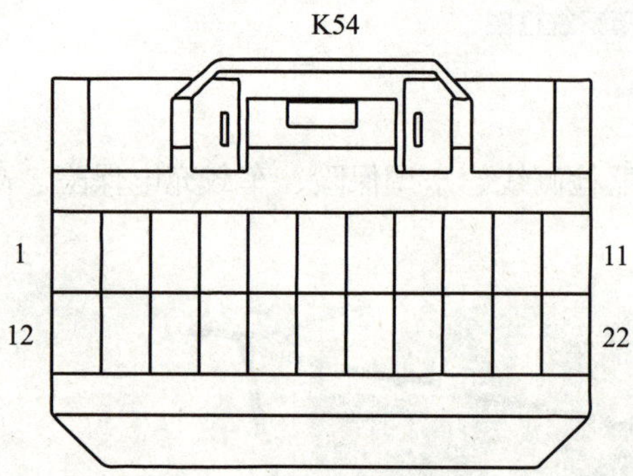

高压配电箱低压22 pin接插件(K54)针脚定义	
号码	定义
1	预充接触器电源
3	正极接触器电源
4	交流充电接触器电源
5	负极接触器电源
7	空调接触器电源
9	电流霍尔信号
10	负极接触器控制
13	预充接触器控制
14	正极接触器控制
17	空调接触器搭铁
19	霍尔电流传感器+15 V
20	交流充电接触器控制
21	霍尔电流传感器-15 V
其余	空脚

图 2-20　高压配电箱低压 22 pin 接插件（K54）针脚定义

（五）高压配电箱电路原理图

高压配电箱电路原理，如图 2-21 所示。

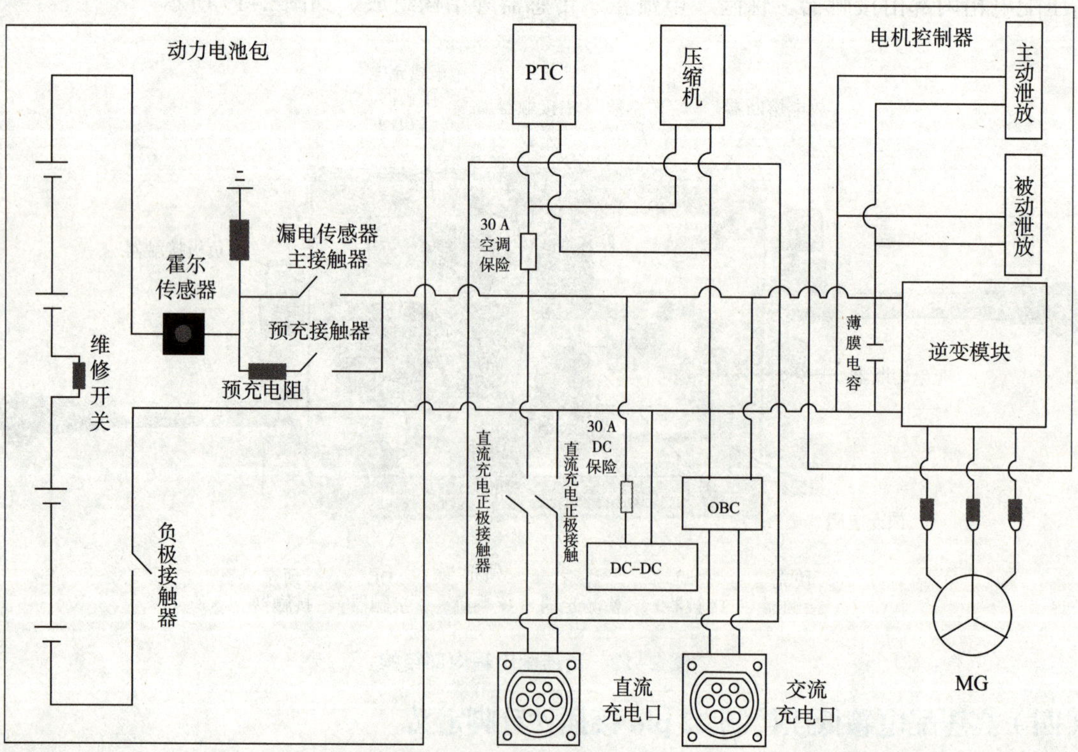

图 2-21　高压配电箱电路原理图

四、双路电

（一）双路电概念

燃油车没有充电工况，所以燃油车的模块除了常电外，还有 IG 电。而对于新能源汽车部分模块，比如 BMS、VTOG、DC–DC 等无论上电还是充电都需要工作，所以除常电以外的这路电源，必须在上电和充电时都供电，这路电源称为双路电，即上电加充电两路。

比亚迪 E5 双路电源是这样设计的，上 OK 电和交流充放电时，由双路继电器 1 吸合供电；直流充电时，则由直流充电继电器吸合供电。

（二）双路电原理方框图

如图 2–22 所示为双路电原理方框图。

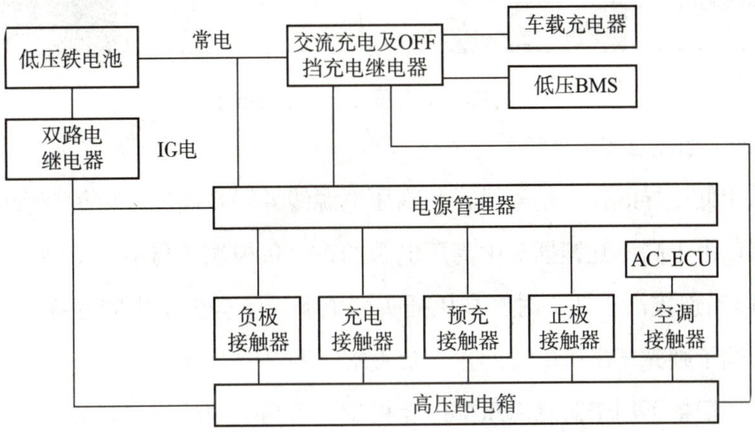

图 2–22　双路电原理方框图

五、高压互锁

（一）高压互锁定义

高压互锁是指在每一个高压回路，电池包内部和电动电池的每根采样线均增加了保险，即使发生了短路，也可以保证电池包等高压器件及线束不会发生短路起火。

高压互锁，也指危险电压互锁回路（hazardous voltage interlock loop，HVIL），通过使用电气小信号，来检查整个高压产品、导线、连接器及护盖的电气完整性（连续性），识别电路异常断开时，及时断开高压电。

（二）设计目的

（1）整车在高压上电前确保整个高压系统的完整性，使高压处于一个封闭的环境下工作，提高安全性。

（2）当整车在运行过程中高压系统回路断开或者完整性受到破坏的时候，需要启动安全防护。

（3）防止带电插拔高压连接器给高压端子造成的拉弧损坏。

（三）互锁原理

1. 高压插头上的互锁端子（如图 2-23 所示）

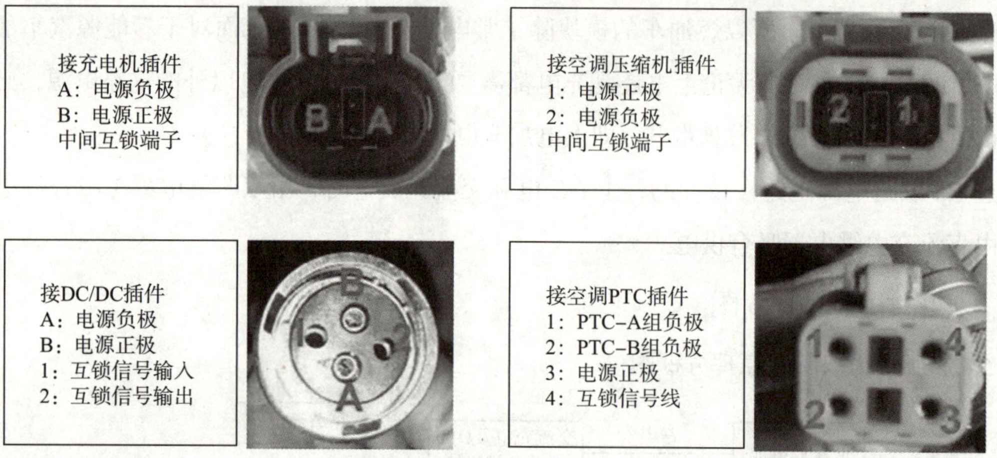

图 2-23　高压插头上的互锁端子

2. 高压互锁原理（如图 2-24 所示）

高压互锁装置采用低压导线作为信号线，与高压电源线并联在高压线束护套管内，并将所有高压部件串联起来形成回路。由于高压互锁插头中高压电源的正、负极端子与中间互锁端子的物理长度不同，如图 2-26 所示，所以当连接高压插头时，高压插头的电源端子会先于中间互锁端子完成连接；断开高压插头时，中间互锁端子则先于高压电源的正、负极端子脱开，从而避免了高压环境下拉弧的产生。同时，高压互锁装置内还配备了用于监测高压部件盖板是否可靠关闭的行程开关以及车辆碰撞和翻转信号监测装置，用于触发断电信号，确保在毫秒级时间内断开高压回路，并利用高压系统放电电路将汽车高压部件电容端的电压短时间内放掉，避免漏电或火灾事故的发生。

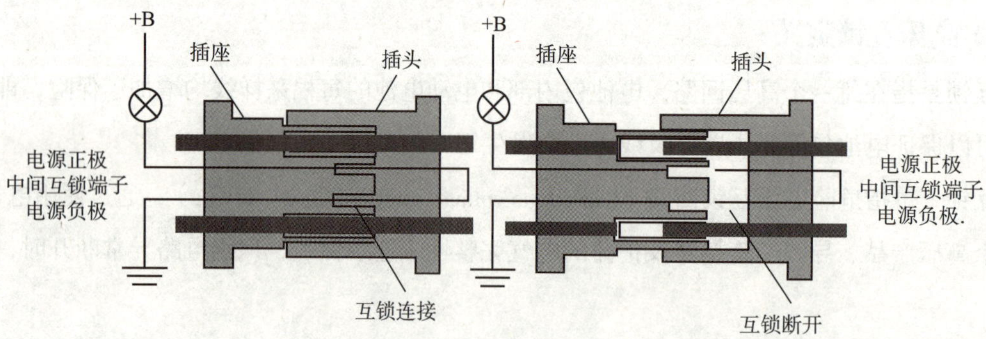

图 2-24　高压互锁原理

（四）北汽高压互锁

以下为北汽高压互锁连接图，如图 2-25 所示。

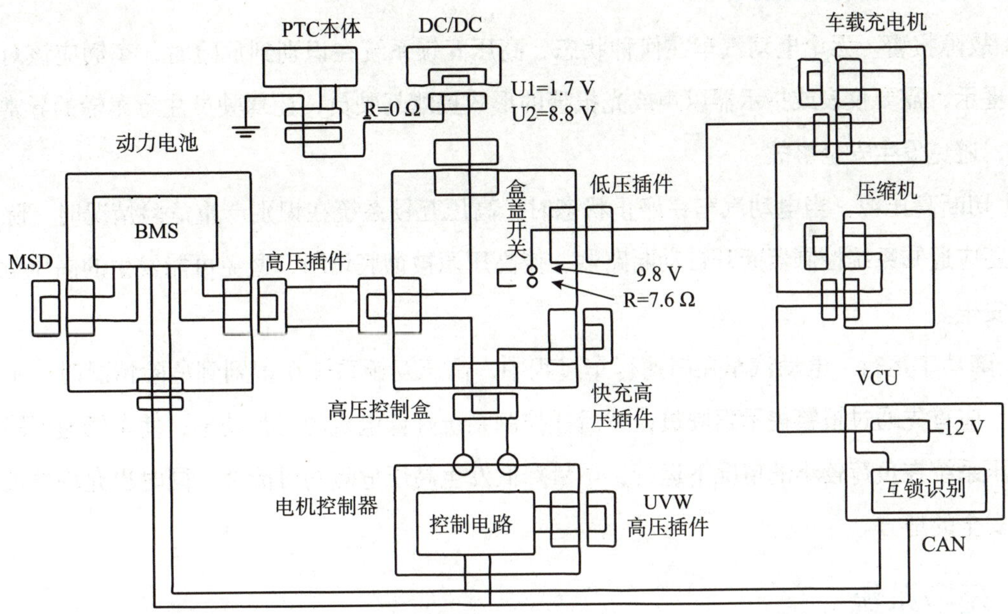

图 2-25 北汽高压互锁连接图

（五）比亚迪 E5 车型结构互锁

通过图 2-26 比亚迪 E5 车型高压互锁电路简图可知，该车高压互锁电路由电池管理系统（BMS）、动力电池包、电机控制器（VTOG）及空调加热器（PTC）组成。维修人员首先关闭点火开关，断开电池管理系统（BMS）的 BK45（A）插接器及 BK45（B）插接器，用万用表电阻挡测量 BK45（A）/1 端子与 BK45（B）/7 端子之间电阻，正常情况下阻值应小于 1.0 Ω，但实测发现该车的阻值为无穷大，这说明在互锁电路中存在断路。

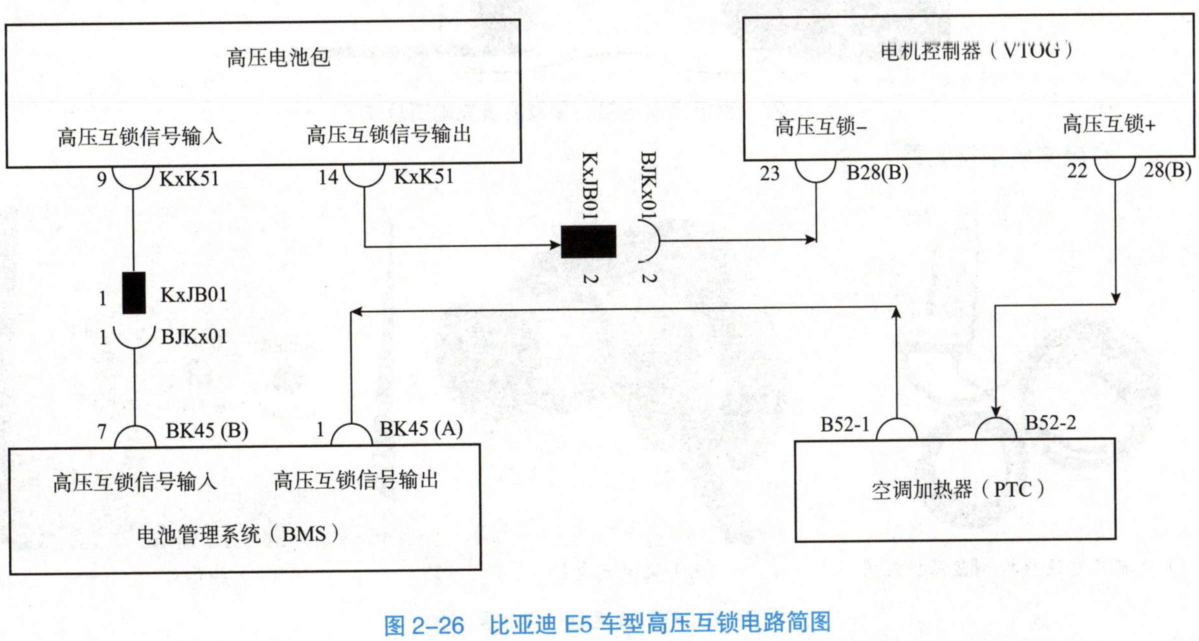

图 2-26 比亚迪 E5 车型高压互锁电路简图

（六）高压互锁控制策略

（1）故障报警。无论电动汽车在何种状态，高压互锁系统在识别到危险时，车辆应该对危险情况做出报警提示，需要仪表或指示器以声或光报警的形式提醒驾驶员，让驾驶员注意车辆的异常情况以便及时处理，避免发生安全事故。

（2）切断高压源。当电动汽车在停止状态时，高压互锁系统在识别严重危险情况时，除了进行故障报警，还应通知系统控制器断开自动断路器，使高压源被彻底切断，避免可能发生的高压危险确保财产和人身安全。

（3）降功率运行。电动汽车在高速行车过程中，高压互锁系统在识别到危险情况时，不能马上切断高压源，应首先通过报警提示驾驶员，然后让控制系统降低电机的运行功率，使车辆速度降下来，以使整车高压系统在负荷较小的情况下运行，尽量降低发生高压危险的可能性，同时也允许驾驶员能够将车辆停到安全的地方。

六、充电系统

（一）交流充电连接装置及交流充电口总成

交流充电连接装置及交流充电口总成如图 2-27 所示。

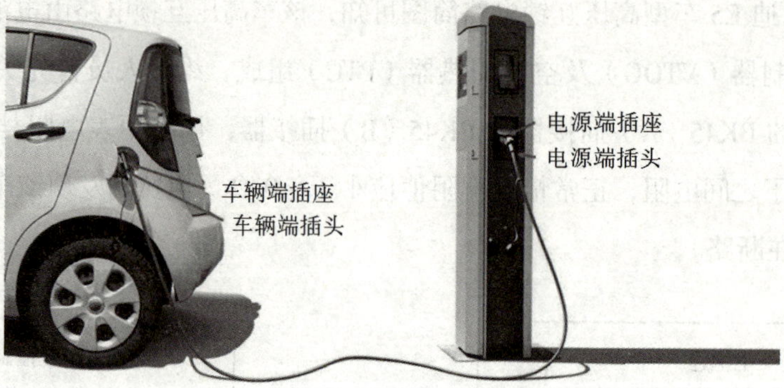

图 2-27　交流充电连接装置及交流充电口总成

1. 交流充电连接装置

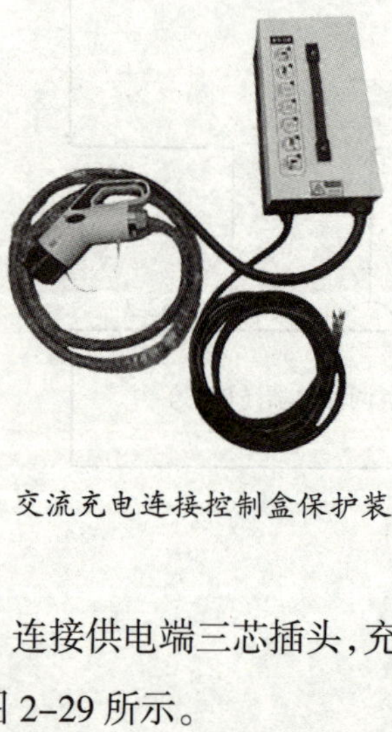

（a）交流充电连接控制盒保护装置

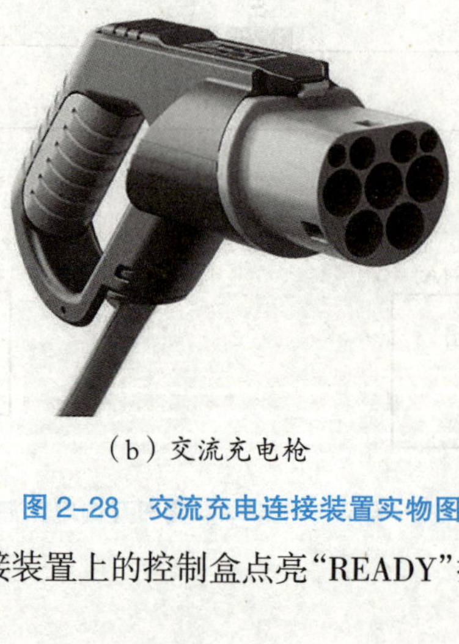

（b）交流充电枪

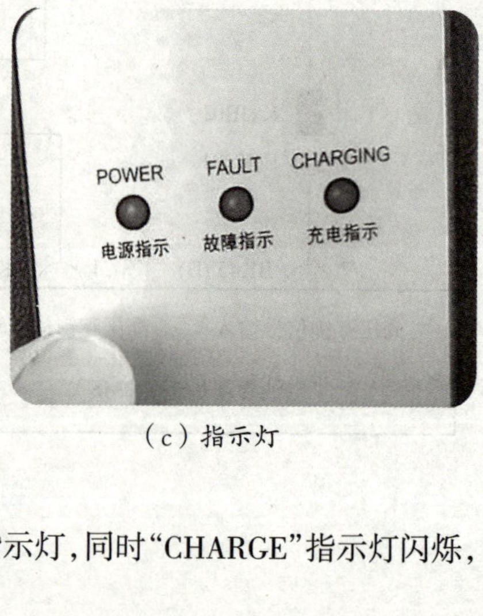

（c）指示灯

图 2-28　交流充电连接装置实物图

连接供电端三芯插头，充电连接装置上的控制盒点亮“READY”指示灯，同时“CHARGE”指示灯闪烁，如图 2-29 所示。

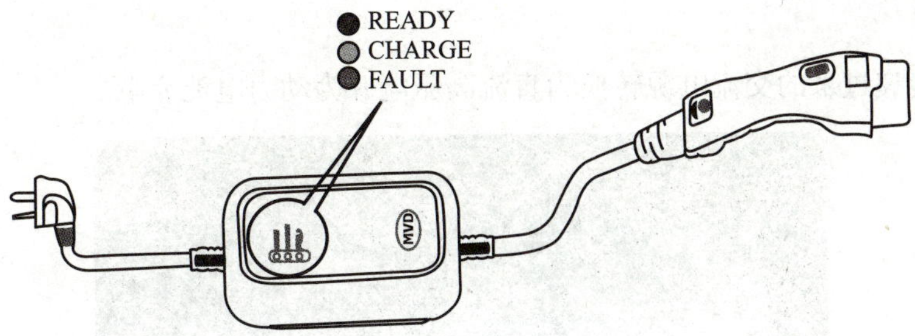

图 2–29　交流充电连接装置指示灯

2. 交流充电口总成

交流充电口又称慢充口，位于行李舱门上，用于将外部交流充电设备的交流电源连接到车辆充电回路上。车辆外部通过充电连接装置连接到交流充电设备，车辆内部通过高压电缆连接到车载充电器上，如图 2–30 所示。

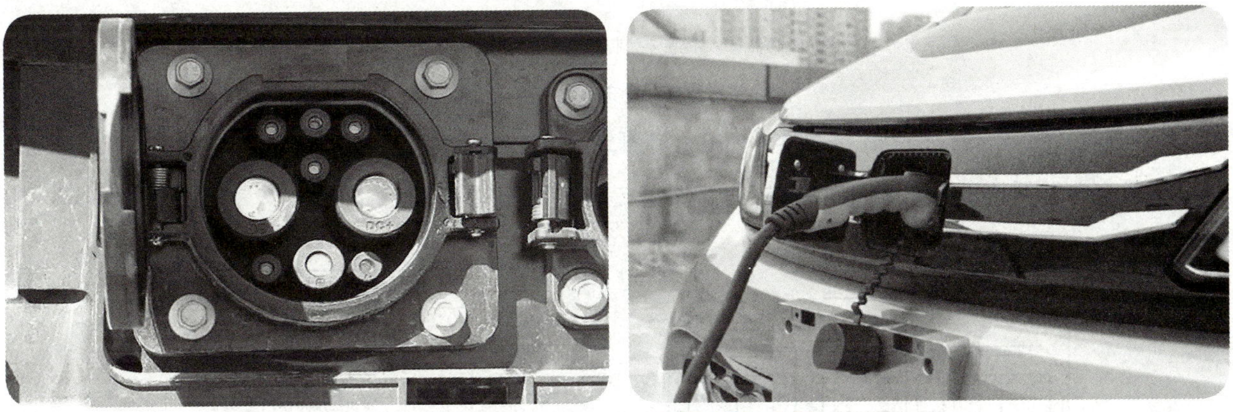

图 2–30　交流充电连接装置车辆位置

3. 交流充电口国标

我国于 2016 年实施新版国标 GB/T 20234，采用七孔四针交流充电口，如图 2–31 所示。

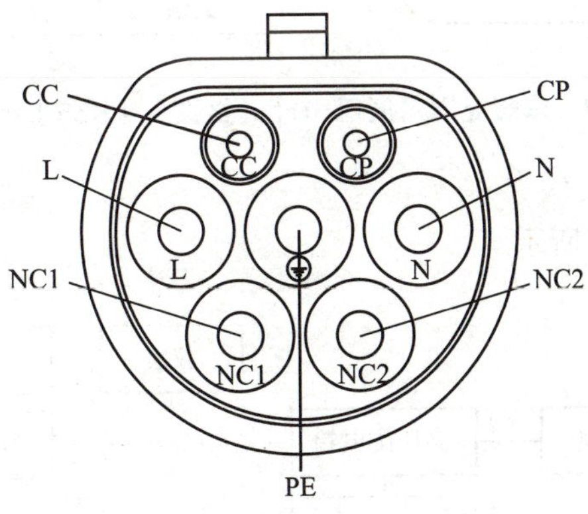

图 2–31　交流充电接口定义

L：交流电源；N：中线；PE：保护接地，连接供电设备地线和车辆底盘地线；CP：控制确认；CC：充电连接确认；NC1：预留通信端子；NC2：预留通信端子。

（二）车载充电器（on–board charger assy，OBC）

1. 安装位置

车载充电器位于后行李舱右部，如图 2–32 所示。

2. 功用

将交流充电口传递过来的交流电源转换为直流高压电并为动力电池充电。

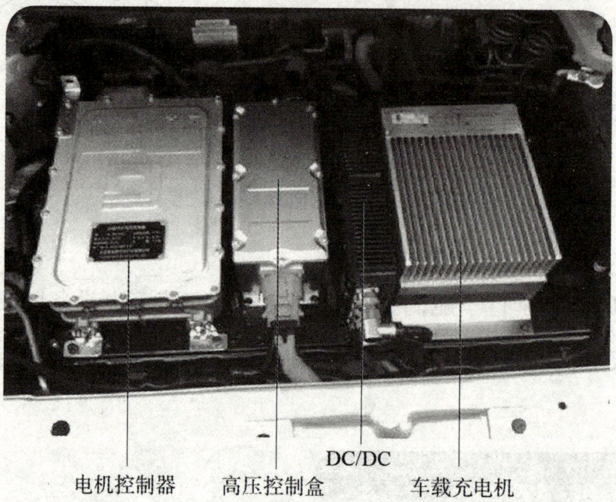

图 2-32　车载充电器安装位置

3. 车载充电器低压 10 pin 接插件（K55）针脚定义

车载充电器低压 10 pin 接插件（K55）针脚定义，如图 2-33 所示。

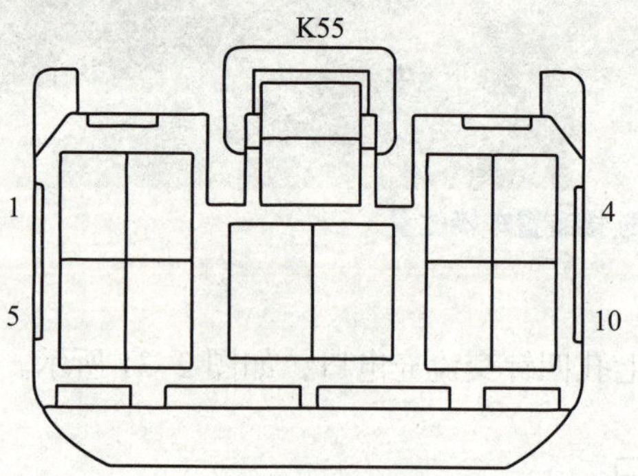

车载充电器低压10pin接插件(K55)针脚定义	
号码	定义
3	CAN- L
4	充电指示灯信号
7	接地
8	持续10A电流
9	CAN- H
10	充电感应信号
其余	空脚

图 2-33　车载充电器低压 10 pin 接插件（K55）针脚定义

4. 充电系统

充电系统原理图，如图 2-34 所示。

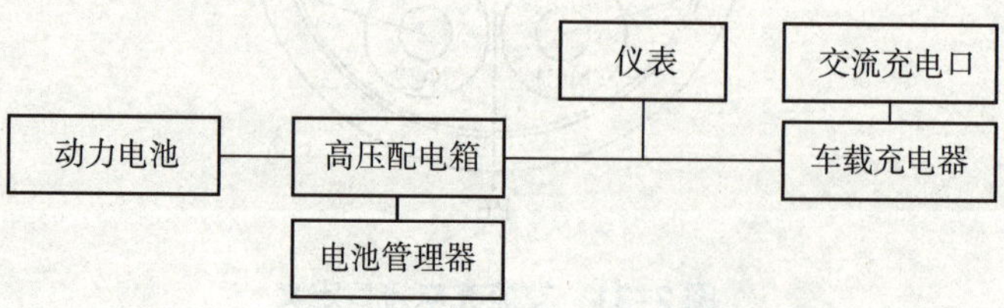

图 2-34　充电系统原理图

5. 充电流程

充电流程，如图 2-35 所示。

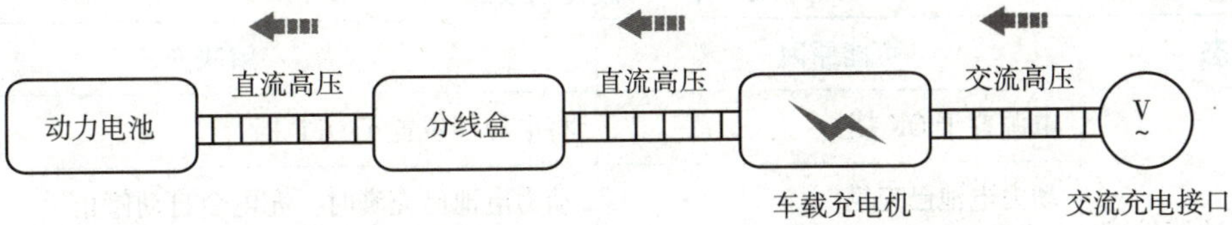

图 2-35　充电流程图

6. 充电请求允许电路图

充电请求允许电路图，如图 2-36 所示。

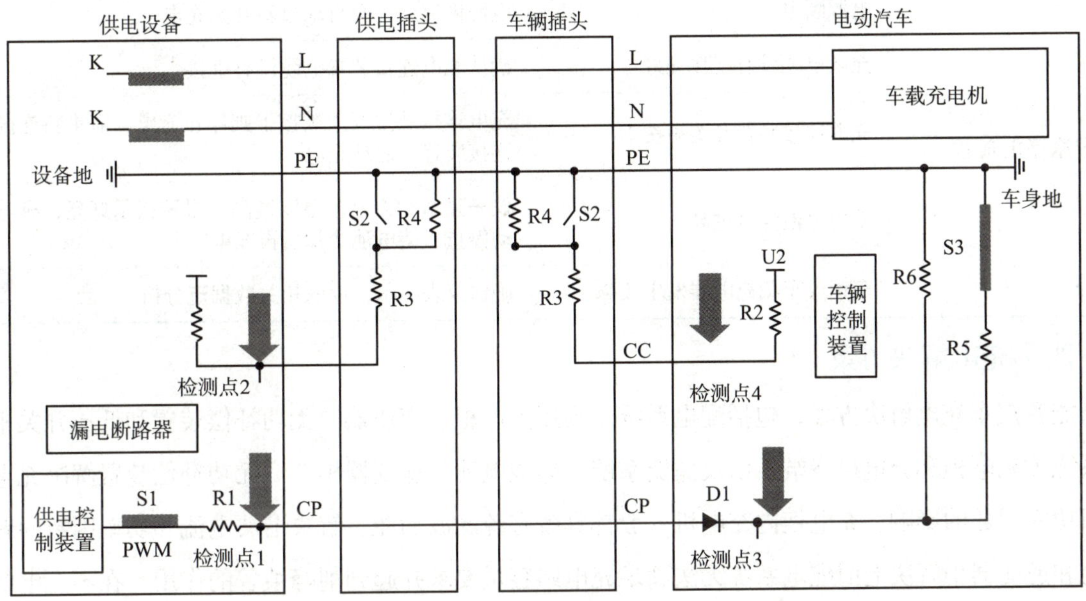

图 2-36　充电请求允许电路图

（三）充电方式

1. 预约充电

按照客户设置的充电时间对车辆定时充电，如图 2-37 所示。

图 2-37　预约充电

2. 即时充电

家用单相交流充电。性能参数：输入电压 220 VAC50 H；输入功率 1.5 kW。一般直接充电。

3. 一般充电故障诊断

一般充电故障诊断如表 2-2 所示。

表 2-2　一般充电故障

故障状态	可能原因	解决方法
不能充电，物理连接完成，已启动充电（包含三芯转七芯）	电源置于 OK 挡	将电源挡位置于 OFF 挡
	动力电池已充满	动力电池已充满时，充电会自动停止
	12 V 铁电池过放电	寻找其他 12 V 电源，如搭接其他车辆的 12 V 铁电池，充电开始后，会同时给铁电池充电
	车辆或交流充电连接装置故障	确定仪表盘上有电池故障灯点亮，或是有充电系统故障提示语，停止充电，与比亚迪认证的经销商联系
充电中途停止充电	电源断电	电源恢复后，会自动重新开始充电
	充电电缆没有连接完好	确认充电连接装置电缆没有虚接
	充电连接装置开关被按下	充电连接装置开关被按下则停止充电，需重新连接充电连接装置，启动充电
	动力电池温度过高	仪表显示动力电池温度过高，报警指示灯亮，充电会自动停止，待电池冷却后再充电
	车辆或车载充电器发生故障	确认仪表提示，读取相关数据流分析

（四）充电解决方案

新能源汽车充电解决方案，包括配电系统（高压配电柜、变压器、无功补偿装置和低压开关柜）、充电系统（充电柜和充电机终端）以及储能系统（储能电池与逆变器柜）。无功补偿装置解决充电系统对电网功率因数的影响，充电柜内充电机一般都具备有源滤波功能、解决谐波电流和功率因数问题；储能电池和逆变器柜解决老旧配电系统无法满足充电站容量要求并起到削峰填谷的作用，在不充电的时候进行储能，大容量充电且配电系统容量不足时释放所储能量进行充电。如果新建配电系统容量足够，储能电池和逆变器柜可以不选用。风力发电和光伏发电为充电系统提供清洁能源，尽量减少从电网取电，如图 2-38 所示为充电系统组成。

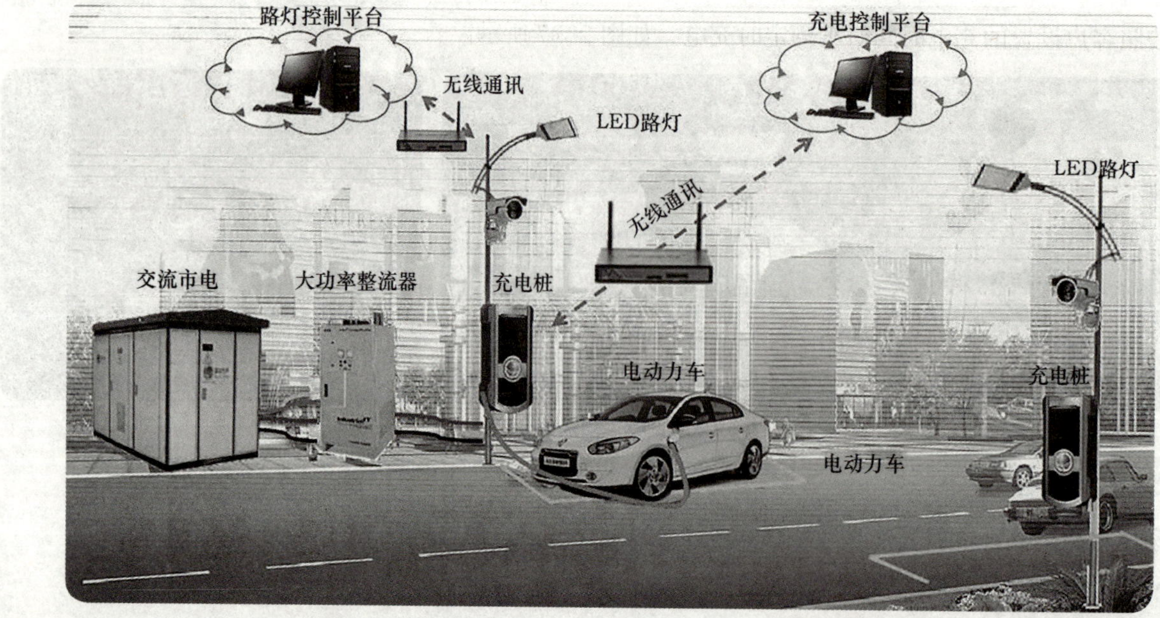

图 2-38　充电系统组成

第二节 高压潜在危害及防护措施

一、新能源汽车高压系统安全与防护

（一）新能源汽车高压电的类型

依据国家标准 GB/T 18384. 3—2015《电动汽车　安全要求第 3 部分：人员触电防护》要求，考虑到空气的湿度和人体在不同工作环境下的电阻，根据不同电压等级可能对人体造成的伤害和危险程度不同，在新能源汽车中将车辆电压按照类型和数值分为两个安全级别，见表 2-3 所示。

表 2-3　新能源汽车高压电的类型

电压安全级别	最大工作电压 /V	
	DC（直流）	AC（交流）
A	$0<U\leqslant 60$	$0<U\leqslant 30$
B	$60<U\leqslant 1\ 500$	$30<U\leqslant 1\ 000$

（1）A 级是较为安全的电压等级，在直流中，最大工作电压应小于或等于 60 V；在交流中，最大工作电压应低于 30 V，该电压下的维护人员不需要采取特殊的防电保护。

（2）B 级对人体会产生伤害，被认为是高压。在该电压下必须采用必要的防护设备对维护人员进行保护。

（二）新能源汽车高压类型

直流高压主要分布在动力电池到各个驱动部件的位置，如动力电池到驱动逆变器之间连接的是直流高电压；动力电池到高压压缩机之间连接的是直流高电压。

交流高压主要分布在逆变器与驱动电机之间，以及充电接口与车载充电器之间。不同的是逆变器与驱动电机之间的交流高电压通常都在 300 V 左右，而充电接口与车载充电器之间的交流高电压即为外部电网的 220 V 电压，如图 2-39 所示。

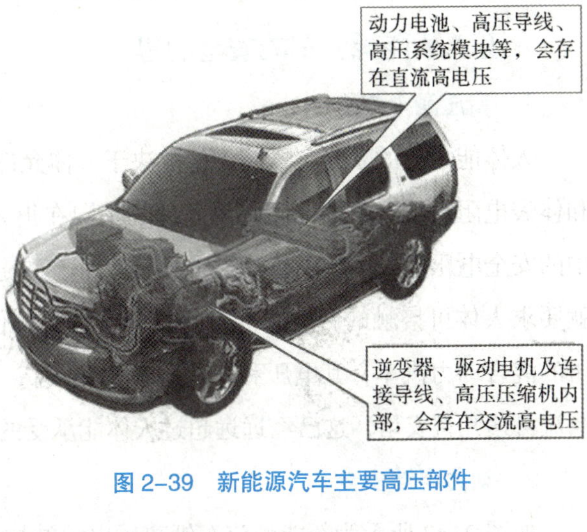

图 2-39　新能源汽车主要高压部件

（三）新能源汽车高压电标识

如图 2–40 所示为新能源汽车高压警示标识。

（a）高压危险　（b）注意　（c）阅读操作说明书　（d）触电

图 2–40　新能源汽车高压警示标识

（四）新能源汽车高压安全设计

如图 2–41 所示为新能源汽车高压存在时间。

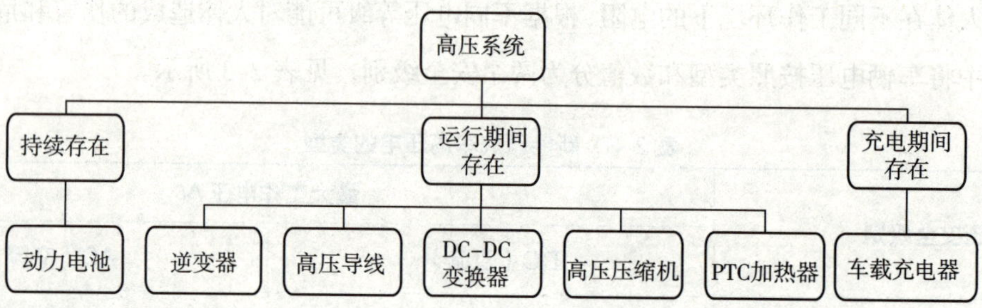

图 2–41　新能源汽车高压存在时间

（1）持续存在。新能源汽车的动力电池持续存在高电压，即使当车辆停止运行期间，动力电池始终存储电能，因此当满足动力电池的放电条件后，该部件将继续对外放电。

（2）运行期间存在。运行期间存在高压的部件，是指当点火开关处于 ON 挡、RUN 挡或其他运行状态时，部件存在高电压。对于逆变器、高压压缩机、PTC 加热器及 DC–DC 变换器部件，只有在系统运行时，来自动力电池的高电压才会加载到这些部件上。

（五）新能源汽车的安全隐患

1. 高压触电安全

人体能承受的安全电压的高低取决于人体允许通过的电流和人体的电阻。人体电阻主要由体内电阻和体表电阻组成。人体电阻随着条件的不同在很大范围内变化，但是一般不低于 1 kΩ。我国民用电网中的安全电压多采用 36 V，大体相当于人体允许通过电流 30 mA（以人体电阻为 1 200 Ω）的情况，这就要求人体可接触的新能源汽车任意两个带电部位的电压要小于 36 V。无论是纯电动汽车，还是高电压的混合动力汽车，其电压和电流等级都比较高。动力电池的电压一般为 300 ～ 600 V。正常工作时，电流可达几百安培，这已经远远超过人体能承受的极限。

2. 动力电池安全

如图 2–42 所示为新能源汽车锂离子电池结构示意图，锂离子电池在正常使用过程中不会出现安全问题，但电池的滥用会导致电池的热效应加剧，这是锂离子电池出现安全问题的导火索，最终表现为电池的“热失控”，从而引起安全事故。导致热失控有以下几种情况。

（1）过充电与过放电。

（2）过电流。

（3）电池过温。

3. 危险运行工况下的安全

如图 2-43 所示，以丰田卡罗拉新能源汽车为例，新能源汽车由于存在高电压，在行驶中发生事故时，如果没有很好的安全设计，很容易发生安全隐患。这些安全隐患包括以下几点。

（1）高压系统短路。

（2）发生碰撞或翻车。

（3）涉水或遭遇暴雨。

（4）充电时车辆的意外移动。

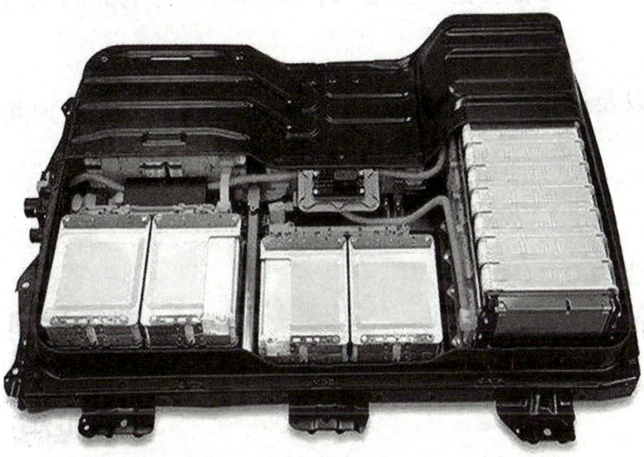

图 2-43　丰田卡罗拉新能源汽车

图 2-42　新能源汽车锂离子电池结构示意图

（六）新能源汽车的安全设计

新能源汽车的安全设计如图 2-44 所示，应确保各项安全。

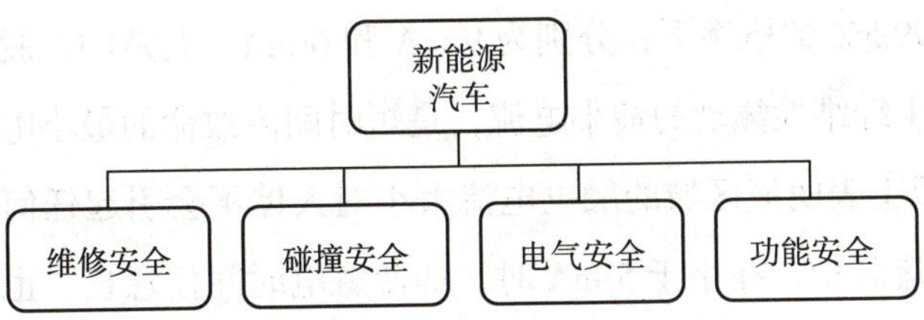

图 2-44　新能源汽车的安全设计

1. 维修安全

维修安全主要包含两方面，传统汽车的维修安全和针对新能源汽车的特殊维修安全。新能源汽车的维修安全主要是防止高压触电。

2. 碰撞安全

当车辆发生碰撞时，车辆的安全系统应当满足以下要求，碰撞过程中以及碰撞后都要保证相关人员的人身安全。

3. 电气安全

新能源汽车的电气安全主要包括以下几个方面。防止人员接触到高压电、电池能量的合理分配、充电时的高压安全、行驶过程中的高压安全、碰撞时的电气安全、维修时的电气安全。

4. 功能安全

电动类型的新能源汽车，需要从以下两个功能方面采取安全设计，避免安全隐患的发生。

（1）转矩安全管理。为防止车辆出现不期望的运动，需要在整车控制器中加入转矩安全控制策略。具体转矩安全策略如下。

①整车控制器负责计算整车的转矩需求，计算的转矩需求的差值大于某个标定值，则认为转矩输出存在安全风险，此时整车控制器会将车速限制在安全范围内。

②若整车控制器的需求转矩与电机的实际转矩的差值大于某个标定值，则认为电机的转矩控制存在风险，此时整车控制器将会限制电机的转矩输出。若两者差值一直过大，则切断动力电池的动力输出。

（2）充电安全。在充电时需要防止车辆移动，以及避免快充、慢充、行驶模式之间的冲突，为此进行以下设计。

①只有挡位放在 P 挡时才允许充电。

②在充电过程中，转矩需求及实际转矩输出都应当为 0。

③当充电枪插上时，不允许闭合控制高压电输出的接触器。

④当充电回路绝缘电阻小于标准要求的阻值时，应当停止充电并断开高压接触器。

二、电击和电伤

电击和电伤

电流具有热效应、磁效应、化学效应和光电效应，当人体触电时会造成人体不同程度的伤害。在一定概率下，通过人体引起任何感觉的最小电流称为感知电流；在一定概率下，人触电后能自行摆脱带电体的最大电流称为摆脱电流。对应于 50% 概率下，成年男子的摆脱电流大约为 16 mA，成年女子的摆脱电流是 10.5 mA；而在 99.5% 的概率下，分别为 9 mA 和 6 mA。儿童的摆脱电流阈值更小。室颤电流是指通过人体引起心室发生纤维性颤动的最小电流，是短时间内致命的最小电流。

如图 2–45 所示，区域①表明该区域的触电电流大小对人体不会引起任何感觉，即便时间任意长；区域②是人体有感觉的电流区域，在小于 5 mA 时，即便触电时间任意长，也不会对生命造成危害，但会有麻感或疼痛感；如果触电电流大于等于 5 mA，会随着时间的增加而进入“摆脱电流极限”，此时触电者将无法自行摆脱带电体；区域③会出现肌肉痉挛，心律失常，呼吸困难，但在没有超过临界值时一般不会出现持续性器官的损伤；区域④则是最危险的区域，该区域会发生心室颤动，心脏会停止跳动，呼吸会停止，如果没有得到及时抢救，将很快死亡。

例如，触电电流为 200 mA 时，在前 10 ms，触电者会有麻感和疼痛感，也能够自行摆脱，但是一旦过了 10 ms，触电者将无法自行摆脱，会出现更严重的肌肉痉挛心律失常呼吸困难等症状，如果此时没有得到施救摆脱带电体，一旦到了 300 ms，触电者将会发生心室颤动，血液停止循环，全身器官会因缺氧而受到损伤或衰竭致死。

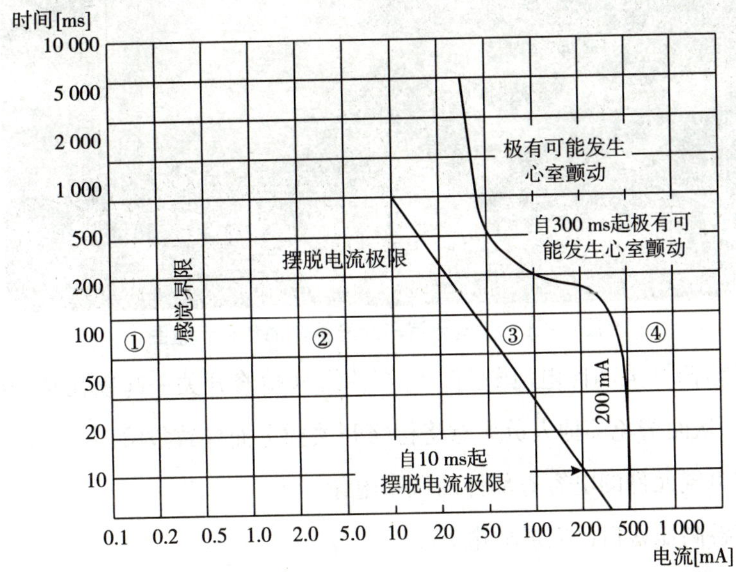

图 2-45 新能源汽车高压触电电流

高压电造成的触电事故会导致电击和电伤。电击是指电流直接流过人体而造成的伤害，通常表现为麻感、针刺感、压迫感、打击感、痉挛、疼痛、呼吸困难、血压异常、昏迷、心律不齐、窒息、心室颤动等症状。电伤是指电流转换成其他形式的能量作用于人体而造成的伤害，主要有电灼伤、电烙印、皮肤金属化、机械性损伤、电光眼和二次损伤。

电动汽车国家标准GB/T 18384. 3—2015中明确规定了电动汽车的工作电压等级划分，如表2-4所示。对于A级电压的电路不要求提供触电防护；对于B级电压电路的带电部件，都应为人员提供危险接触的防护。

为避免高压触电事故的发生，在对新能源汽车进行维修时，通常需要用到专业的触电防护工具，如绝缘手套、护目镜、绝缘鞋、放电工装、验电工具、绝缘工具、绝缘电阻表、绝缘胶垫、绝缘隔板、标示牌和遮拦等。

表 2-4 电动汽车的工作电压等级划分

工作电压等级	直流 /V	交流 /V
A 级	$0<I<60$	$0<I<25$
B 级	$60<I<1\,000$	$25<I<660$

三、新能源高压断电七步曲

电气事故按灾害形式可以分为人身事故、设备事故、火灾事故、爆炸事故等。由于电动汽车存在高压电气部分，安全工作必须做好，电气安全工作是一项综合性的工作，有技术的一面，也有组织管理的一面。北汽新能源汽车有限公司提出了电动汽车高压操作安全措施。必须贯彻一个方针“安全第一，预防为主”。在新能源汽车全部停电或部分停电的电气设备上工作，必须完成下列七步措施。

（1）停电：断开蓄电池负极确保高压控制线路断电，如图2-46所示。

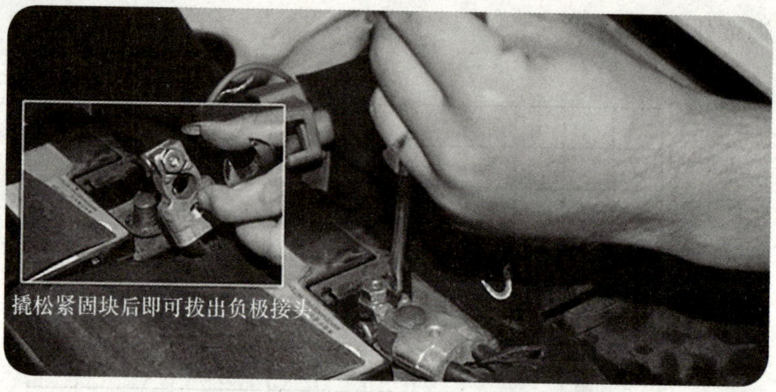

图 2-46　新能源汽车断开蓄电池负极示意图

（2）挂锁：断开检修开关确保电池断路，将车钥匙和检修开关一起锁在某个柜子或箱子里，钥匙由检修人员随时携带，从而避免其他人员无意将检修开关插上而导致危险。

（3）放电：释放电气元件的电容等部件的残余电量。

（4）验电：确保各高压接口已完成放电。

（5）悬挂标示牌：无关人员撤离，操作过程中严禁合闸。

（6）装设遮拦：设置安全距离。

（7）有监护人：电动汽车检修操作必须有两人或两人以上进行操作，一人操作一人在旁边监护。

任务训练

动力电池组拆装与检测训练

在规定时间内，要求以小组作业方式，严格执行高压作业安全规定，规范使用工具仪器，依据厂家技术标准和实训要求，在整车上完成高压系统断电、动力电池拆卸、装车检查、安装动力电池、性能检验，并形成书面报告。建议采用吉利帝豪 EV300 车型。

一、作业流程

序号	作业项目		考核主要内容
1	高压系统断电	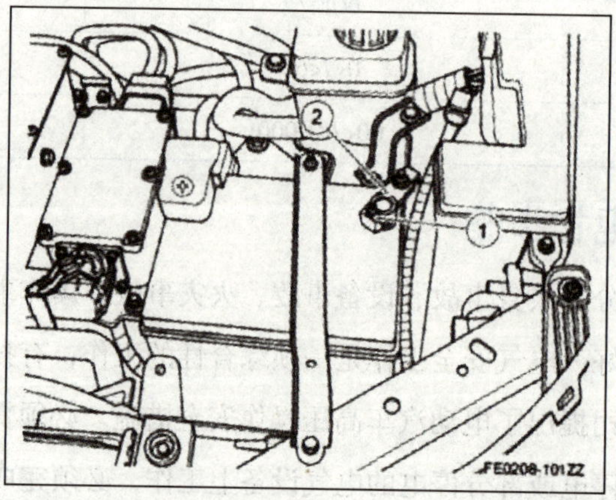	记录车辆信息 安装翼子板布、格栅布 安装车内四件套 落下驾驶员侧车窗玻璃 连接故障诊断仪 记录故障信息 放置高压警示标识 关闭启动开关 断开辅助蓄电池负极 拧下电池膨胀壶加水盖

续表

序号	作业项目		考核主要内容
2	动力电池拆卸	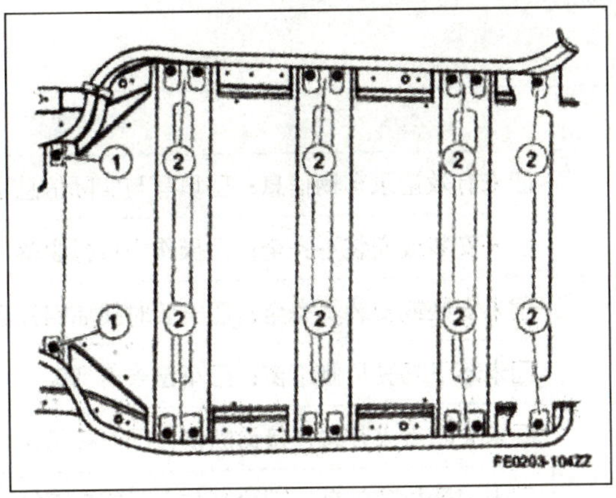	举升车辆 支撑动力电池 佩戴绝缘手套、护目镜 拆卸动力电池高压连接器 测量动力电池高压回路 拆卸动力电池低压连接器 断开与热交换器的连接水管 断开与水泵的连接水管 拆卸动力电池搭铁线 拆卸动力电池后部固定螺栓 拆卸动力电池前部固定螺栓 拆卸动力电池两侧固定螺栓 移除动力电池
3	装车检查	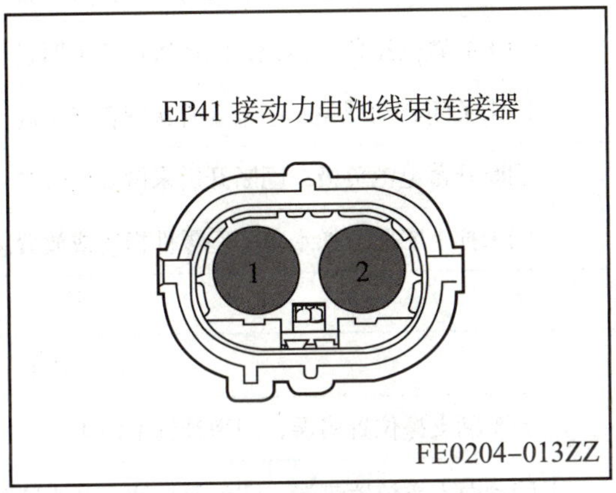	记录动力电池铭牌信息 佩戴绝缘手套、护目镜 测量动力电池绝缘电阻 清洁和检查动力电池
4	安装动力电池	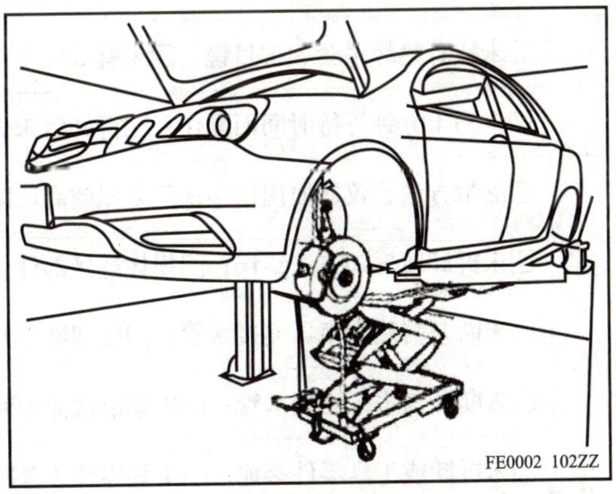	安装动力电池定位销 举升动力电池 安装动力电池两侧固定螺栓 安装动力电池前部固定螺栓 安装动力电池后部固定螺栓 安装动力电池搭铁线 安装与水泵的连接水管 安装与热交换器的连接水管 安装动力电池低压连接器 佩戴绝缘手套、护目镜 安装动力电池高压连接器 移除动力电池升降平台 加注冷却液
5	性能检验		系统上电前安全检查 安装辅助蓄电池负极 查询故障信息 升起驾驶员侧车窗玻璃 拆卸翼子板布、格栅布 拆卸车内四件套 移除高压警示标识 恢复场地

二、考评标准

（一）职业素养和操作规范

1. 高压系统断电

考评项目	评分要点
记录车辆信息	□未有效记录车辆信息；□填写与实际信息不符
安装翼子板布、格栅布	□未安装或安装不齐全；□操作中自行脱落
安装车内四件套	□未安装或安装不齐全；□安装时损坏四件套
落下驾驶员侧车窗玻璃	□未落下驾驶员侧车窗；□车窗未落到底
连接故障诊断仪	□未关闭点火开关连接诊断仪；□连接错误
记录故障信息	□未记录故障信息；□填写与实际信息不符
放置高压警示标识	□未放置高压警示标识；□放置位置不明显
关闭启动开关	□未关闭启动开关；□未妥善保管智能钥匙
断开辅助蓄电池负极	□断开蓄电池负极；□断开后未做安全防护
拧下电池膨胀壶加水盖	□未拧下膨胀壶加水盖；□零件损伤或放置凌乱

2. 动力电池拆卸

考评项目	评分要点
举升车辆	□车辆支撑位置错误；□举升机未锁止
支撑动力电池	□台面支撑位置错误；□台面与动力电池接触不合理
佩戴绝缘手套、护目镜	□未检查绝缘手套、护目镜；□未有效佩戴
拆卸动力电池高压连接器	□未到 1 分钟等待时间而操作；□拆卸后未做安全防护
测量动力电池高压回路	□测量方法、仪器使用错误；□未佩戴高压防护用品
拆卸动力电池低压连接器	□未拆卸或拆卸方法错误；□损坏连接部件
断开与热交换器的连接水管	□未断开与热交换器连接水管；□冷却液撒漏地面
断开与水泵的连接水管	□未断开与水泵连接水管；□冷却液撒漏地面
拆卸动力电池搭铁线	□未拆卸或工具零件落地；□工具零件放置凌乱
拆卸动力电池后部固定螺栓	□未拆卸或工具零件落地；□工具零件放置凌乱
拆卸动力电池前部固定螺栓	□未拆卸或工具零件落地；□工具零件放置凌乱
拆卸动力电池两侧固定螺栓	□未拆卸或工具零件落地；□工具零件放置凌乱
移除动力电池	□下降过快导致电池损伤；□未将动力电池移至车外

3. 装车检查

考评项目	评分要点
记录动力电池铭牌信息	□未有效记录铭牌信息；□填写与实际信息不符
佩戴绝缘手套、护目镜	□未检查绝缘手套、护目镜；□未有效佩戴
测量动力电池绝缘电阻	□测量方法、仪器使用错误；□未佩戴高压防护用品
清洁和检查动力电池	□未清洁动力电池外观；□未检查动力电池外观

4. 安装动力电池

考评项目	评分要点
安装动力电池定位销	□未安装定位销；□定位销分布不合理
举升动力电池	□上升过快导致电池损伤；□造成其他部件损伤
安装动力电池两侧固定螺栓	□未安装或工具零件落地；□力矩与标准不符
安装动力电池前部固定螺栓	□未安装或工具零件落地；□力矩与标准不符
安装动力电池后部固定螺栓	□未安装或工具零件落地；□力矩与标准不符
安装动力电池搭铁线	□未安装或工具零件落地；□安装不到位
安装与水泵的连接水管	□未安装与水泵连接水管；□冷却液撒漏地面
安装与热交换器的连接水管	□未安装与热交换器连接水管；□冷却液撒漏地面
安装动力电池低压连接器	□未安装或方法错误；□卡扣未锁止
佩戴绝缘手套、护目镜	□未检查绝缘手套、护目镜；□未有效佩戴
安装动力电池高压连接器	□未安装或方法错误；□卡扣未锁止
移除动力电池升降平台	□未检查电池安装情况直接下降；□设备未复原
加注冷却液	□加注或液位不符合标准；□冷却液撒漏地面

5. 性能检验

考评项目	评分要点
系统上电前安全检查	□未检查电池连接状态；□未检查其他高压连接
安装辅助蓄电池负极	□未安装蓄电池负极；□安装或紧固不到位
查询故障信息	□未记录故障信息；□记录与实际信息不符
升起驾驶员侧车窗玻璃	□未关闭驾驶员侧车窗；□未关闭启动开关
拆卸翼子板布、格栅布	□未拆卸翼子板布、格栅布；□放置凌乱
拆卸车内四件套	□未拆卸车内四件套；□未清洁车辆外观
移除高压警示标识	□未移除高压警示标识；□警示标识放置凌乱
恢复场地	□未恢复工具设备；□未清洁工作现场

（二）作业过程记录

1. 填写车辆信息

作业过程记录（请在以下答题区域填写）	
填写车辆信息	车辆识别码：
	品牌：

2. 高压系统断电

作业过程记录（请在以下答题区域填写或勾选）		
查看仪表信息（启动后） READY 指示灯 系统故障指示灯	指示灯名称	状态显示
	□点亮 □不亮 □点亮后熄灭	
	□点亮 □不亮 □点亮后熄灭	
记录故障信息（电源管理系统）	故障代码查询（清除故障代码后再次读取）： □无 DTC □有 DTC	
	故障代码信息（清除故障代码后再次读取）： 代码： 说明： 代码： 说明：	
高压系统断电	作业流程： 步骤 1： 步骤 2： 步骤 3： 步骤 4： 步骤 5： 步骤 N：	

3. 动力电池拆卸

作业过程记录（请在以下答题区域填写或勾选）		
测量高压回路	动力电池包正极与负极之间	标准值： V
		实测值： V

4. 装车检查

作业过程记录（请在以下答题区域绘制或填写）		
记录铭牌信息（动力电池）	（动力电池）标称电压	V
	（动力电池）电池容量	A·h
检测绝缘电阻	动力电池包正极与壳体之间	实测值：
		标准值： MΩ
	动力电池包负极与壳体之间	实测值：
		标准值： MΩ
外观检查	动力电池高压连接器	□正常 □异常
	动力电池低压连接器	□正常 □异常
	动力电池箱体	□正常 □异常

5. 安装动力电池

作业过程记录（请在以下答题区域填写或勾选）		
扭紧力矩	动力电池两侧固定螺栓	N·m
	动力电池前部固定螺栓	N·m
	动力电池后部固定螺栓	N·m
连接状态	动力电池低压连接器	□已锁止　□未锁止
	动力电池高压连接器	□已锁止　□未锁止

6. 性能检测

作业过程记录（请在以下答题区域填写或勾选）		
查看仪表信息（启动后）	指示灯称	状态显示
	READY 指示灯	□点亮　□不亮　□点亮后熄灭
	系统故障指示灯	□点亮　□不亮　□点亮后熄灭
记录故障信息（电源管理）	故障代码查询（清除故障代码后再次读取）： □无 DTC　□有 DTC	
	故障代码信息（清除故障代码后再次读取）： 代码：　说明： 代码：　说明：	

课程思政

电动汽车维修高压安全规范

市交通运输委员会近日组织有关专家，对天津职业技术师范大学和天津市机动车维修管理处联合申请的“天津市电动汽车维修场地高压安全评价规范技术研究”科研项目进行验收。专家组一致认为，该项研究成果能够有效提升我市电动汽车维修服务企业的安全性，对电动汽车售后服务安全、培养维修技师人才具有指导性意义，其应用和推广具有显著的经济与社会效益，填补了国内行业空白。

“目前，国内关于电动汽车维修场地的系统性高压安全规范尚为空白状态。这项研究成果，为电动汽车维修机构的高压安全制定了规范和行业评价标准，可有效减少因维修人员的违规操作等引发的各类安全问题。”该项目核心研究人员、天津职业技术师范大学汽车与交通学院副院长李小鹏教授解释说，电动汽车与传统汽车最显著的区别是具有高压系统，电动汽车的维修过程中需要应对高于传统汽车的电压和电流，因此对高压规范的正确评价是保证维修过程安全性的关键技术。

该项目的部分研究成果已在去年天津市新能源汽车安全服务保障能力复核中应用，今后，将在我市整车制造企业和售后服务机构中推广，未达到这一规范的需要整改，以进一步提升我市电动汽车维修安全。另外，该规范现也在天津、海南、辽宁、河北等省市的部分职业院校中应用，培养专业电动汽车维修技师人才。

（来源：新华网－天津日报　2020年08月08日）

思考练习

一、选择题

1. 高压元件不包括以下哪个元件？（　　）

A. 霍尔元件　　B. 动力动力电池　　C. 高压配电箱　　D. 驱动电机控制器总成

2. 以下不属于个人安全防护用品的是（　　）。

A. 绝缘鞋　　B. 绝缘手套　　C. 防护眼镜　　D. 护腿板

3. 从防护角度来看，以下不属于充电桩必须要具备的保护是（　　）。

A. 过欠压保护　　B. 电磁辐射保护　　C. 防雷保护　　D. 漏电保护

4. 安全带是（　　）。

A. 主动安全　　B. 被动安全　　C. 综合安全　　D. 法规安全

5. 下列属于辅助绝缘安全用具的是（　　）。

A. 高压验电器　　B. 绝缘夹钳　　C. 绝缘杆　　D. 绝缘台

6. 当纯电动汽车发生火灾，最有效的灭火方式是采用（　　）来进行灭火。

A. 大量水　　B. 大量沙　　C. 干冰灭火器　　D. 干粉灭火器

7. 故障车维修时，绝对不可以破坏或拆除（　　），否则可能会导致严重的电烧伤、休克或触电。

A. 整车控制器　　B. 驱动电机皮带　　C. 高压电池检修开关　　D. 高压电池盖

8.（　　）不属于电动汽车常见危险。

A. 碰触高压电　　B. 高温蒸汽烫伤　　C. 辐射　　D. 火灾

二、简答题

1. 简述动力电池包的组成及功用。

2. 简述新能源汽车的安全隐患。

第三章

新能源汽车故障诊断技术基础

本章导读

本章主要介绍新能源汽车（纯电动汽车和混合动力汽车）的基本故障诊断思路和方法，包含新能源汽车故障诊断流程、新能源汽车基本故障诊断策略、诊断仪的使用与诊断数据分析、新能源汽车年审及保险四方面的内容。通过对四个方面内容的学习，学生将了解到新能源汽车故障诊断的基本思路与方法，并进一步掌握如何结合诊断仪来对汽车故障进行分析和确诊。

学习目标

1. 熟悉新能源汽车故障诊断流程。
2. 熟悉新能源汽车故障诊断的基本策略。
3. 掌握新能源汽车诊断设备的使用规范。
4. 掌握故障自诊断系统的运行原理。
5. 掌握新能源汽车常见警告灯与诊断方法。
6. 掌握新能源汽车故障诊断的基本方法与流程。

第一节 新能源汽车故障诊断流程

新能源汽车技术先进，涉及高电压系统，结构复杂。要想快速排除新能源汽车故障，就必须通过确认故障现象、读取故障码、定格数据和数据流、主动测试等方法进行检修。同时要准备整车电气原理、整车二维线束图、整车电器控制策略等资料，并准确识读和掌握。

一、新能源汽车的诊断信息

（一）新能源汽车解码仪的基本情况

当今，大部分汽车往往有数十个系统模块，且每个系统模块都自己的数据流和故障码（diagnostic trouble code，DTC），混合动力和纯电动汽车更是有特别复杂的自诊断系统。技术人员在职业生涯中可能既需要使用原厂解码仪，也需要使用通用解码仪。

以下有三种类型的解码仪可供技术人员使用。

（1）常规车载自动诊断解码仪（on-board diagnostics Ⅱ，OBD- Ⅱ）。

（2）涵盖范围更广的通用解码仪（道通、元征等品牌）。

（3）原厂解码仪（由汽车厂家开发和授权，给经销商使用）。

由于混合动力汽车驱动系统的电气组件协助控制车辆运行，在汽车出现故障时可能对排放产生不利影响，混合动力汽车的驱动系统运行通常遵循OBD- Ⅱ标准，在汽车数据通信连接器（DLC）、故障码（DTC）和通信标准方面有专门规定。与传统汽车一样，车型年份（MY）为 2008 年及以后的多数混合动力汽车也使用控制器局域网（OBD- Ⅱ CAN），CAN 既是驱动系统的通信协议，也是车辆的 DLC。

虽然纯电动汽车不必使用 OBD- Ⅱ DLC 标准或 OBD- Ⅱ CAN 通信协议，但很多纯电动汽车的解码仪都使用 OBD- Ⅱ标准。有些规模较小的纯电动汽车厂商例外，比如 Tesla（特斯拉），使用自己的专用解码仪（proprietary scan tool）。

1. 常规 OBD-II 解码仪

常规的车载自动诊断解码仪（OBD- Ⅱ解码仪）通常能访问车辆的发动机控制模块（ECM）并获得部分实时参数，但它很可能无法访问特定的高压驱动模块，例如动力电池组 ECU 模块（若配备）。对混合动力或纯电动汽车的技术人员来说，常规 OBD- Ⅱ解码仪用处很少，甚至没有用处。

2. 涵盖范围更广的通用 OBD-II 解码仪

有些通用解码仪增加了特定品牌或型号的混合动力汽车，这类解码仪可能可以访问上述高压驱动模块。但是不同品牌的解码仪，读取的数据质量变化较大。此外，这类解码仪的可访问内容后续能否更新，还取决于制造商是否愿意提供技术支持。在使用解码仪诊断问题前，技术人员应确定解码仪的功能和局限，熟悉其操作。

增强型解码仪可能无法访问所有系统模块；可能无法访问特定模块中的全部数据；可能无法激活某些双向控制；某些情况下，可能数据显示不准确。

很多通用解码仪制造商会公布其解码仪涵盖的车型清单，并随新车型的发售，定期更新解码仪软件涵盖的车型。每个解码仪软件版本的对应车型及其数据涵盖范围，都可在该解码仪制造商的网站上找到。道通 908 解码仪如图 3–1 所示。

3. 原厂（OEM）解码仪

虽然任何解码仪均有可能出现无法正常访问或正确显示数据的情况，但相比其他解码仪，通常认为原厂解码仪能够为给定车辆品牌提供最新、最完整的数据。这是因为经销商基本只使用原厂解码仪诊断其销售的车辆，所以车辆制造商尽量保证原厂解码仪的准确性和实用性，这符合双方的最佳利益。

图 3–1　道通 908 解码仪

很多原厂解码仪以及某几种通用解码仪均为基于 PC（个人电脑）的解码仪。即解码仪软件运行于 Windows 台式电脑或笔记本电脑，而不是运行于专用设备。汽车专用接口模块将 PC 连接到汽车，作为技术人员的电脑与汽车之间的网关。接口模块可能会接通到某个连接通信连接器的电缆，或直接与电缆整合到一起。

现代 / 起亚的 GDS 电脑解码仪读取混合动力汽车的动力电池模块数据流就使用了 100 多个参数识别数据（PID）。

（二）混合动力和纯电动汽车的故障码（DTC）

大多数混合动力和纯电动汽车的故障码（DTC）遵循 OBD– Ⅱ命名协议，使用五个字符的代码。第一个字符表明故障所在的系统模块，如下。

B= 车身系统（Body）

C= 底盘系统（Chassis）

P= 动力总成系统（Powertrain）

U= 网络通信（Network）

第二个字符表明该故障码的命名法。

0= 美国汽车工程师学会（SAE）定义的故障码

1，2，3= 汽车厂家定义的 DTC

例如，P0 A78 是常规的 SAE 定义的标准故障码，无论哪家汽车制造商都表示同样的含义，“驱动电机‘A’变频器性能异常”。

有的混合动力和纯电动汽车的制造商还会额外使用一些非 OBD– Ⅱ故障码，来更详细地定义

OBD-Ⅱ故障码代表的故障。例如，OBD-Ⅱ故障码 P0 A92 定义为“混合动力发电机‘A’性能异常”。但 2008 年款丰田普锐斯的制造商在设置该代码时，为 P0 A92 的冻结帧记录中增加了额外的三位字符代码，称为详情码（detail code）或信息码（information code）。这样，2008 年款普锐斯的解码仪在显示 PA092 故障码时，也会显示下列四个详情码中的一个。

261：MG1（电机 1）磁力退化或同相短路

521：MG1 系统故障

606：MG1 功率平衡故障（小功率平衡）

607：MG1 功率平衡故障（大功率平衡）

每个故障码的详情都包含在了该车的维修信息中。若不参考 DTC 而直接诊断问题，技术人员可能会错误诊断该车的故障所在。

很多混合动力和纯电动汽车模块在检测到故障且判断出故障码时会记录数据冻结帧。“冻结帧”可以是单帧数据，也可以是按顺序记录的一个多帧数据列。

（三）访问混合动力和纯电动汽车的数据流

此外，解码仪应能做到以下几点。

（1）检查并列出任何可能存在的故障码（DTC）。

（2）读取与故障码关联的所有冻结帧。

（3）读取系统模块的数据流。

（4）截取并记录数据流上某瞬间数据“快照”或某时段的数据变化。

（5）查看哪些采集模块已完成采集。

（6）激活与该模块相关的双向控制。

（7）根据需要，可清除故障码记录。

有的解码仪能够自动检查车辆所有模块以查找故障码记录。若能连接互联网，则部分汽车厂家解码仪甚至可检查车辆的模块编程是否出错，是否需要重新编程。这些整个系统范围的“全局”检查可称为健康检查或快速检查等。纯电动汽车驱动系统的部件之间可能会相互影响，因此技术人员发现某个故障码时最好用解码仪将整个车辆都检查一遍，查看该故障是否还连带导致了其他故障。

例如制动系统控制模块等某些模块，可能设置有附加的故障码。维修信息通常能够帮助技术人员确定应首先处理哪个 DTC。

（四）快照和图形化数据

大多数解码仪能记录车辆运行期间产生的数据流变化，以便技术人员能在进行某些操作（例如试驾）之后再回放刚刚的数据流实时参数。这些数据存储或波形记录功能可帮助技术人员评估混合动力或纯电动汽车整体情况，尤其当技术人员能看到解码仪显示的故障码却听不到异响、看不到相关现象时。基于 PC（个人电脑）的解码仪通常很适合显示快照数据，特别是数据图表。非 PC 解码仪一般也会配备大小合适的屏幕，方便查看快照数据。

（五）数据刷新速率

解码仪显示的是串行数据即按顺序依次进行更新的数据，每一位数据的更新占据一个固定的时间长度。如果某给定值（例如变频器冷却剂温度）要被刷新，则解码仪上显示出变频器冷却剂温度值变化前，所有其他显示数据必须先被刷新。为此花费的时间称为解码仪的刷新速率。随时间缓慢变化的数据可能无须非常快的刷新速率，而其他数据可能要求相对快的刷新速率。刷新速率慢的解码仪可能无法捕获所有技术人员准确诊断问题所需的所有详细信息。

相比以前，应用 OBD Ⅱ CAN 协议的车辆，数据刷新速率会有所提升。新能源汽车的混合动力模块数据流有多达 150 个参数。要提升模块的刷新速率，技术人员可减少同时读取的参数数量，即减少实时参数识别数据（parameter identification data，PID）。这通常能获得更快的数据刷新速率，且能让显示的数据更具有代表性。

一些解码仪在显示数据的同时显示数据刷新速率。因车型或所需数据集的不同，该数据集的刷新速率变化会很大。

（六）双向控制与动态测试

双向控制可让技术人员命令某控制模块执行任务。双向控制也包括动态测试，比如让控制模块打开或关闭某执行器。

举个例子，比如某纯电动汽车现在检测到动力电池组过热，并生成了故障码。如果这辆汽车有双向控制功能，则技术人员可控制动力电池组冷却风扇打开或关闭，以检查气流是否充分。这可能让技术人员更快地完成诊断。

双向控制还可能包括实用程序，能控制车辆进入某些特定的运行模式。例如实用程序里包括的检查模式或者读写模式，能命令混合动力汽车的发动机持续运行并校准电动助力转向器，使该车的电动助力转向（electroniv contiov unit，ECU）识别何时前轮朝向正前方。在特定模块相关的菜单下通常能找到双向控制选项。

二、新能源车辆的维修信息

目前，汽车维修信息（automotive service information）的地位与解码器几乎一样重要。交通运输部、环境保护部、商务部、国家工商行政管理总局、国家质量监督检验检疫总局、中国国家认证认可监督管理委员会、国家知识产权局、中国保险监督管理委员会联合制定了《汽车维修技术信息公开实施管理办法》，维修企业或维修技师可以通过"全国汽车维修技术信息公开服务网（http：//carti.rioh.cn）"进行相关维修手册、电路图等信息的查询。

三、新能源汽车解码仪的操作使用

MaxiSys是道通科技研发的一套高度智能化汽车故障诊断系统。MS908 E 汽车智能诊断仪（图 3-2）

图 3-2 道通 MS908E 汽车智能诊断仪

基于全新的 Android 多任务操作系统，采用 A9 四核 1.40 GHz 处理器，配备 LED 电容式触摸屏，并应用 VCI 无线蓝牙连接方式，可更方便、快捷、高效地诊断汽车故障、管理客户资料和规范业务流程。

（一）诊断仪的结构功能

1. 道通 MS908 E 汽车智能诊断仪功能描述

道通 MS908E 汽车智能诊断仪基本结构如图 3-3 所示，其功能见表 3-1。

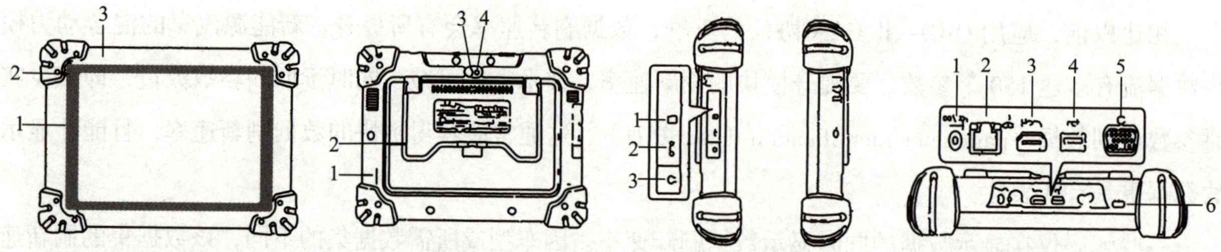

(a)前视图　(b)后视图　(c)左视图　(d)顶视图

图 3-3　道通 MS908E 汽车智能诊断仪基本结构

表 3-1　道通 MS908E 汽车智能诊断仪功能介绍

视图	序号	功能
前视图	1	LED 电容式触摸屏
	2	光线传感器：用于检测周围环境的亮度
	3	传声器
后视图	1	扬声器
	2	可折叠支架
	3	照相机镜头
	4	照相机闪光灯
左视图	1	迷你 SD 卡槽
	2	迷你 USB OTG 端口
	3	耳机插口
顶视图	1	电源插口
	2	网络连线插口
	3	HDMI（高清晰度多媒体连接插口）
	4	USB 端口
	5	VGA（视频图形阵列）端口
	6	锁屏 / 电源按钮

2. 蓝牙诊断接口设备

蓝牙诊断接口设备（VCI）基本结构如图 3-4 所示，其功能见表 3-2。

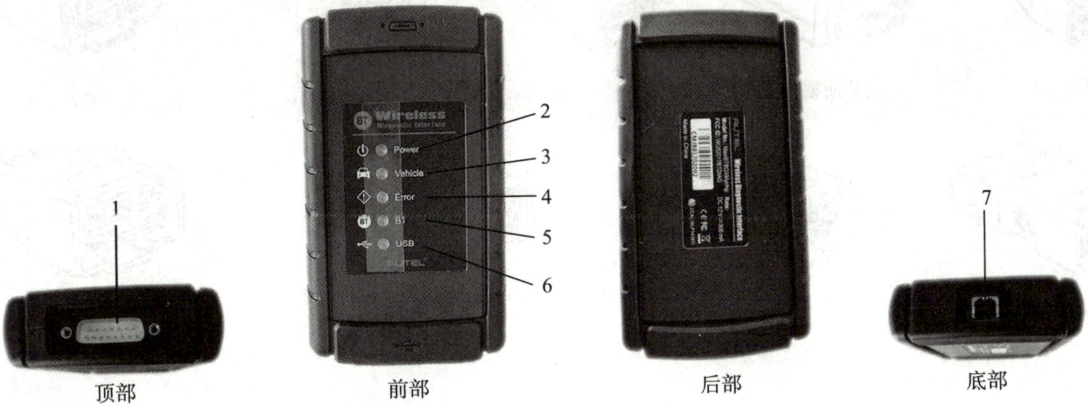

图 3-4　蓝牙诊断接口设备基本结构

表 3-2　蓝牙诊断接口设备功能介绍

视图	序号	功能
顶部	1	车辆数据口
前部	2	电源指示灯：通电后绿灯持续点亮
	3	车辆指示灯：与车辆网络通信后绿灯闪烁
	4	故障指示灯：出现严重硬件故障时红灯持续点亮；执行软件 / 固件更新时红灯闪烁
	5	蓝牙指示灯：与 MaxiSys 平板诊断设备通过蓝牙连接通信时绿灯持续点亮
	6	USB 指示灯：通过 USB 连接线与 MaxiSys 平板诊断设备正确连接时绿灯持续点亮
后部		设备标识
底部	7	USB 端口

3. 诊断仪器配件——测试主线

VCI 设备可通过测试主线（图 3-5）连接 OBD- Ⅱ /EOBD 兼容车辆并获得供电。通过测试主线建立 VCI 设备与车辆之间的通信后，VCI 设备可将接收到的车辆数据传送至 MaxiSys 平板诊断设备。

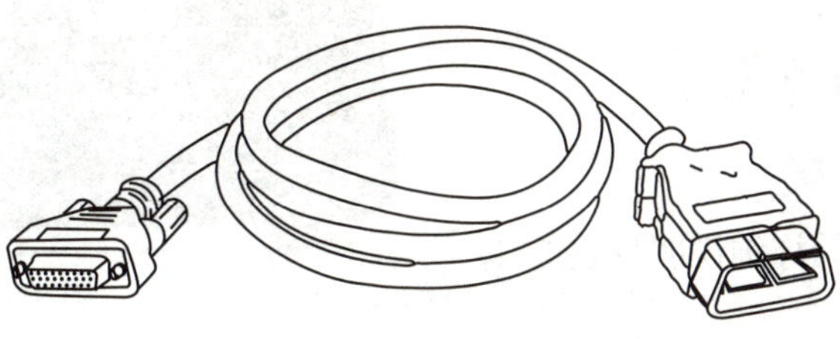

图 3-5　测试主线

4. 诊断仪器配件——诊断接口

OBD-I 转接头用于连接非 OBD- Ⅱ车辆诊断座，根据所测试车辆的品牌型号选择合适的接头。常用诊断接头如图 3-6 所示。

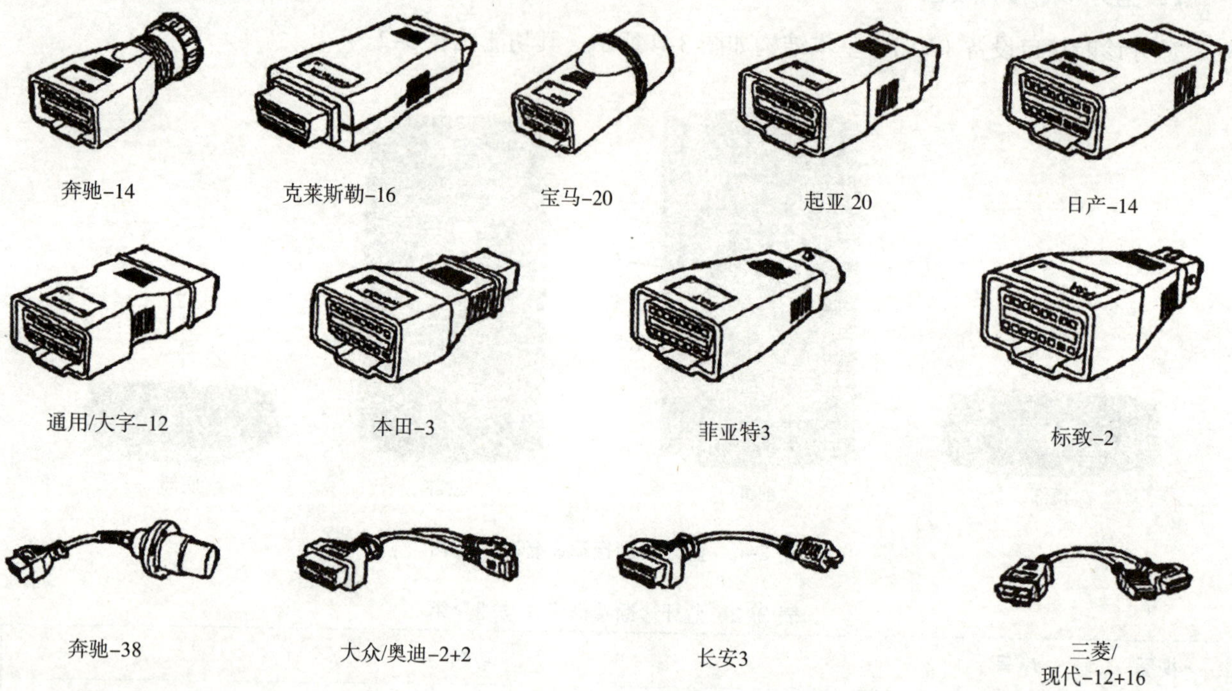

图 3-6　常用诊断接头

（二）诊断仪的使用方法

诊断程序通过与 VCI 设备连接的车辆电控系统建立数据连接，可读取诊断信息，查看数据流参数，并执行动作测试。诊断应用程序可访问多个车辆控制系统的电控模块（ECM），如发动机、变速器、防抱死制动系统（ABS）、安全气囊系统（SRS）等。使用 MaxiSys 平板诊断设备前，确保设备内置电池电量充足或已连接直流电源。

1. 开机

按下平板诊断设备顶部左侧的【锁屏 / 电源】按钮开启设备。系统启动后会显示锁定屏幕，按住并拖曳小圆圈至外圈边缘解锁屏幕，系统会显示 MaxiSys 程序菜单，如图 3-7 所示。

图 3-7　开机画面

2. 应用程序菜单说明

应用程序菜单详细说明见表 3-3。

3. 屏幕定位器和导航按钮

屏幕定位器和导航按钮的详细说明见表 3-4。

4. 关机

关闭 MaxiSys 平板诊断设备前必须终止所有车辆通信。如果 VCI 设备与车辆处于通信中，则关机时会显示一条警告信息。通信时强制关机可能导致一些车辆的电控模块出现问题，应在关机前退出诊断应用程序。

表 3–3 应用程序菜单详细说明

程序名称	图标	描述
诊断		运行及执行汽车诊断程序
数据管理		用于浏览和管理已保存的数据文件
MaxiFix		登录 MaxiFix 线上数据库，查询和浏览海量通用的维修技巧和参考信息
设置		设置 MaxiSys 系统并查看设备的基本信息
维修站管理		用于编辑和保存维修站信息及用户信息，同时查看测试车辆的历史记录
更新		查看、下载并安装 MaxiSys 系统的最新更新软件
VCI 管理		建立并管理与 VCI 设备的蓝牙通信连接
远程桌面		通过运行 Team Viewer 远程控制软件程序以接收远程支持
支持		登录线上“支持”平台连接道通公司在线服务站点进行同步通信操作
培训		存储和播放关于设备使用或车辆诊断技巧的技术教程和培训视频
快速链接		提供相关联的网站书签，快速获取产品相关的更新、服务、支持及其他信息
高清内窥镜		通过与成像头线缆连接，可以执行高清内窥镜操作，以对车辆进行仔细检查

表 3–4 屏幕定位器和导航按钮的详细说明

名称	图标	描述
屏幕定位器		指示正在浏览的屏幕位置，左右滑动屏幕可翻看前后页面
返回		返回到上一个界面
主页		返回 Android 系统的主界面
最近使用程序		显示在用程序的缩略图列表。点击程序缩略图可打开相应的应用程序，向右拖曳程序缩略图可关闭该程序
Chrome 浏览器		启用 Chrome 浏览器
照相机		短按可开启照相机，长按可进行截屏并保存图像。保存的文件会自动存储在“数据管理”应用程序中以便之后查看

表 3-4（续）

名称	图标	描述
显示和声音		调节屏幕亮度和音频输出的音量
VCI	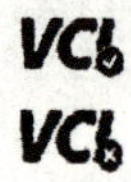	点击打开 VCI 管理程序界面。 右下角的“√”图标表明平板诊断设备与 VCI 设备处于通信状态，若未连接则显示为“×”
MaxiSys 快捷键		点击直接切换或返回到 MaxiSys 操作程序界面

关闭 MaxiSys 平板诊断设备方法。

（1）按住【锁屏 / 电源】按钮。

（2）点击【确定】后系统将在几秒内关闭。

四、新能源汽车故障诊断流程

（一）混合动力汽车故障诊断流程

按照图 3-8 所示的程序对丰田普锐斯混合动力控制系统进行故障诊断。

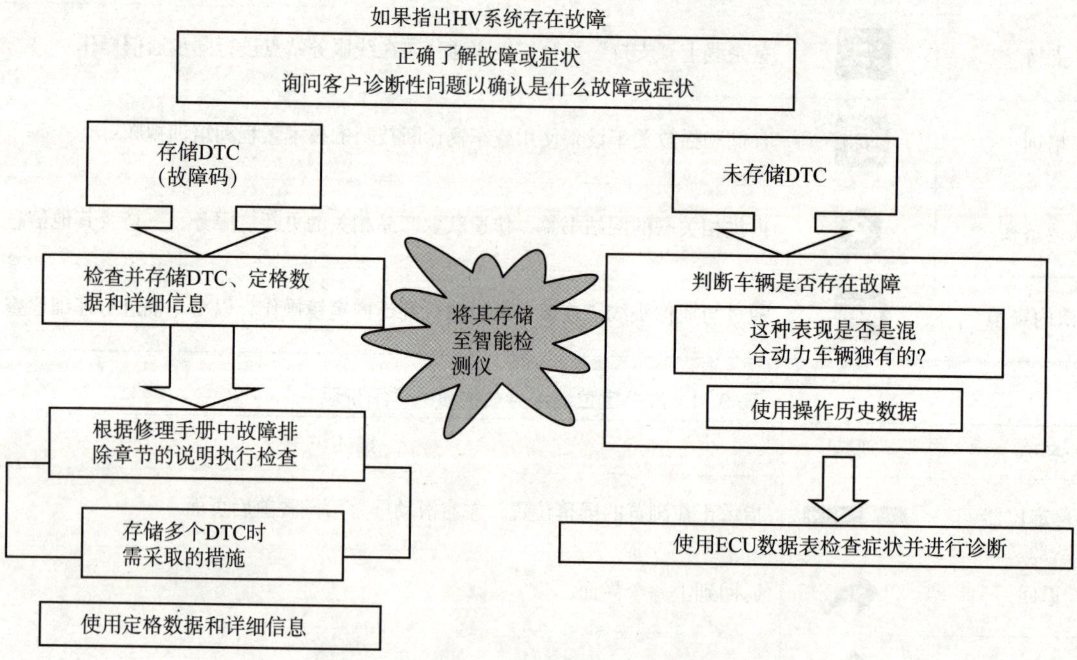

图 3-8　故障诊断流程

混合动力汽车具有一些性能特征。如果客户指出车辆出现故障，则询问客户诊断性问题以确认是什么故障或症状。如果不能再现故障，则定格数据极为重要。务必存储 DTC 信息。

1. 正确了解故障或症状

诊断的第一步是正确了解客户指出的症状的详细信息。混合动力系统提供了多种 DTC 和诊断功能（如定格数据和操作历史数据），但是从客户处获得未受任何成见干扰的有价值的信息仍十分重要。表 3-5 所示为常见询问提示。

表 3-5　常见询问提示

状况时间	常见询问
出现前的状况	是否有任何异常现象或操作? · 冷机或暖机? · 自 READY-ON 状态起的行驶距离和行驶时间，以及路况 · 客户如何驾驶车辆
出现时的状况	时间、地点、状况的详细信息 · 故障、出现频率、路况、驾驶条件、天气，感觉或观察到该症状 · 车辆处于 / 未处于 READY-ON 状态时可以 / 无法进行什么操作?
出现后的状况	车辆状况及故障出现后客户进行的操作（任一警告显示、能够 / 不能启动等） · 故障是否持续? · 车辆何时及在何种情况下恢复正常?

HV ECU 具有自诊断系统，如果工作异常则 ECU 记录与故障相关的条件。HV ECU 也会点亮组合仪表上的主警告灯并在多信息显示屏显示其他相关信息（图 3-9），例如 HV 系统警告信息、HV 蓄电池警告信息或放电警告信息。

2. DTC 的检查与清除

（1）DTC 的检查（HV ECU 系统）

将诊断仪连接到 DLC3 诊断接口，打开点火开关（IG 位置），打开诊断仪并连接车辆，如图 3-9 所示。

选择需要诊断的系统（如混合动力控制），并读取故障码。

混合动力系统 DTC 与其他系统（如发动机系统）使用的 5 位数代码不同。使用 5 位数代码和 INF 代码对故障部位进行分类，见表 3-6。没有详细信息（INF 代码）就无法进行故障排除。

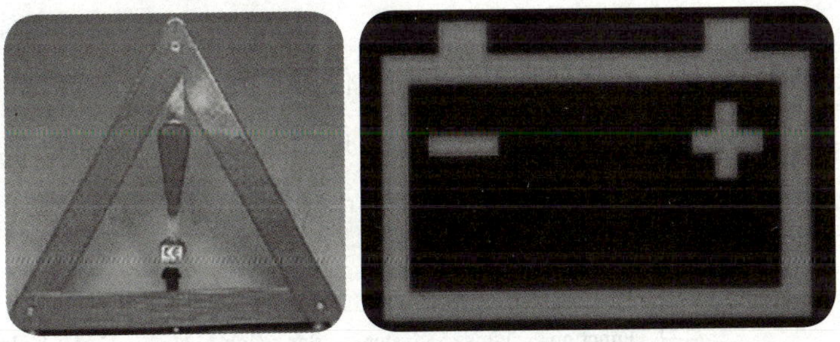

图 3-9　组合仪表警告灯显示

表 3-6　故障部位分类

DTC（代码组）	详细信息（故障部位）	
	INF 代码	信息
P0AA6（混合动力蓄电池电压系统绝缘故障）	526	所有部位（整个高压电路绝缘异常）
	611	空调压缩机和空调逆变器
	612	HV 蓄电池、蓄电池智能单元、HV 继电器总成
	613	混合动力汽车传动桥、逆变器
	614	直流高压部位
	655	后传动桥、逆变器

因此，对应不同的 INF 代码，修理手册中有不同的故障排除步骤。确保存储 DTC 和定格数据，因为如果不检查定格数据，则无法参照 INF 代码。

DTC 不代表有不正常的输出，DTC 的输出取决于一定的驾驶和操作情况。

（2）检查定格数据和信息

如果出现 DTC，则选择该 DTC 以显示其定格数据。显示 3 位信息代码（INF 代码）作为信息 1 ～信息 5 线路的值，厂家专用诊断设备读取方法如图 3-10 所示。它可用于故障再现试验，因为其中包含检测到故障时行驶和操作的状态。

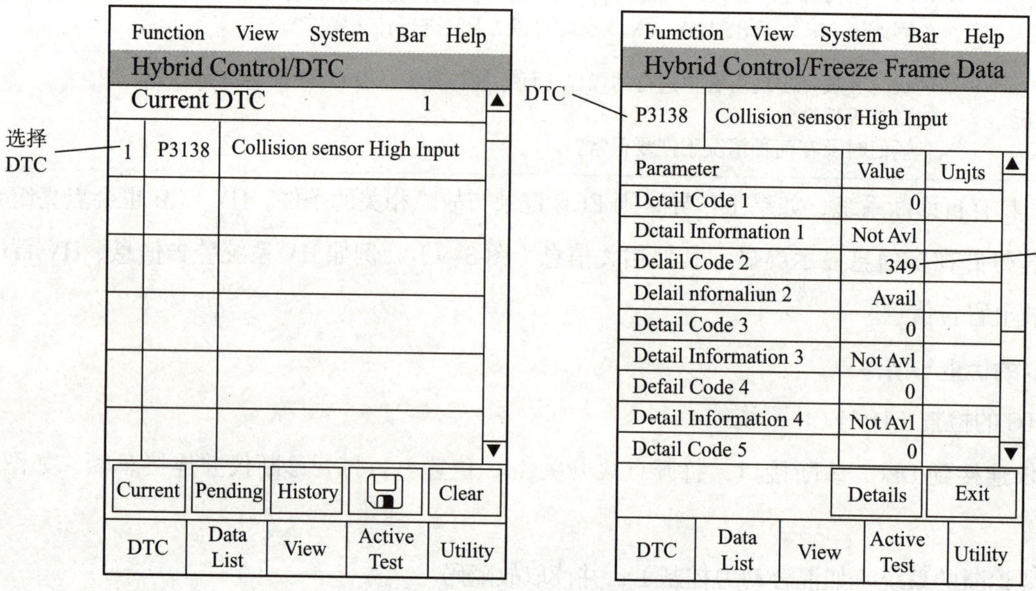

图 3-10　厂家专用诊断设备读取方法

自信息 1 ～信息 5 选择有信息代码的项，并点击查看详细信息，如图 3-11 所示。

通过定格数据可以了解故障出现时的驾驶条件，有助于进行故障再现测试。可在定格数据项目内找到引起故障的异常数据。定格数据中的主要详细信息见表 3-7。

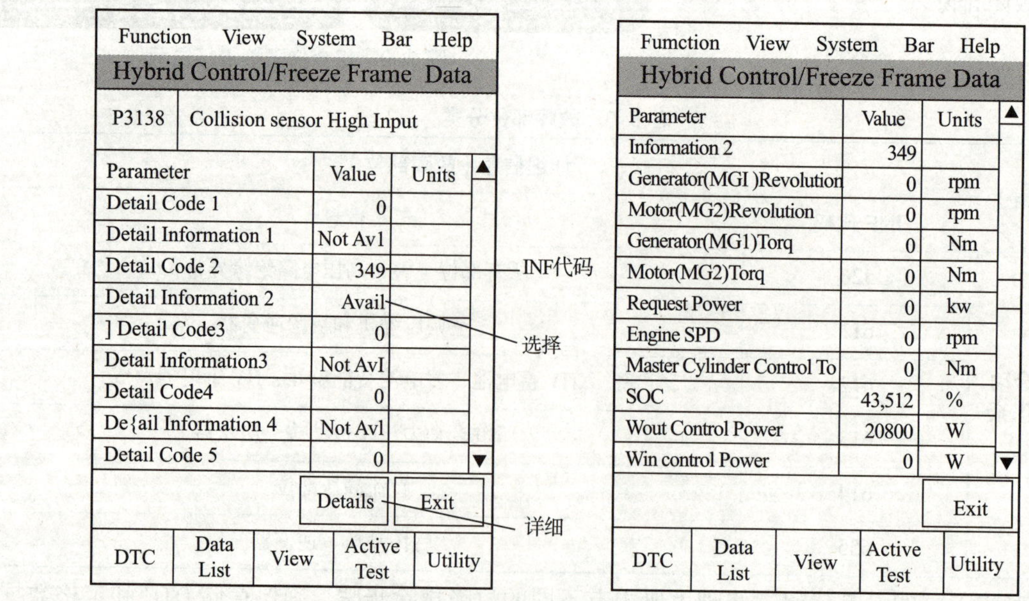

图 3-11　定格数据详细信息

表 3-7　定格数据中的主要详细信息

检查顺序	待查项目	检查数据	待查详细信息
①	检查 DTC 和详细信息的出现顺序	Occurrence Order	检查故障的出现顺序
②	估算存储 DTC 的时间	–DCT Clear Warm Up –DTC Clear Run Distance –DTC Clear Min –Engine Run Time	检查存储 DTC 的时间是否与诊断问卷的结果一致
③	检查驾驶人操作历史数据	–Shift Sensor Shift Pos –Accel Sensor Main –Stop Switch	确定驾驶人可能进行的驾驶操作
④	检查车辆是否处于 READY–ON 状态	Auxiliary batteryvoltage（+B）	确定车辆是否处于 READY–ON 状态。结果：蓄电池电压大约为 12.5 V 或更低时，未处于 READY–ON 状态
⑤	检查车辆工作状态	–Motor（MG2）Revolution –Motor（MG2）Torq –EngineSpd –Generator（MG1）Rev –Generator（MG1）Torq	使用列线图了解车辆工作状态

（3）检查 DTC（除 HV ECU 外）

HV ECU 与其他控制单元保持通信，其中包括 ECM、防滑控制 ECU 和动力转向 ECU。因此，如果 HV ECU 输出警告，则有必要检查并记录所有系统的 DTC。如果存在 DTC，则系统进入失效保护模式，需要检查相关系统。CAN 通信系统的 DTC 与其他 DTC 一起出现，需先对 CAN 通信系统进行故障排除。一个系统有故障，整个系统进入失效保护，发现 HV 有故障码，不一定是其本身的问题，可能是其他系统引起的。

（4）清除 DTC

用厂家专用诊断设备清除 DTC 的方法如图 3–12 所示，会同时清除定格数据、INF 代码和操作历史数据。

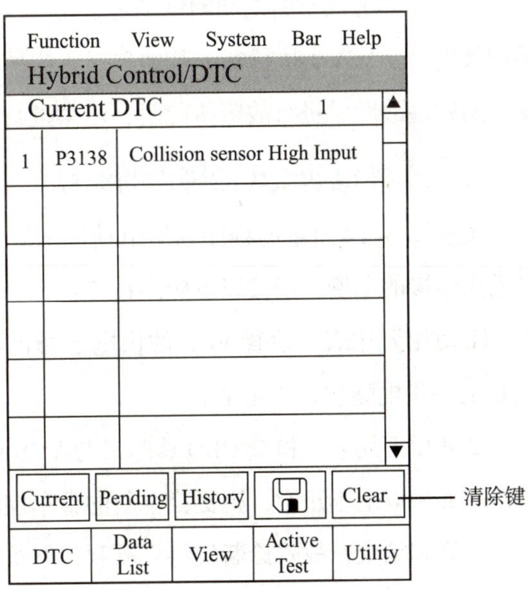

图 3–12　用厂家专用诊断设备清除 DTC 的方法

3. 读取数据流

车辆的运行环境存在细微差异，一些数据就可能有显著变化，也有可能因车辆老化而发生变化。因此，数据流不可能为故障诊断提供确定的值。即使数据流在参考范围内也可能有故障。对于复杂的故障，可以在相同的条件下用另一辆同款、同配置的车进行数据对比。

进行数据流分析对比时，尽量仅选择与故障相关的数据，如图 3–13 所示。如果选择所有数据，则更新各项数据的时间间隔较长，会造成数据错误。

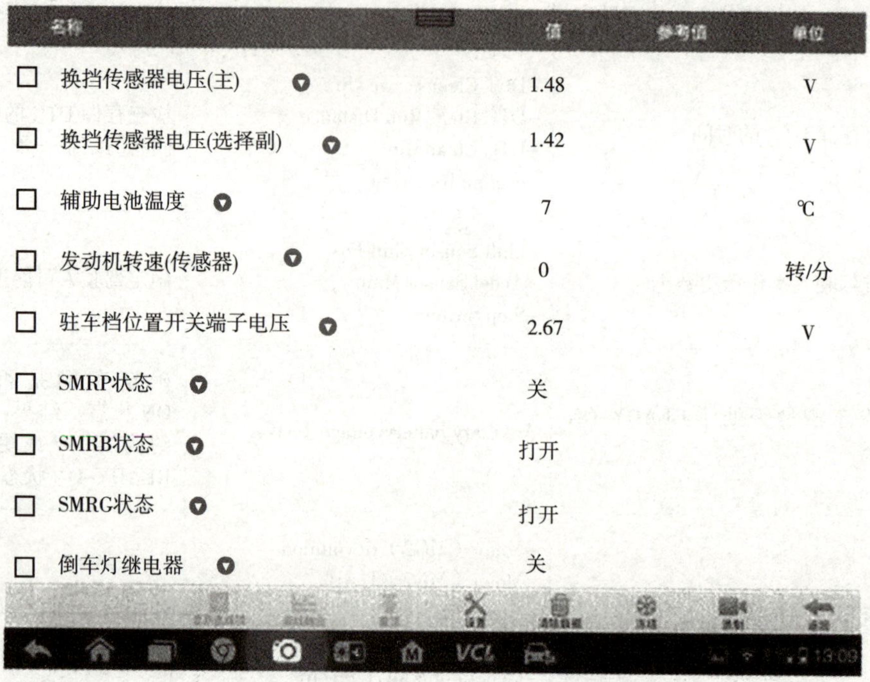

图 3–13　丰田普锐斯 HV 系统数据流

4. 主动测试

对混合动力汽车的主动测试是为了使其保持特定的运行状态。进行主动测试无须拆下任何零件即可操作继电器、VSV、执行器和其他项目。这种非侵入式功能检查非常有用，可在零件或线路受到干扰前发现间歇性故障。进行故障排除时，尽早进行主动测试可节省诊断时间。

（二）纯电动汽车故障诊断流程

按照图 3–14 所示的程序为纯电动汽车故障诊断流程。车辆必须能与故障诊断仪通信。对故障诊断仪无法连接的车辆，请按以下顺序排查：

①使用万用表，检查 VCU 的供电是否正常，包括 ON 挡电、常电。同时，需要检查低压电气盒中 VCU 的各供电熔丝是否正常。

②使用万用表，检查 OBD 诊断口与 VCU 的 CAN 总线线束连接是否牢固、正常。

③如果以上不正常，则更换全新的整车控制器。

④排查结束，故障诊断仪将可顺利与整车控制器 VCU 建立 CAN 总线通信连接。

进入诊断界面，按照流程（读取故障码、冻结帧、数据流）进行其他故障的定位、排查、维修，最后清除故障码。关闭点火开关，再打开到 ON 挡，再次读取故障码，确认故障不再现，维修完成，试车，将车辆交还用户。

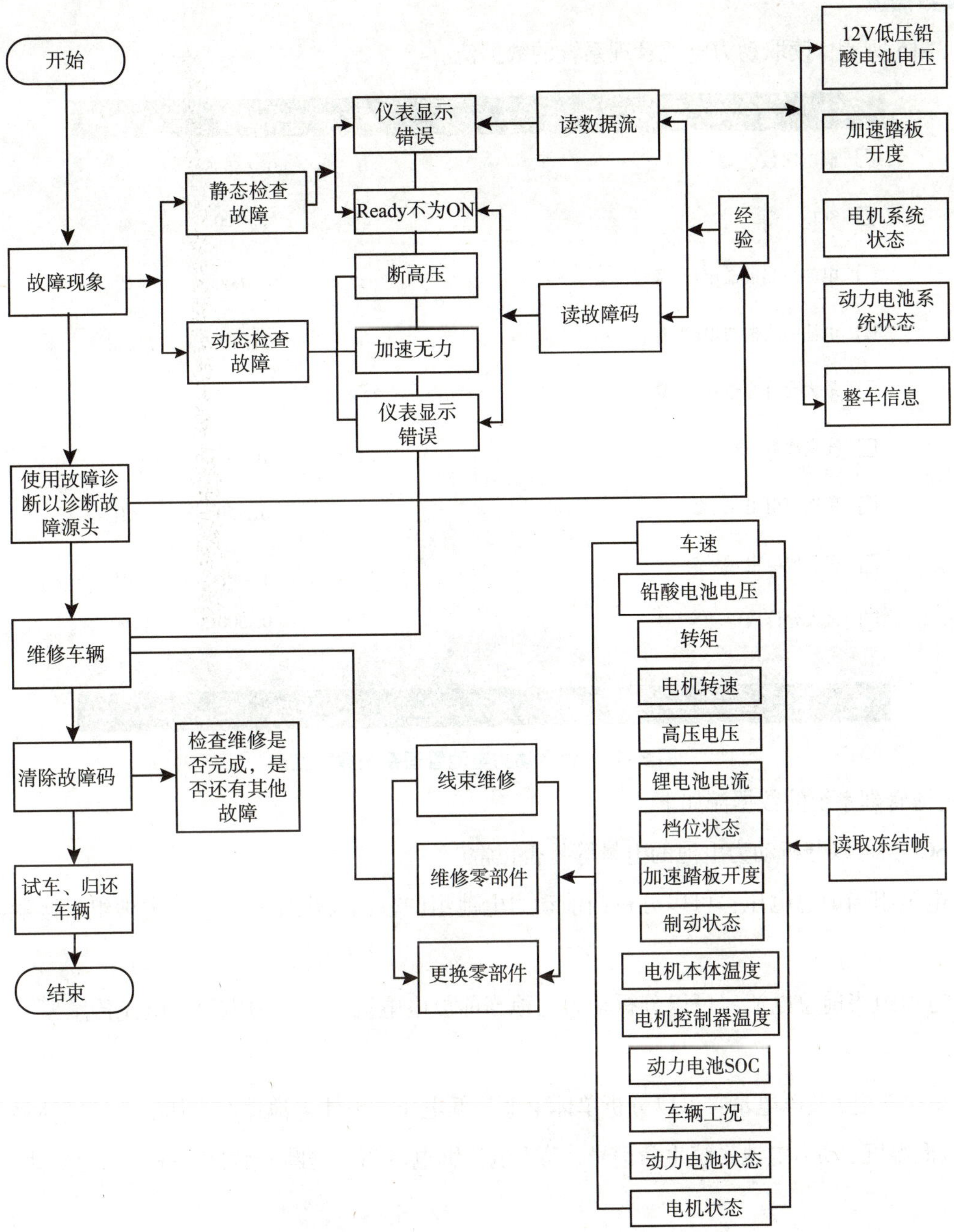

图 3–14　纯电动汽车故障诊断流程

以下为比亚迪 e5 车辆诊断流程。

1. 读冻结帧

以比亚迪 e5 为例，首先通过诊断仪进行车辆连接，选择需要诊断的系统。确认有故障的瞬间，由整车控制器存储车辆在这一瞬间的整车状态信息，比如车辆发生故障时的车速、高压电压、挡位、加速踏板角度、制动状态等。这些信息有助于分析故障时的状态和故障原因，为纯电动汽车的检修提供重要依据。

2. 读数据流

如图 3–15 所示，读取动力电池管理系统的数据流。

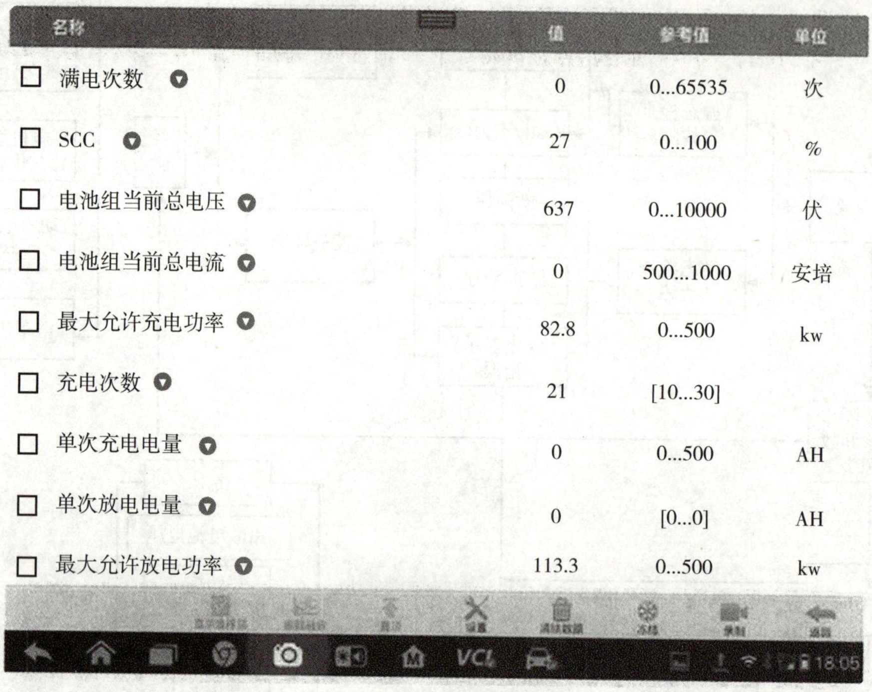

名称	值	参考值	单位
☐ 满电次数	0	0...65535	次
☐ SCC	27	0...100	%
☐ 电池组当前总电压	637	0...10000	伏
☐ 电池组当前总电流	0	500...1000	安培
☐ 最大允许充电功率	82.8	0...500	kw
☐ 充电次数	21	[10...30]	
☐ 单次充电电量	0	0...500	AH
☐ 单次放电电量	0	[0...0]	AH
☐ 最大允许放电功率	113.3	0...500	kw

图 3–15　读取动力电池管理系统数据流

动力电池管理系统的数据流如下。

（1）SCC：可以分析动力电池的电量等是否正常。

（2）电池组当前总电压：可以分析当前动力电池组的输出总电压——动力电池组、接触器等是否正常。

（3）电池组当前总电流：可以分析动力电池当前放电电流——动力电池、电流传感器、BMS 是否正常。

（4）单次充电 / 放电电量：可以分析单体电池最低电压、单体电池最高电压、单体电池最高温度、单体电池最低温度、动力电池系统生命信号、动力电池继电器闭合与断开状态等——动力电池是否正常。

第二节　新能源汽车基本故障诊断策略

一、新能源汽车基本故障诊断策略

面对高电压混合动力汽车或纯电动汽车发生故障时，“基本故障诊断策略”的流程可以提供一个基础的诊断思路，并适用于所有车辆的诊断。针对每种诊断情况遵循一种类似的方案，可最大程度地提高车辆的诊断和修理效率。

“基本故障诊断策略”是具体故障诊断思路的一个基本原则，但在实际维修诊断过程中，不一定需要严格遵循这样的诊断思路，因为具体维修诊断中，有些步骤凭借个人的经验和之前的维修经历，可以直接给出正确的答案，没有必要再浪费时间重复步骤去验证。

但是，针对很多初学的技术人员来说，该诊断策略可以帮助其建立一个正确的诊断思路，为日后进一步提升诊断能力打下基础。

新能源汽车的基本故障诊断策略基本流程如图 3-16 所示。

第一步，理解并确认客户报修问题。诊断策略的第一步是尽可能多地了解客户情况。例如，这个故障显现是何时出现？何处出现该状况？该状况持续了多长时间？该状况多久发生一次？为了确认客户报修问题，必须首先熟悉系统的正常工作情况。

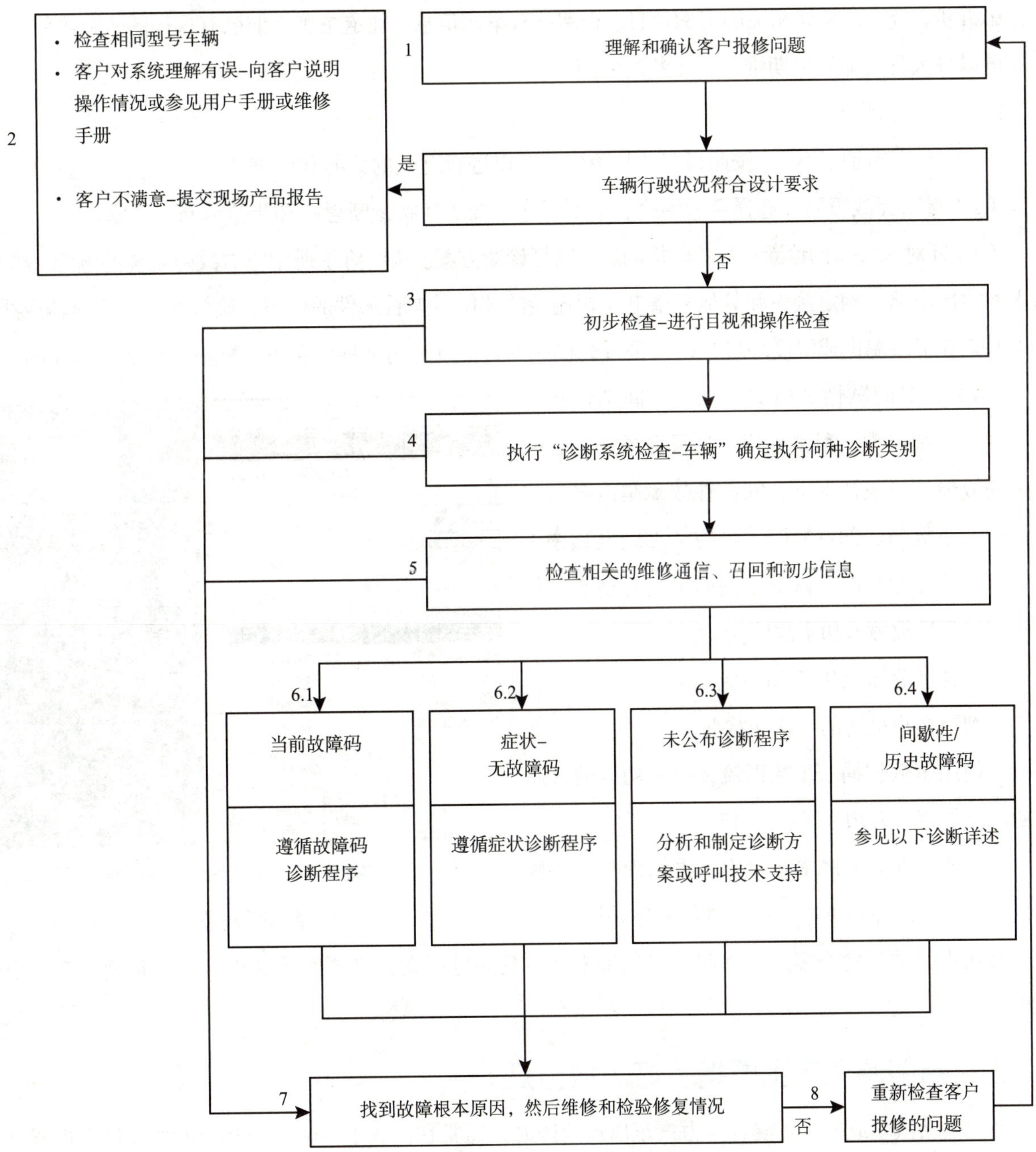

图 3-16 新能源汽车的基本故障诊断策略基本流程

第二步，确认车辆行驶状况。车辆正常运行时，那么客户描述的故障情况可能属于正常现象。在与客户描述情况相同的条件下，与操作正常的类似车辆进行比较，如果其他车辆存在类似情况，那么这可能是车辆的设计原因。

第三步，预检并进行全面的目视检查，包括以下几点。

（1）对车辆进行外观全面检查。

（2）检测是否有异常的响声或异味。

（3）采集故障码（DTC）信息，以便进行有效的修理。

第四步，执行系统化的车辆诊断与检查。通过预检获取的信息，针对故障区域进行系统化的诊断和确认，确认系统工作是否正常，并确定执行何种诊断类别。

第五步，查询或检索相关的案例信息。查阅已有案例信息，确定是否之前已有这样的故障维修案例，这样可以最大程度缩短后期维修和诊断的时间。

第六步，诊断类别。

（1）针对当前故障码：按照指定的故障码诊断以进行有效的诊断和维修。

（2）针对无故障码：选择合适的症状诊断程序，按照症状诊断思路和步骤诊断、维修。

（3）针对未公布的诊断程序：分析问题，制订诊断方案。从维修手册中查看故障系统的电源、搭铁、输入和输出电路，确定接头和其他多条电路相连接的部位。查看部件的位置，确认部件、连接器或线束是否暴露在极端温度或湿度环境，以及是否会接触到其他具有腐蚀性的蓄电池酸液、机油或其他油液。

（4）针对间歇性 / 历史故障码：间歇性故障是一种不连续出现、很难重现，且只在条件符合时发生的故障。一般情况下，间歇性故障是由电气连接器和线束故障、部件故障、电磁 / 无线电频率干扰、行驶状况导致的。以下方法或工具有利于定位和修理间歇性故障或历史故障码。

①结合专业知识和可用的维修信息。

②判断客户描述的症状和状况。

③使用带数据捕获（数据流读取）功能的故障诊断仪或数字式万用表（图 3–17）。

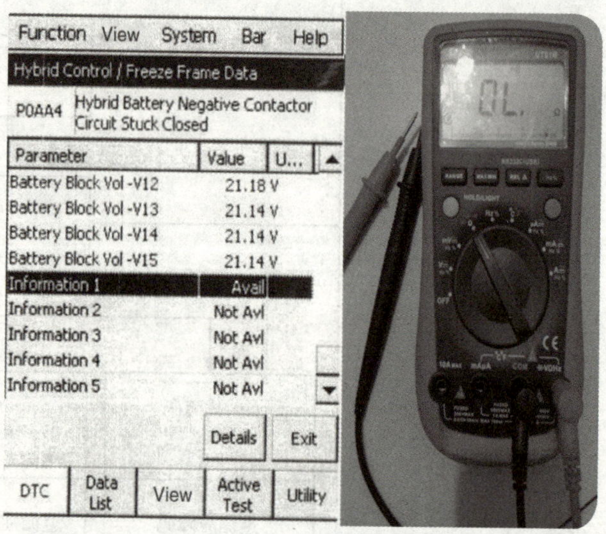

图 3–17　使用数据记录功能或诊断仪的定格功能

第七步，找到故障根本原因，再修理并检验修复情况；找到故障根本原因后，进行修理并检验是否正确操作。确认故障诊断码或症状已消除。

第八步，重新检查客户报修问题，如果未能找到问题所在，必要时重新检查，重新确认客户报修问题。

二、新能源汽车主要指示灯 / 警告灯

当纯电动汽车或插电式混合动力汽车出现故障时，通常在仪表上会显示出相应的故障灯来提醒驾驶员，并根据车辆的实际运行情况以及结合故障类型，启动相应的故障模式，见表 3–8。

表 3–8　常见警告灯及其含义

指示 / 警告灯	功能含义
	动力电池切断：动力蓄电池处于切断状态时，LED 常亮
	动力电池故障：当动力电池发生故障时，LED 常亮
	低电量提示：当动力电池的 SOC 低时 LED 常亮，提示驾驶人需充电
	系统报警提示：当系统存在报警或降功率运行时，LED 常亮
	系统故障：当系统出现故障，不能正常工作时，LED 常亮或闪烁
	电机系统故障：当电机系统出现故障，不能正常工作时，LED 常亮
	车辆准备就绪指示：只有该灯亮时，车辆才可以正常行驶，且驾驶过程中常亮 注意：有些车辆也用 OK 灯
	电机及控制器过热报警：当驱动电机或电机控制器过热时，LED 常亮
	外接充电指示灯：当车辆外接充电手柄连接或者正在充电时，LED 常亮

（一）指示 / 警告灯的使用思路

当新能源汽车出现警告灯点亮的情况后，可以遵循以下原则执行相应的检查，包括一看、二查和三清。

一看：看仪表上显示的故障灯，定位故障原因。

二查：查故障码和系统状态，找到故障原因。

三清：清除故障；问题解决以后，通过诊断仪重新清除故障码，从而消除仪表上的警告灯。

此外，针对仪表中出现多个故障警告灯后，通常可以参考图 3–18 所示的优先级的顺序进行诊断。

高 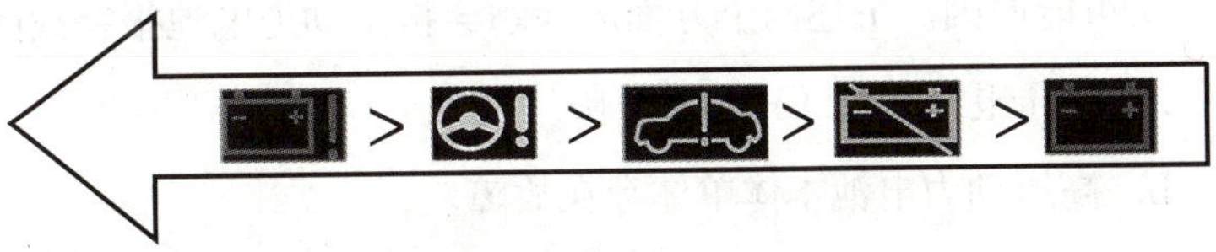 低

图 3–18　仪表故障灯优先级

注意：

（1）针对上电以后整车无故障，但是不能进入启动模式的情况，需要先确认挡位是否在空挡，如不在空挡请退回空挡以后再尝试启动。

（2）针对整车无故障，动力性能减弱的情况，需要注意电量低提示灯是否点亮，如亮请及时充电。

（3）针对电池充满电以后，电池不能连接，电池切断指示灯亮，需要查看外接充电线是否拔掉，外接充电线连接时整车不能行驶。

（二）常见故障警告灯的原因及诊断方法

（1）钥匙打到 ON 挡后，仪表所有灯不亮，或闪烁，或比较暗。

①可能原因。

a. 仪表灯不亮：12 V 电池的端子被拔掉或者蓄电池严重亏电。

b．仪表灯闪烁或者比较暗：蓄电池亏电。

②诊断方法。

a．请检查发动机舱 12 V 电池的端子是否被拔掉，若被拔掉，请连接后再试。

b．若蓄电池连接仪表灯不亮，说明 12 V 蓄电池严重亏电，需更换电池。

c．仪表灯闪烁或变暗，说明 12 V 蓄电池亏电，需要及时对 12 V 电池充电或者更换。

d．不更换电池的方法：在高压电池电量良好并且充电线断开的情况下，可以通过搭铁线将蓄电池与有电的 12 V 蓄电池连接，钥匙拧至Ⅱ位置使高压继电器吸合，DC/DC 转换器开始工作以后即可断开搭铁线连接，在操作过程中请注意安全，正负极不要反接或短接。

注意：有些车辆需要启动以后，DC/DC 转换器才会对低压 12 V 蓄电池进行充电。

e．判断 DC/DC 转换器工作的方法：仪表 LED 指示电池电流为负值；通过电压表测试蓄电池两端的电压大于 13 V。

（2）12 V 蓄电池故障灯常亮。

①可能原因。下述四个方面的原因会导致 12 V 蓄电池亏电。

a．由于存放时间过长或者过量使用蓄电池导致 12 V 蓄电池电压较低。

b．DC/DC 转换器故障，不能给 12 V 蓄电池充电。

c．DC/DC 转换器熔断丝熔断，12 V 蓄电池上方的熔断丝熔断。

d．连接 DC/DC 转换器至 12 V 蓄电池端的线束问题。

②诊断方法。首先尝试通过钥匙重复上电、断电操作能否清除故障灯，如不能请参照下述方法。

a．更换蓄电池或者给蓄电池补充电。

b．若为 DC/DC 转换器原因不能给 12 V 蓄电池充电，需要对故障进行进一步排查。

（3）动力电池故障灯常亮，整车不能启动。

①可能原因。下述两个方面的问题会报出动力电池报警故障。

a．高压电池系统（BMS）故障。

b．高压动力电池本体单体存在故障。

②诊断方法。首先尝试钥匙重复上电、断电操作能否清除故障灯，如不能清除故障灯，请执行下述方法。

a．维修人员通过诊断仪读取故障码，根据具体故障码参照整车维修手册进行维修。

b．检测高压部件请专业人员进行，禁止私自操作，必须注意高压安全事项，按照手册中要求进行维修。

（4）系统故障灯常亮或者闪烁，整车不能启动。

①可能原因。下述几个方面的问题会报出系统报警故障。

a．整车控制器 VCU 严重故障。

b．整车 CAN 通信存在短路 / 断路故障。

c．制动真空压力传感器异常。

d．高压系统（电池 / 电机 / 压缩机 / 整车控制器）互锁系统故障。

e．冷却风扇驱动故障。

f．逆变器驱动 / 继电器驱动故障。

g．加速踏板故障。

h．压缩机或 PTC 驱动故障。

i．电机转矩监控故障。

j．低压主继电器驱动故障。

②诊断方法。首先尝试钥匙重复上电、断电操作能否清除故障灯，如不能清除故障灯，请执行下述方法：维修人员通过诊断仪读取故障码，根据具体故障参照整车维修手册进行维修。

（5）系统故障灯和动力电池故障灯不亮，电池断开指示灯亮。

①可能原因。下述四个方面的问题会使高压回路不能建立，整车不可以行驶。

a．高压继电器盒内熔断丝烧断。

b．高压继电器（正极 \ 负极 \ 预充电）控制线束有问题。

c．继电器本身损坏。

d．预充电阻失效。

②诊断方法。

a．此问题涉及高压检查和维修，非专业人员，禁止操作。

b．专业人员在检查时，严格遵守操作要求，注意安全。

（6）电驱动系统报警灯常亮。

①可能原因。下述两个方面故障可能导致电池断开，导致驱动系统失效。

a．电机系统故障。

b．电机控制器故障。

②诊断方法。出现故障灯和电池断开时，先查故障，再查电池断开指示灯。

首先尝试钥匙重复上电、断电操作能否清除故障灯，如不能清除故障灯，请执行下述方法：维修人员通过诊断仪读取故障码，根据具体故障参照维修手册进行维修。

三、新能源汽车故障诊断基本方法

（一）诊断前注意事项

必须查询并依照新能源汽车的维修手册，依规依序操作。

（1）新能源汽车高压电气系统，包含动力电池、逆变电路、驱动电机系统、电子控制系统和线束等，为了保证安全，所有的高压电线均已采取密封或隔离措施，高压电线束采用洁净的橙色加以区分。维修手册上清楚标注出所有橙色线为高压电线（200 ～ 500 V）。

（2）维护时注意“READY”指示灯，“READY”灯点亮发动机可能运转中，以此判断车辆此时是处于工作还是停机状态（注意“READY”指示灯熄灭后电源仍会持续 5 min 供电）。

在对车辆维修工作之前，都要确保“READY”指示灯是熄灭的，故应关闭点火开关，并把车钥匙取下来。

（3）在维护检修时按规定着装，禁止佩戴首饰、手表、戒指、项链、钥匙等。维护检修准备吸水毛巾或布、灭火器、绝缘胶布、万用表，必须选用适用于电工作业的绝缘的、耐碱性的橡胶手套及防碱性类型的鞋子和护目镜，防止电解液溢出等造成的意外伤害。

（二）诊断前操作准备

对新能源汽车进行诊断、维修、处理损坏车辆、进行事故恢复或急救工作时，首先必须禁用高电压系统，具体方法如下。

（1）挡位开关置于 P 挡位置，驻车制动，拔下钥匙。

（2）断开辅助电池负极端子。

（3）戴上绝缘手套拆下手动维修开关，将手动维修开关用绝缘胶布贴封起来，隔离外露区域与高压系统的接线端或连接器。

（4）断开手动维修开关后，在开始检查前等待 5 min，使用万用表检测需要维修的高电压系统输入与输出线路的每一个相位电压，读数必须小于规定值（一般小于 3 V）。

（三）诊断与维修基本步骤

第一步：初步判断故障前行驶状况、故障时车辆状况及对相关信息进行分析。

新能源汽车在故障状态下均会进入失效保护模式，虽然不同的汽车制造厂商设计的失效保护模式不一定相同，但是主要的动力驱动系统模式却很相似。普锐斯失效保护模式见表 3–9。

表 3–9　普锐斯失效保护模式

故障举例	故障：× 正常：○					车辆故障状态
	发动机	动力电池	电动机（MG2）	电动机（MG1）	油泵电机（MGR）	
MG1 的分解器失效	×	○	○	×	○	电机驱动正常，但发动机不能启动，即 MG1 发电机失效。
MG2 的分解器失效	○	○	×	○	○	发动机能够被启动，但是车辆不能被驱动，即 MG2 电动机失效。
动力电池 ECU 内部故障	×	继电器保持断开	×	×	×	车辆不能被驱动
动力电池自身故障	×	继电器保持断开	×	×	×	车辆不能被驱动
温度传感器等故障	○	○	○	○	○	车辆正常驱动或降低驱动功率，仪表警告灯点亮

第二步：采用车辆故障诊断仪诊断汽车故障时，检查并记录系统中所有的故障码，确认高电压系统存在的故障码，并将故障信息码优先排序。

例如，图 3–19 所示为普锐斯故障码的具体含义。

第三步：检查并记录每一个系统，并检查历史记录数据。因为历史记录数据可以被用作故障再现试验，因为它知道在故障被检测到时行驶和操作的状态。

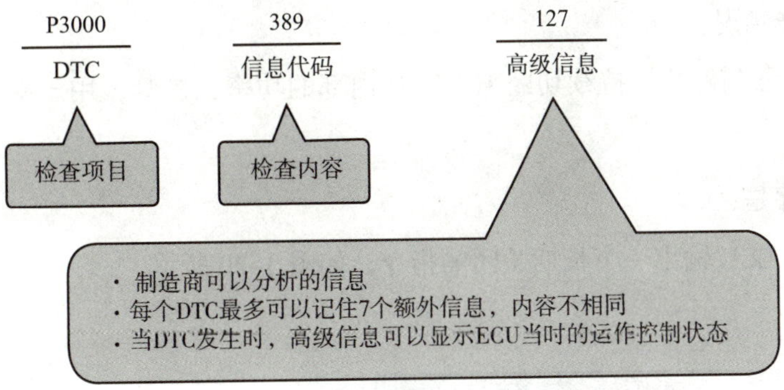

图 3-19　普锐斯车辆故障码具体含义

表 3-10 所示为普锐斯高电压系统中历史记录数据的时间顺序。

表 3-10　普锐斯高电压系统中历史记录数据的时间顺序

目录	含义
END RUN TIME	在一次系统启动中发动机运转的时间
DTC CLEAR WARM	在清除 DTCs 后系统启动的次数
DTC CLEAR RUN	在清除 DTCs 后行驶的里程数（通过比较 DTC CLEAR RUN 和 Data List 可以了解到故障发生后的行驶里程）
DTC CLEAR MIN	在清除 DTCs 的时间
OCCURRENCE ORDER	故障发生的顺序

注意：

目前大多数故障诊断仪的故障码读取系统界面中，会在故障码后显示故障码出现的优先顺序，提示检车诊断维修人员排查故障正确顺序。

第四步：在分析故障码时，需要区分与故障不关联的故障码。例如，在普锐斯车型中，不关联的故障有以下几个。

（1）在日光照射不了的条件下，代码 B1424（日光传感器回路异常）有时会输出。

（2）高电压系统有故障时再生制动器不起作用，电子制动系统 ECU 从 HV ECU 接受故障信号并输出故障码 C1259（HV 系统再生故障）、C1310（HV 系统故障）。

（3）电动助力系统 ECU 从 HV ECU 接受故障信号并输出故障码 C1546（HV 系统故障）。

（4）当 12 V 蓄电池端子断开，电子悬架系统输出（转向中间位置自动校正不完全故障）故障码 B2421。

（5）维修人员按照故障码优先顺序检查 P0A60 - 501（相位 V 电流传感器故障），在故障恢复后清除故障码，并检查故障是否能够重现，以确定故障可靠排除。

第五步：主动测试功能应用。主动测试主要用于对新能源车辆进行故障检查，并使车辆保持特定的运行状态。例如，在丰田普锐斯车型中主动测试的项目有。

（1）诊断模式 1：将挡位开关置于 P 挡位，连续运行发动机并取消牵引力的控制，用于检查发动机点火正时、HC/CO 的排放情况；检查发动机运转情况；转速表工作情况。

（2）诊断模式 2：取消牵引力控制，用于检查发动机点火正时、HC/CO 的排放情况；检查发动机运转情况；转速表工作情况。

（3）变频器驱动强制停止：持续切断 HV ECU 内部的功率三极管，用于确认是否在变频器或 HV ECU 内部有漏电。

其基本的检查程序是：

①诊断仪驱动 HV ECU 输出一个长期关闭的指令，如图 3-20 所示。

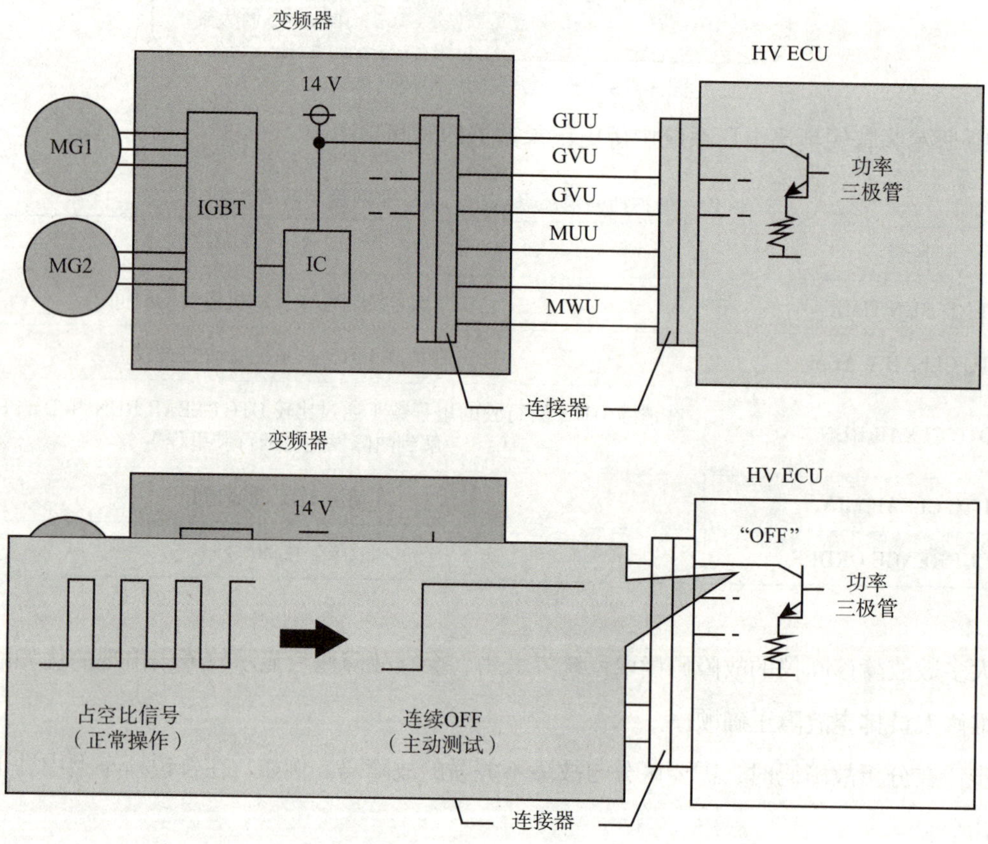

图 3-20 HV ECU 输出长期关闭指令

②系统检查变频器 U、V、W 信号，每一个端子的电压应该是 12 ~ 16 V，如图 3-21 所示。

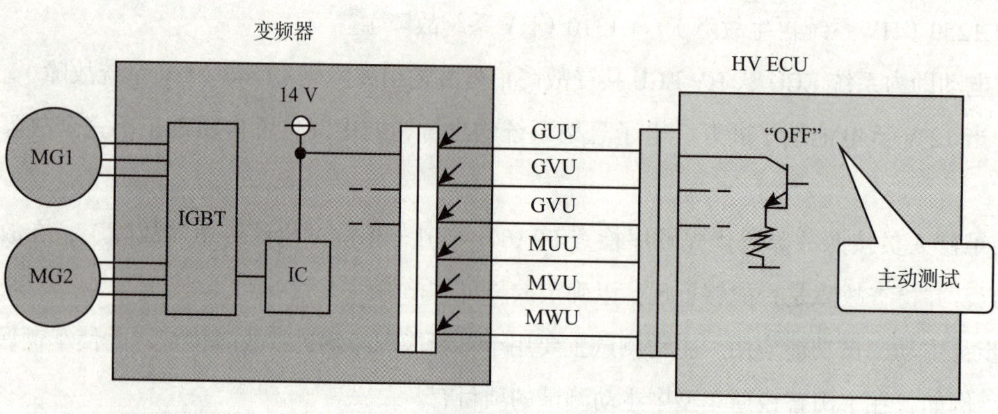

图 3-21 系统执行输入端检查

③系统执行变频器电压检查，变频器一侧的电压应该是 14 ~ 16 V，如图 3-22 所示。

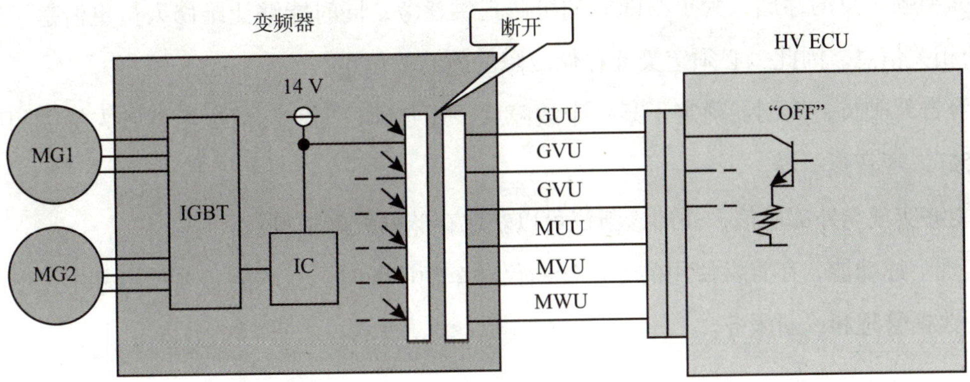

图 3-22　系统执行输出端检查

以上任何一步检查失效，均可以判断对应步骤中的零部件发生高电压的泄漏。

（四）诊断与修理后检验

注意：进行修理后，部分故障诊断码需要点火开关先置于 OFF 位置，再置于 ON 位置后，才可使用故障诊断仪清除故障码。

第一步：将点火开关置于 OFF 位置。

第二步：安装所有诊断时拆下或更换的部件或连接器。

第三步：在拆下或更换部件或模块时，可能还需重新进行程序的设定。

第四步：将点火开关置于 ON 位置。

第五步：清除故障码。

第六步：将点火开关置于 OFF 位置持续 60 s。

第七步：如果修理与故障码有关，则再现运行故障码的条件并使用“冻结故障状态”功能，以便确认不再设置故障码。

第三节　诊断仪的使用与诊断数据分析

一、新能源汽车故障自诊断内容

对于混合动力汽车或纯电动汽车都会大量使用控制模块和电气元件，如传感器、执行器等。为提高对这些电气元件在售后中故障诊断的速度和准确性，车辆的控制系统都会设计有一套自诊断系统。故障自诊断主要完成对控制模块、传感器和执行器的状态进行实时监测，其内容包括。

（1）能够实时监测系统的故障信息。

（2）设定故障失效的备份值，在设定一个故障码时，控制器也应该设定一个与该故障信息相对应的默认输入或者输出值，且此默认值必须保证整个系统还能够在一个比较安全的工况下工作。

（3）冻结帧信息的存储，为了给随后的维修提供参考，同时能够让维修人员更清楚了解故障发生时刻车辆的相关信息。因此，必须定义并存储故障的冻结帧信息。

（4）警告驾驶员，控制器确定了某一个故障后，还必须根据实际情况给驾驶人提供相应的信息，如点亮报警灯或声音提示等。

（5）能够实现与外部通信，外部诊断仪可以获取存储的故障信息。

为了实现上述功能，在日常使用的专用诊断仪对车辆诊断时，获取的主要信息基本可以概括为故障监测、诊断数据管理和诊断服务。

二、故障自诊断过程

（一）故障监测

故障监测部分完成了以下几种类型的故障诊断，主要有控制器相连的传感器、执行器、CAN 通信和控制器本身的故障。

1. 传感器故障

传感器本身就产生电信号，对传感器的故障诊断在软件中编制有传感器输入信号识别程序或者相应的逻辑判断实现对传感器的故障诊断，传感器故障类型主要有对地短路 / 断路，对电源短路 / 断路，传感器性能不佳，传感器类故障码举例见表 3–11。

表 3–11　传感器类故障码举例

项目	DTC 号	类型
DTC	P2238	氧传感器泵电流电路低（A/F 传感器）（列 1 传感器 1）
DTC	P2239	氧传感器泵电流电路高（A/F 传感器）（列 1 传感器 1）
DTC	P2252	氧传感器泵电流电路低（A/F 传感器）（列 1 传感器 1）
DTC	P2253	氧传感器泵电流电路高（A/F 传感器）（列 1 传感器 1）

2. 执行器故障

执行器进行的是控制操作，控制信号是输出信号，要对执行器的工作情况进行诊断。一般增设故障诊断电路，即 ECU 向执行器发出一个控制信号，执行器要有一条专用回路向 ECU 反馈其执行情况。当 ECU 得不到反馈信号或与期望值不符合时便认为该执行器已经不能正常工作。执行器类故障码举例见表 3–12。

表 3–12　执行器类故障码举例

DTC 号	INF 代码	DTC 检测条件	故障可能发生部位
P0A09	591	DC/DC 转换器的信号电路开路或搭铁短路	线束或连接器 带转换器的变频器总成
P0A10	592	DC/DC 转换器的信号电路或 +B 短路	线束或连接器 带转换器的变频器总成

3. CAN 通信故障

①总线关闭故障：控制器不能和总线进行正常通信，CAN 发送器的故障计数器大于 255 时，设置

CAN bus 关闭故障。

②数据帧发送超时故障：在特定时间内，对于 CAN 通信而言，一般为 5 倍的 CAN 发送周期，如果 CAN 数据帧没有发送出去，此时设置数据帧发送超时故障。

③信号错误：如果通信过程中出现信号传输错误，必须要在应用程序中设置默认值，主要的监测方法是通过对每一个信号增加更新位，或者其他方式来间接的判断是否出现信号错误。

4. 控制器本身故障

控制器本身故障主要包括随机存储器（RAM）、只读储存器（ROM）等故障，诊断时在硬件上增加后备回路的同时，还增加独立于电控单元系统之外的监视电路，监视回路中设置计数器（CNTR）。当电控单元正常运行时，由电控单元中的运行程序对计数器定时进行清零处理，此时监视电路中计数器的数值永远不会出现溢出现象。

当电控单元出现不正常运行现象时，其将不能对计数器进行定时清零，致使监视计数器发生溢出现象。监视计数器溢出时其输出电平将由低电平变为高电平，计数器输出电平的变化，将直接触发备用回路。

（二）处理方式

1. 故障确认

在故障数据管理中主要对来自于故障监测模块的信息进行计数，当计数器达到限值后，即故障确认，并且设置相应的标志位信息。

2. 故障清除

在故障数据管理中根据故障监测模块的信息和当前的故障状态对相应的计数器操作，当该计数器达到相应的限值，自动清除存储器中该故障的相关信息。

3. 故障数据的存储

在故障数据管理中根据故障的状态将与此故障相关的一些冻结帧及技术器的信息存入存储器中。

（三）比亚迪 ED400 诊断仪功能与使用

诊断仪器用于对应车型的故障诊断，也称解码器、故障扫描仪等。不同车型采用的诊断仪器也有所不同。

除了必须注意高压安全外，新能源汽车检测仪器和普通车辆的检测仪器操作基本相同。

1. 主要功能

比亚迪 ED400 检测仪器具备以下功能。

（1）自诊断。主要包括读取故障码、清除故障码。

（2）系统参数显示。主要包括主要参数、测试项、传感器信号电压的显示。

（3）系统状态。主要包括编程状态、冷却系统、稳定工况、动态工况、排放控制、氧传感器、怠速、故障灯、紧急操作、空调等 10 项状态的显示。

（4）执行器试验。主要包括故障灯、燃油泵、空调继电器、风扇控制、点火测试、单缸断油等 6 项功能的测试。

（5）里程计。主要包括车辆行驶里程、行驶时间的显示。

（6）版本信息。主要包括车架号码（可选）、ECU 硬件号码、ECU 软件号码的显示。

2. 诊断仪操作面板简介

比亚迪 ED400 面板左侧为一个液晶显示器，用于显示各种诊断信息。面板右侧为操作按键部分，如图 3-23 所示。

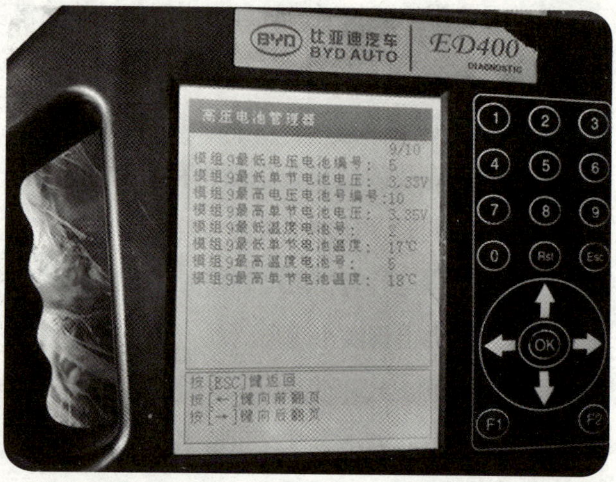

图 3-23　比亚迪 ED400 面板

按键功能介绍如下。

（1）数字键 0 ～ 9：菜单选择；数字输入等。

（2）方向键↑↓←→：上、下键进行菜单选择；左、右键进行翻页操作。在进行数字输入时，向上键进行加 1 操作，向下键进行减 1 操作，向左键进行退格操作，即清除前一位数字；在进行元件动作测试时左键为关闭操作，右键为激活或打开操作。

（3）重置按键 RST：系统复位。

注意：须谨慎使用，使用时请按住此键保持 1 ～ 2 s 再松开。

（4）返回 / 退出键 ESC：返回上一级目录；退出当前功能页面；退出当前设置项目。

（5）确定键 OK：进入下一级目录；确认进行某一功能操作。

（6）多功能按键 F1/F2：F1 用于显示帮助内容；F2 打印当前页面内容；这两个按键在特殊情况下可以作为辅助输入功能键，比如输入正负号等，具体见相应页面提示。

3. 诊断仪使用说明

提示：根据诊断仪的型号、版本以及车型不同，显示界面和操作步骤可能不同，请根据诊断仪器的提示操作。

（1）与普通车辆一样，从车上的故障诊断接口接上诊断数据线。

（2）使用一键启动按钮为车辆上 ON 挡电。

（3）进入诊断功能选择界面。

（4）选择车型诊断。

（5）进入诊断车型选择界面。

（6）选择需要诊断的车型（E6）。

（7）进入诊断系统选择界面。

（8）选择发动机管理系统。

（9）进入发动机管理系统选择界面。

（10）选择“TI 发动机管理系统”。

①读取电脑版本。

电脑版本信息是厂家自定义的一组数据。用来标识一些基本的信息，如车辆识别码（vehicle

identification number，VIN）等。

②读取故障码。

该功能可以把 ECU 检测到的故障以特定代码（即故障码）形式显示出来。关于故障码的编码规范详见行业相关标准。如系统无故障，BYD-ED400 将提示“系统无故障”。

若系统有故障，“信息栏”将列出所有的故障码及相应故障信息。

每一条故障信息由四部分组成。第一部分是序号，无实际意义；第二部分如“P0122”的形式，即所谓的故障码，第一个字母“P”表示该故障是发动机部分故障，与后 4 位数字“0122”共同组成一个故障码，它是按相关标准编制的；第三部分是用小括号括起来的，表示该故障的状态，有“当前”、“历史”和“间歇性”三种不同状态，“当前”表示该故障一直存在着，不能通过“清除故障码”功能清除掉，“历史”表示该故障之前发生过，但在本次诊断时该故障已解决，可以通过“清除故障码”将它清除掉，“间歇性”则表明该故障是一个偶尔发生的故障，有可能是接触不良所引起的，一般也可以通过“清除故障码”功能将之清除；第四部分是完整的故障信息简单描述，有的故障信息若在 BYD-ED400 中没有包含，则会提示“故障码无定义”。

屏幕右上角“Page：1/2”表示接收到的故障信息总共分成 2 页显示，当前为第 1 页的内容，用户可以按“帮助栏”提示按方向键【→】翻到第 2 页查看其他的故障信息。也可以按【←】键翻回到第 1 页。

③清除故障码。

该功能用于把 ECU 中记录的一些历史性或间歇性故障清除。该动作推荐用户重复进行 2 ～ 3 次，以确保清除完全。

④读取数据流。

该功能用于向用户展示车辆的各项数据状态，包括发动机当前转速、车速等信息。当前显示的是第 1 页内容。用户可以按左、右键翻页查看其他数据内容。

⑤元件动作测试。

元件动作测试分两种控制方式，分别为开关量、控制量。每种量的执行动作方式各不相同，下面分别叙述。

开关量是指这些量只有两种状态：打开或关闭。所以用户只需要进行简单操作即可完成相应动作。

如图 3-24 所示，符号“★”表示当前正在控制的量。同时右边会显示当前的用户期望操作状态：开或关（未进行操作时显示的状态为“未知”）。用户可以按上、下键来选择所要测试的项目。按左、右键控制当前开关量，左键执行关闭操作，右键则执行打开操作。

用户如果需要放弃对当前选中项目的控制权，只需按上下键选择另外的测试项目即可，或者也可以通过按【ESC】键退出当前页面。

控制量是一些设置量，通过这些量的设定可以改变 ECU 的一些内部变量，从而改变发动机的工作状态。

如图 3-25 符号“★”表示用户当前可以设置的项目。用户可以通过按上、下键选择所需要进行设置的量。用户按【OK】键进入相应的项进行设置。

以第一项碳罐控制阀的设置为例，进入设置界面后显示如图 3-26 所示的界面。

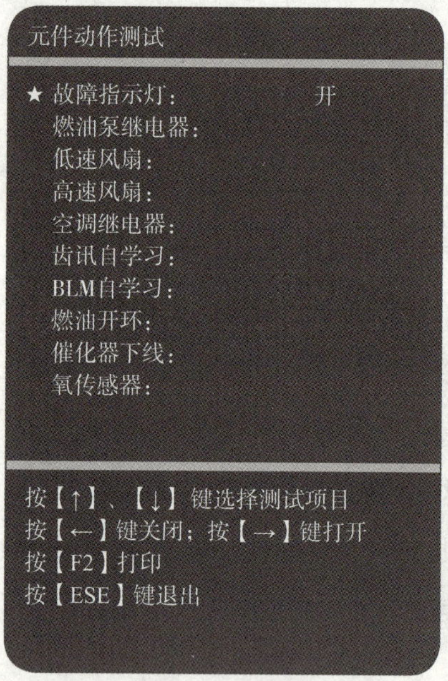

图 3-24　开关量元件动作测试

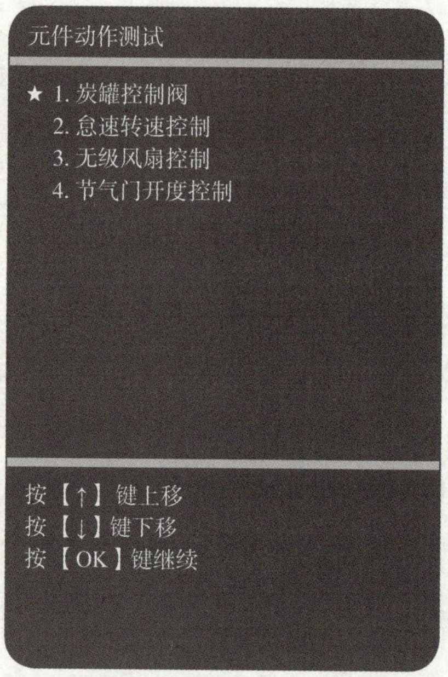

图 3-25　控制量元件动作测试

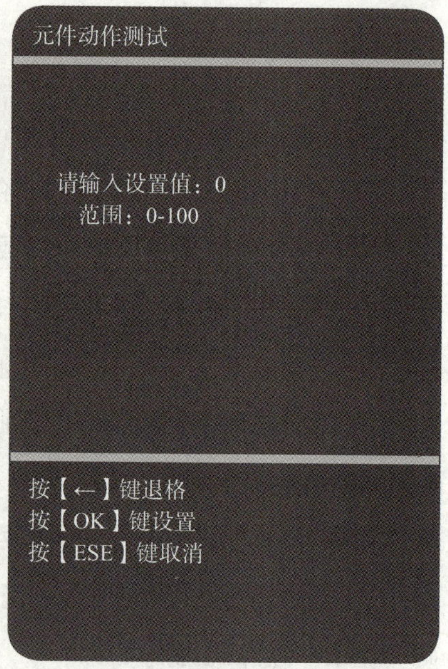

图 3-26　输入设置值

图中信息栏中第一行为用户输入的设置值，第二行为输入设置值的取值范围。输入的值不能超过规定的范围，否则会操作失败。

说明："元件动作测试"这部分请慎用。非专业技术人员或专业维修人员请不要使用这部分功能，以免操作不当，损坏发动机系统。

4. 丰田 GTS 诊断仪功能与使用

（1）组成部件

GTS 是一款基于 PC 平台的诊断仪，它由两部分组成：GTS 软件以及车辆接口模块（VIM）。

注意：GTS 软件拥有一年的许可使用权限，经销商可以将 GTS 软件许可权限安装到多台电脑中。GTS 软件一年更新两次，而主版本每年升级一次。

GTS 连接车辆时会执行系统的自检，自检过程中会点亮相应的指示灯。

（2）诊断仪主要功能

GTS 主要提供的功能包括。

①诊断功能。

a. 健康检查（一键式检查）。

b.DTC 及 FFD（快照故障停帧数据）查看。

c. 主动测试。

d. 数据流查看、利用、对比。

e.OBD- Ⅱ（车载自动诊断系统）。

f.MPX 总线检查。

g.DLC-3 电缆检查。

h. 检查模式。

i. 全部准备好。

②数据文档的保存、使用（文件树、时间记录、驾驶记录仪数据、数据合并）。

③其他功能。

a. 定制。

b. 钥匙码注册与删除。

c. 维修辅助：重置学习值、制动系统排气等。

（3）常用功能使用

①健康检查。操作健康检查即一键式检查，其检查结果包含当前车辆的 DTC、DTC 的时间标签、FFD、监视器状态及 ECU 通信（包括编程 ID）的诊断检查。

在健康检查中，ECU 按照“系统区域”进行分类，如“传动系”、“底盘”及“车身电气”。用户通过“健康检查”可以诊断特定系统区域的 ECU，从而缩短检查所需的时间。

② DTC 显示。DTC 数据显示在“系统选择菜单”上所选系统的 DTC 数据。

③主动测试。主动测试功能强制驱动继电器和电磁线圈等执行器。如果在主动测试中运行正常，则可以判断从 ECU 至继电器和电磁线圈等执行器的电路正常。

④数据流。数据流以数据或图标的方式监控在系统选择画面上所选系统的 ECU 数据。

⑤ CAN 总线检查。执行此项功能时，可以显示连接到 CAN 的所有控制模块。

第四节 新能源汽车年审及保险

一、车辆年审

虽然新能源汽车享受了很多优惠政策，不需要交购置税，不需要摇号，能拿到国家补贴，但是新能源汽车和普通燃油车一样都属于机动车辆。既然是机动车辆那么后期的使用性能都会下降，这时就需要车辆去检测站定期年审从而确定车辆的整体技术状况是否符合上路的要求。目前新能源汽车的年审制度和燃油车年审制度是没有任何区别的，所有的检验指标和方法基本上都是参照传统燃油车来进行制定的，电动汽车由于其特有的三电系统使得比传统汽车更加具备危险性，三电系统如果老化，一般人是很难察觉出来的，这就可能引起比较严重的事故，如果不进行年审的话，就有可能存在安全隐患，因此需要年审去发现这些问题并且减少车辆自燃的可能性。所以，新能源汽车其实和燃油车一样都需要进行年审，只不过电动汽车少了发动机，没有了尾气排放，所以在年审的项目上面略有所不同。如尾气是不需要进行年审的。当然，新能源汽车当中的混动汽车和燃油车一样是需要进行尾气检验的。除此之外，其他所有的检验项目和方法都和传统燃油车一样，比如灯光系统、刹车系统、反光背心、三角警示牌、灭火器等等，见表 3–13。

表 3-13 新能源汽车年审政策

	车型范围	注册登记日期	享受免检次数
符合 6 年内免检政策的情形	非营运大型、小型、微型轿车；非营运小型、微型载客汽车。使用性质不包含：警用、消防、救护、工程救险、营转非、出租转非	2012 年 9 月 1 日以后	2 次
		2010 年 9 月 1 日至 2012 年 8 月 31 日	1 次
不符合 6 年内免检政策的情形	1. 车辆在 2010 年 8 月 31 日（含）前注册登记。 2. 属于《机动车类型术语和定义》（GA 802-2014）规定的“面包车”。 3. 行驶证记载的核定载客人数为 7 人或 7 人以上。 4. 车辆发生过造成人员伤亡的交通事故。 5. 距车辆出厂日期超过 4 年才办理注册登记手续。 6. 车辆曾经作为营运车使用		

对于私家车主来说，6 年之内不需要上线检测。6 年到 10 年之内是两年上一次检测线。10 年到 15 年之内每年上一次检测线。过了 15 年使用期之后为每半年一检。通过年审之后，新能源纯电动汽车车主会获得一个年审标识，贴在车窗上方，证明该车已通过了当年的年审。从 2020 年 4 月开始车辆年审实现电子化标签，无须粘贴，如图 3-27 所示为新能源汽车年审标识。

图 3-27 新能源汽车年审标识

2020 年 11 月 20 日，车辆年审新规正式实施，要点有以下两个。

（1）6 年以内免检的非运营小微型客车，由以前的 6 座以内放宽到 9 座以内，这意味着广大 SUV 的车主们都能享受福利。

（2）非运营小微型客车车龄超过 6 年不满 10 年的，由以前每年审验一次调整为每两年审验一次。

根据公安部的规定，私家车 10 年内仅需上线检验两次，分别是第 6 年、第 8 年（如第 7 年已按规定检测，第 8 年免检，第 9 年、第 10 年需正常检验），见表 3-14。

表 3-14 新能源汽车免检政策

车龄	今年是否已年审	第 7 年	第 8 年	第 9 年	第 10 年
7 年	已年审	—	不需年审	需年审	需年审
	还没年审	不需年审	需年审	不需年审	需年审
8 年	已年审	—	—	不需年审	需年审
	还没年审	—	需年审	不需年审	需年审
9 年	已年审	—	—	—	需年审
	还没年审	—	—	不需年审	需年审

（一）年审准备的材料

新能源汽车年审所需要的材料与燃油车型并没有很大的区别，需要将行驶证正、副本，交强险正本或副本，灭火器，停车牌，反光背心，车主身份证正、反面复印件，车船税或者是免税证明带上。在年审之前注意检查车辆有无违章情况。如果涉及违章要及时去处理，否则会影响年审的办理。

（二）尾气指标

我全国自 2017 年 1 月 1 日起，所有制造、进口、销售和注册登记的轻型汽油车、重型柴油车（客车和公交、环卫、邮政用途），须符合国五标准要求。燃油车的尾气指标是各位车主比较头痛的问题，上了年头的车辆很容易在尾气指标上出问题。新能源汽车型中的插电混动车型也有发动机，因此在经过 6 年的使用之后也同样会面临尾气的检测。因此尾气指标不单单只是为燃油车做准备，插电混动汽车同样要过这一关。由于新能源汽车在驱动性能上与传统燃油车有着本质上的区别，一个靠电发力，一个靠油发力，在安全性能上也会有所差异。所以，验车时还是区别化对待为好，特别是在新车查验的环节，更要有针对性地检测。

（三）其他指标

纯电动汽车没有尾气指标的压力，但并不代表就可以通过年审。除了尾气之外，年审的项目还有很多，有灯光、刹车等等。只要是上路行驶的车辆就必须通过这些检测。因此纯电动汽车也需要年审。

从新能源汽车的验车流程来看，与传统燃油车基本一致，但也有一些不同之处。例如，在新车查验环节，检测人员会检测车辆是否在新能源汽车的补贴目录范围之内，车辆的发电机是否具有唯一性。此外，在总检审核环节所提交的资料也有所不同，特别是新能源汽车所特有的免购置税单据。

二、新能源汽车新增保险业务

新能源汽车作为未来汽车发展的趋势，已有不少汽车企业宣布停产燃油车计划，新兴新能源汽车品牌层出不穷，无一不在宣告着未来的出行是新能源汽车的天下。数据显示，2013 ～ 2017 年，保险业承保的新能源汽车数量年均增长为 78.6%，2017 年保费规模达到了 101.6 亿元，增速为 50.4%，到 2021 年全年我国新能源承保数量高达 2 107 万余台，面对增长之势如此惊人的承保规模，事实却是没有一款专门为新能源汽车制订的保险条款，国际上也没有相关的保险条款可以借鉴。主要在于新能源汽车的结构和传统燃油汽车有很大的不同，比如新能源汽车没有发动机，而电池作为核心部件在传统的燃油车条款中并未明确约定，电路故障等也是一个很重要的风险点，这在传统燃油车条款中也没有明确说明。此外，新能源汽车的行驶区域与传统的燃油车也有很大的不同，通常作为城市代步工具，因为续航能力限制，很少有长距离行驶，导致其风险状况和传统燃油车也有很大的不同。并且，随着新能源汽车技术的不断进步，部分持观望态度的消费者也在逐渐打消疑虑，新能源汽车是大势所趋，新能源汽车的专属保险条款当然也就需要提上日程了。

车辆所要缴纳的保险类型主要为交强险和商业险。目前来说，新能源汽车的商业险还是要参照传统燃油汽车的保险条款来投保，如车辆损失险、第三者责任险、不计免赔、盗抢险、自燃险等，只是不需缴纳车船税。

（一）新能源汽车专属保险条款的主要变化

1. 电池可单独投保

对电动汽车有过研究的人可能都知道，电池的造价几乎占据了纯电动汽车整车造价的一半，很多人在给新能源汽车上保险时都会问到，能不能单独给电池上个保险呢？回答是可以的。新能源汽车综合商业保险示范条款征求意见稿分为两个版本，一个是车电一体版，另一个是车电分离版。前者可承保被保险新能源汽车（含动力电池系统）的直接损失，后者可承保被保险新能源汽车车身（不含动力电池系统）的直接损失。同时，针对新能源汽车特有的风险，上述示范条款还设计了附加意外漏电责任险等附加险种，保障的风险更有针对性。

2. 新能源汽车保险的保障范围更加全面

首先，“发动机进水后导致的发动机损坏”属于普通车辆保险的免责范围，而在新能源汽车保险中，主险的保险责任包含了涉水和水淹的情况；同时，因地震及其次生灾害导致的被保险车辆的损失和费用，也在传统车辆保险的免责范围，而新能源汽车辆保险明确了包含在保险责任之内。车损险增加了被盗窃、抢劫、抢夺责任或被盗窃、抢劫、抢夺后，受到损坏或车上零部件、附属设备丢失需要修复的合理费用以及被抢劫、抢夺过程中，受到损坏需要修复的合理费用责任，这相当于把传统燃油车盗抢险的责任加进了车损险的保险责任。车损险增加了外部电网、电力系统故障，通信网络信号缺失责任，这一项责任也是新能源汽车面临的一项较大风险，明确了这项责任使得保障更加全面。车损险增加了病毒、非法入侵或其他网络攻击责任，因为目前不少新能源汽车是有辅助驾驶系统，需要时刻联网，而这一网络风险在现行机动车综合商业保险中并未明确是否属于保险责任，因此这一责任的增加有利于消费者得到更全面的保障。

3. 不存在高保低赔

新能源汽车的实际价值确定方式重新定义，“投保时被保险新能源汽车的实际价值由投保人与保险人根据投保时的新车购置价减去补贴和折旧金额后的价格协商确定或其他市场公允价值协商确定”，强调了新车购置价要减去补贴和折旧金额，而传统燃油车的条款中只是新车购置价减去折旧金额，这更符合保险损失补偿的原则，也可以降低道德风险。事实上，这一条主要只影响车险保额，和价格关系微乎其微，只有发生全部损失才会涉及保额的问题。车险全损概率只有万分之九，新能源汽车可能会更低。

（二）新能源汽车保险专属条款亟待解决的问题

（1）新能源汽车没有发动机，但增加了大量电气化零部件，应该取消涉水险这类针对传统燃油车的险种，增加针对新能源汽车特有零部件的险种。

（2）新能源汽车补贴在新能源汽车保险中如何核算。

（3）保险公司应单独针对电池承保还是针对新能源整车承保。

“传统意义的汽车属于机械产品，而新能源汽车电子化程度很高，随着辅助驾驶等技术的发展有望降低车辆事故率，但让保险出险概率降低的同时，也会让车辆整体价格进一步提高，因此保险定价将是重要问题。”不过，目前新能源汽车专属条款还没有出台，从监管的角度看，一定是求稳，希望能渐进式地解决问题。因此对于专属条款能否一步到位，能否解决新能源汽车保险的所有问题，行业不应抱有太大的期待。2020 年，我国新能源汽车补贴彻底退出，虽然未经权威部门确认，但新能源汽车补贴退坡无疑是我国新能源汽车发展的必然趋势。届时，困扰新能源汽车保险的补贴如何核算的问题也将随之消失，此次专属条款会否加入这一问题也是需要考量的因素之一。

动力电池因为技术本身良莠不齐，导致其在使用过程中存在易受到加热、振动影响，进而缩短寿命，或破损危害行车安全等问题。同时，一旦发生交通事故，受到挤压、碰撞、高压、短路等很容易引发二次事故，而且，电池燃烧过程中还会产生一些有毒气体，这就使得新能源汽车的使用安全问题面临着不同于传统燃油车的巨大挑战，由此，直接影响新能源汽车保险。

为了增强新能源汽车使用中的安全性，建议提高新能源汽车电池测试与预警技术，推广应用电池安全检测与预警装置；制订针对车主与驾驶员的新能源汽车安全使用规范；公安交通管理部门要做好事故现场应急处置、事故数据采集标准、事故车辆安全处置等系列工作。

任务训练

新能源汽车故障诊断与排除

在规定时间内，要求以小组作业方式，对新能源整车常见的低压供电（含仪表）、充电、上电、驱动等故障进行诊断与排除，在全面考核学生的基本操作技能情况下，要求按照维修手册的规范，在规定时间内完成作业的流程，发现和确认故障点，并根据现场裁判的要求排除故障，用诊断报告的形式体现诊断流程、设备的使用和结果分析。作业过程中要熟练地查阅维修资料和电路图，正确使用工量具和仪器设备，准确测量技术参数和判断故障点，正确记录作业过程和测试数据，安全文明作业。

一、填写车辆信息

实操环节（请在以下答题区域填写或勾选，未做或记录与实际不符均不得分）

作业项目	作业内容	配分	扣分	判罚依据
整车型号		0.5		
工作电压		0.5		
电池容量		0.5		
车辆识别代码		0.5		
电机型号		0.5		
里程表读数		0.5		

二、故障点 1–6 诊断与排除过程记录

训练环节（请在以下答题区域填写或勾选，未做或记录与实际不符均不得分）

<table>
<tr><th>作业项目</th><th>作业内容</th><th>配分</th><th>扣分</th><th>判罚依据</th></tr>
<tr><td>故障现象确认</td><td></td><td>0.5</td><td></td><td></td></tr>
<tr><td>模块通信状态及故障码检查</td><td></td><td>0.5</td><td></td><td></td></tr>
<tr><td>正确读取数据</td><td><table><tr><td>项目</td><td>数值</td><td>单位</td><td>判断</td></tr><tr><td></td><td></td><td></td><td></td></tr></table></td><td>0.5</td><td></td><td></td></tr>
</table>

续表

<table>
<tr><th>作业项目</th><th>作业内容</th><th>配分</th><th>扣分</th><th>判罚依据</th></tr>
<tr><td>清除故障码并再次读取</td><td>确认故障码是否再次出现，并填写结果
□无 DTC
□有 DTC：</td><td>0.5</td><td></td><td></td></tr>
<tr><td>确定故障范围</td><td>结合仪表现象、诊断数据和电路图分析，最有可能的故障范围：</td><td>2</td><td></td><td></td></tr>
<tr><td>基本检查</td><td>线路 / 连接器外观及连接情况：
□正常　　□不正常
零件安装等：
□正常　　□不正常</td><td>1</td><td></td><td></td></tr>
<tr><td>部件 / 电路测试</td><td><table><tr><th>部件 / 线路范围</th><th colspan="2">检查或测试后的判断结果</th></tr><tr><td></td><td>□正常</td><td>□不正常</td></tr><tr><td></td><td>□正常</td><td>□不正常</td></tr><tr><td></td><td>□正常</td><td>□不正常</td></tr></table></td><td>3</td><td></td><td></td></tr>
<tr><th>作业项目</th><th>作业内容</th><th>配分</th><th>扣分</th><th>判罚依据</th></tr>
<tr><td>故障部位确认和排除</td><td><table><tr><th>故障类型</th><th>确认的故障位置</th><th>排除处理说明</th></tr><tr><td>线路故障</td><td colspan="2">□更换　□维修　□调整</td></tr><tr><td>元件故障</td><td colspan="2">□更换　□维修　□调整</td></tr></table></td><td>2</td><td></td><td></td></tr>
</table>

三、最终维修结果确认

<table>
<tr><td colspan="5">训练环节（请在以下答题区域填写或勾选，未做或记录与实际不符均不得分）</td></tr>
<tr><th>作业项目</th><th>作业内容</th><th>配分</th><th>扣分</th><th>判罚依据</th></tr>
<tr><td>维修后读取故障代码，并填写读取结果</td><td></td><td>1</td><td></td><td></td></tr>
<tr><td>与原故障相关数据检查结果</td><td><table><tr><th>项目</th><th>数值</th><th>单位</th><th>判断</th></tr><tr><td></td><td></td><td></td><td></td></tr><tr><td></td><td></td><td></td><td></td></tr><tr><td></td><td></td><td></td><td></td></tr><tr><td></td><td></td><td></td><td></td></tr><tr><td></td><td></td><td></td><td></td></tr></table></td><td>3</td><td></td><td></td></tr>
<tr><td>维修后的功能操作确认并填写结果</td><td></td><td>3</td><td></td><td></td></tr>
</table>

四、现场职业素养考核要点

序号	作业内容	评分要点（各训练环节漏项或累计最多扣相应配分）	配分	扣分	判罚依据
1	作业准备	□未检查设置隔离栏、安全警示牌 □未安装车辆挡块 □未安装车外三件套或安装位置不正确 □车内三件套少铺或未铺或撕裂 □未完全落下驾驶员侧车窗	2		
2	人员安全	□未检查绝缘手套 □未检查防电池电解液酸碱性手套、护目镜、安全帽 □未检查确认电子手刹和挡位	2		
3	设备使用	□未进行数字绝缘测试仪检查 □未选择四点检测绝缘垫绝缘性 □未检查数字万用表的电阻量程（校零）	2		
4	团队协作	□作业时两名学生未互相配合，分工不合理，出现两条主线（各做各的） □未在规定时间内完成全部作业 □学生配合时身体发生碰撞，语言发生争执	2		
5	作业要求	□未检查蓄电池电压 □未正确连接诊断仪与车辆诊断口 □故障检测仪使用方法不当 □未查阅维修手册或电路图 □未使用专用连接线 □测量低压部分线路未佩戴耐磨手套 □测量高压部分线路未佩戴绝缘手套、安全帽、护目镜 □测量前断开连接器插头，未断开蓄电池负极 □未关闭点火开关，直接断蓄电池负极	5		
6	现场恢复	□未关闭驾驶员侧车窗 □未拆卸翼子板布、格栅布 □未拆卸车内三件套并丢弃到垃圾桶 □未移除高压警示标识等到指定位置 □未恢复工位到原标准工位布置状态 □未将钥匙、诊断报告放至指定位置	2		
7	安全与5S	□拆装高压组件未执行高压作业断电流程并做安全防护 □烧保险丝 □填写并在电路图上指出的故障点或线路范围，和设置故障点或线路范围不一致 □仪器、工具、零件跌落 □上高压电时未提示 □工具零件不得放置在没有防护的仪表台及座椅上 □未按正确安全操作程序，损伤、损毁车辆或训练设备，视情节扣2～15分，特别严重安全事故的终止训练，成绩记0分 □未按正确安全操作程序，造成人员伤害，视情节扣2～15分，特别严重安全事故的终止训练，成绩记0分	15		

课程思政

新能源汽车发展“大招”频频

工信部近日发布数据显示，2021 年，我国新能源汽车发展迅猛，产销量均超过 350 万辆，同比增长 1.6 倍。“过去一年，新能源汽车产业发展可以概括为‘三个快速’，即产销规模快速增长、质量品牌快速提高、产品出口快速增长。”工信部装备工业一司副司长郭守刚说，产业可持续发展能力进一步增强。

我国新能源汽车已进入加速发展新阶段，但产业发展也面临国际竞争压力增大、产业链供应链安全风险等挑战。如何推动新能源汽车发展再上台阶？

提升产业链韧性和竞争力是关键。工信部运行监测协调局局长罗俊杰说，工信部将继续加强产业链系统梳理，特别是加强部门协同和部省联动，协调解决芯片等关键零部件短缺问题，推动提升芯片全产业链的供给能力。

“我们将制定支持新能源汽车加快发展的政策措施，保持政策体系有效衔接，统筹提升关键资源保障能力，加强与青海、四川、江西等地沟通，协调推动加快国内锂资源开发。”郭守刚说。

加快配套设施完善，推动新能源汽车下乡很重要。2022 年，工信部将加快充换电基础设施建设，推动提高城市公交、出租、物流配送等领域新能源汽车比例。

“我们也将加快 5 G 信息通信、车路协同等新技术应用，开发更多功能，并在质量安全、低温适用等方面提出更高标准、更严要求，让消费者更喜欢买、更放心用。”郭守刚说。

帮助企业实现绿色低碳发展，是着眼长远提高产业竞争力的重要举措。

伴随产能快速增长，如何高效用能是合众新能源汽车有限公司负责人最关注的事情之一。这位负责人说，国网浙江桐乡市供电公司与企业合作打造智慧能源管控系统，在供电公司的建议下，企业利用闲置屋顶安装光伏，提升设备能源利用率、推进绿色用能。

郭守刚说，工信部正组织编制汽车产业绿色低碳发展路线图，明确深化生产制造过程的数字化应用，推进绿色低碳技术装备广泛应用。与此同时，加快研究制定《新能源汽车动力蓄电池回收利用管理办法》，开展动力电池回收利用试点验收，推动全产业链绿色、低碳发展。

（来源：经济参考报　2022 年 02 月 18 日）

思考练习

一、选择题

1. 对动力电池系统状态维护的技术标准是（　　）。

A. 单体电池无压差　　B. 单体电池压差 30 mV 以内

C. 单体电池压差 100 mV 以内　　D. 单体电池压差 300 mV 以内

2. 新能源汽车二级维护中，对于动力电池母线对地绝缘检测的最低标准是（　　）。

A. 500 V 挡，绝缘阻值大于 0.5 MΩ　　B. 500 V 挡，绝缘阻值大于 5 MΩ

C. 1 000 V 挡，绝缘阻值大于 0.5 MΩ　　D. 1 000 V 挡，绝缘阻值大于 20 MΩ

3. 一、二级维护当中，对于高压部件的安装检查，螺栓的紧固标准来自（　　）。

A. 现行的新能源汽车维护标准　　B. 原厂维修手册

C. 自身的力矩上限　　D. 扳手的力矩上限

4. 一辆行驶 10 000 公里的新能源汽车，需要（　　）。

A. 高压系统绝缘检测　　B. 空调系统功能检测

C. 更换动力电池包冷却液　　D. 液态运行介质检查

5. 高压线束的绝缘检测指的是（　　）。

A. 测量导线对车身的电阻值　　B. 测量导线对车身的绝缘阻值

C. 测量导线对导线屏蔽层的电阻　　D. 测量导线对导线屏蔽层的绝缘电阻值

二、简答题

1. 简述新能源汽车故障诊断流程。

2. 简述故障自诊断过程。

第四章

纯电动汽车故障诊断与排除

本章导读

纯电动汽车的结构特征决定了其典型的故障范围及维修方法。本章主要介绍纯电动汽车的故障诊断与排除方法，通过本章内容的学习，学生将能够掌握纯电动汽车的结构、组成与控制原理、纯电动汽车主要系统的基本诊断流程，以及常见纯电动汽车运行数据的分析与判断思路，学会纯电动汽车的故障排除方法。

学习目标

1. 理解纯电动汽车动力电池故障诊断的基本思路。
2. 掌握电池管理控制器故障诊断与排除方法。
3. 掌握纯电动汽车驱动电机系统相关的故障诊断与排除。
4. 能够描述纯电动汽车输入／输出信号部件的故障诊断与排除方法。
5. 掌握描述高电压漏电的故障诊断与排除方法。

第一节 纯电动汽车动力电池系统故障诊断与排除

一、动力电池系统故障诊断

以下以比亚迪 e6 为例，介绍纯电动汽车动力电池系统故障诊断的基本思路与注意事项，其他车型可以参考。

（一）故障诊断仪读取数据

进行动力电池系统诊断时，应利用故障诊断仪读取动力电池组数据，并配合接线板进行实测，通过最终数据判断是动力电池故障，还是电源管理控制器、高压配电箱或其他组件故障。

如果单节动力电池电压值异常，单节电压过高会导致无法充电，电压过低会导致断电保护。充电过程中，单节最高电压应低于 3.8 V；行车过程中，单节电压低于 2.2 V 会断电保护，低于 2.4 V 时系统报警。

如果单节动力电池温度异常，温度过高会导致无法充电（高于 65℃时会进行充电保护）。

（二）外观及漏电检测

检测动力电池组外观是否损坏、漏液，以及动力电池组对外绝缘电阻的检测。动力电池组对外绝缘电阻要求如下。

（1）绝缘电阻值的要求。在动力电池的整个寿命内，根据标准计算方法计算得到绝缘电阻值，必须大于 100 Ω/V。

（2）测试前要求。在整个测试过程中，动力电池的开路电压等于或高于其标称电压值，动力电池两极应与动力装置断开。

（3）测量工具。能够测量直流电压的电压表，其内阻应大于 10 MΩ。

（三）上电流程

上电流程确认动力电池系统工作是否正常。以比亚迪 e6 为例，它的上电流程如图 4-1 所示。

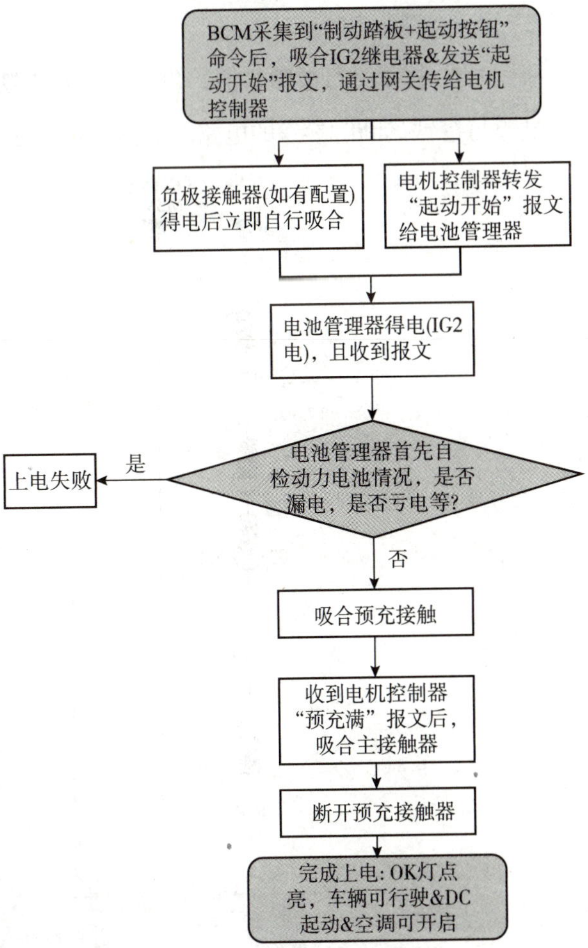

图 4-1　比亚迪 e6 上电流程

二、电源管理控制器发生故障的诊断与排除

纯电动汽车电源管理控制器是整车动力电池的主控模块，负责采集动力电池的电池单元电压、温度、电流数据，控制动力电池处于最佳的充放电水平。此外，该模块还会负责控制高压配电箱内高电压继电器的接通与断开，并诊断继电器（接触器）故障信息。

（一）电源管理控制器故障症状与可能原因

1. 故障症状

纯电动汽车的电源管理控制器发生故障时，会导致高电压系统内接触器不能工作，使车辆失去动力而不能行驶，同时位于仪表盘的动力系统故障指示灯将点亮。

2. 可能原因

造成电源管理控制器故障的主要原因是电源供电异常、搭铁不良或控制器自身损坏。

（二）电源管理控制器故障诊断方法

以比亚迪 e6 为例（其他车型可参考），电源管理控制器故障诊断与排除步骤如下。

1. 读取故障码

使用诊断仪读取故障码（DTC），电源管理控制器可能存在以下 DTC。

P1 A58-00：电池管理系统初始化错误。

2. 故障检测

根据 DTC 提示进行故障检测，包括电源和搭铁的线路检测。

电源与搭铁诊断时参考的电路图如图 4-2 所示。

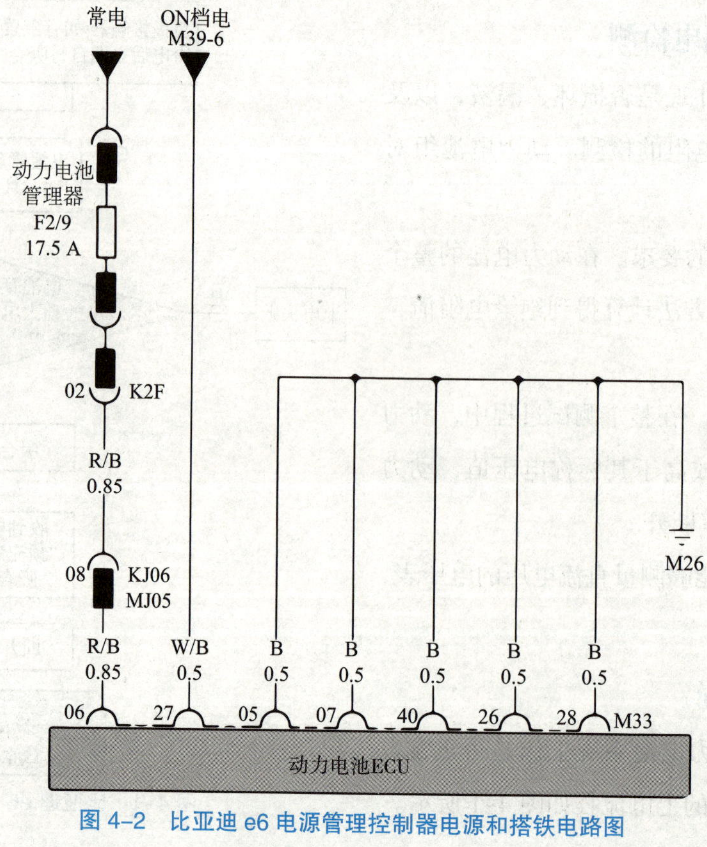

图 4-2　比亚迪 e6 电源管理控制器电源和搭铁电路图

（1）使用万用表测量电源管理控制器 M33-6 号端子的电压，标准值：动力电池电压。

（2）使用万用表测量电源管理控制器 M33-27 号端子的电压，在点火开关 ON 时，标准值：12 V 蓄电池电压。

（3）使用万用表测量 M33-5、7、40、26、28 号端子的电阻，在动力电池负极断开情况下，标准值与车身搭铁电阻 0.2 Ω 以下。

3. 电源管理控制器其他故障诊断

（1）典型故障码（DTC）。使用诊断仪读取可能存在的以下 DTC。

① P1 A40-00：单节动力电池温度传感器故障。

②可能的故障范围：温度传感器、线束。

（2）DTC 诊断步骤。参考维修手册制订 DTC 诊断步骤执行诊断。

（3）DTC 诊断时参考的电路图如图 4-3 所示。

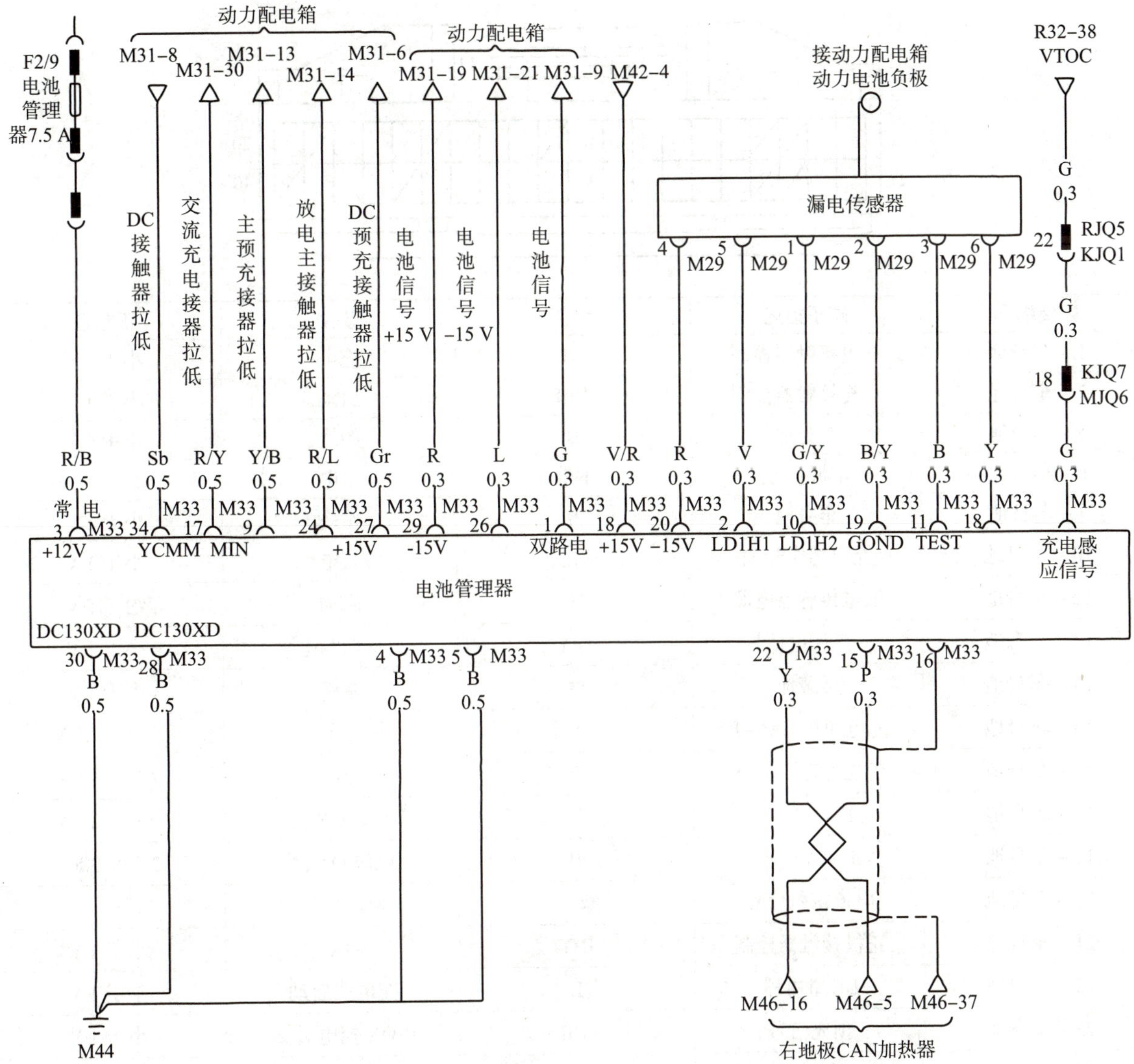

图 4-3　比亚迪 e6 DTC 诊断时参考电路图

（4）电源管理控制器端子定位与标准参考值如图 4-4 所示。

（三）电源管理控制器更换流程

如果确认电源管理控制器损坏，应进行更换。更换流程如下。

（1）将车辆退电至 OFF 挡，拆下后排座椅，断开维修开关，等待 5 min。

（2）拔掉电源管理控制器上连接动力电池的采样线，和整车低压线束的接插件，拔掉整车低压线束在电源管理控制器支架上的固定卡扣。

（3）用 10 号套筒扳手拆卸电源管理控制器的固定螺母。

（4）更换电源管理控制器，插上动力电池采样线和整车低压线束的接插件，插上维修开关手柄。

（5）断开维修开关，用 10 号套筒扳手拧紧电源管理控制器的固定螺母。

（6）插上维修开关手柄，完成更换。

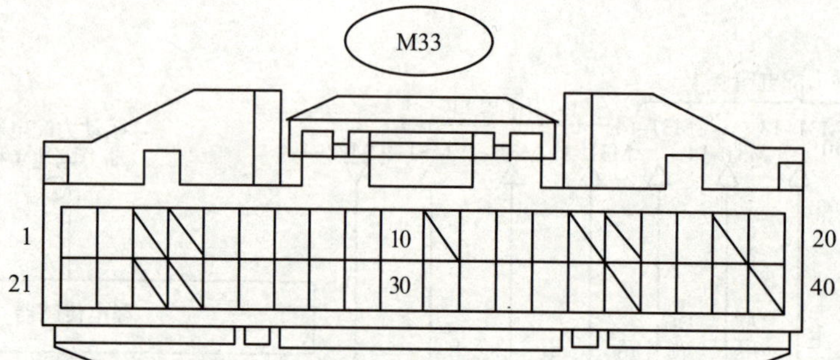

连接端子	端子描述	线色	条件	正常值
1 - 车身地	充电接触器控制	G/B	充电	小于 1 V
2 - 车身地	预充接触器控制	Y/B	启动	小于 1 V
5 - 车身地	车身地	B	始终	小于 1 V
6 - 车身地	电源信号	R/B	常电	11 ～ 14 V
7 - 车身地	车身地	B	始终	小于 1 V
10 - 车身地	充电感应开关	L	充电	小于 1 V
12 - 车身地	漏电传感器电源	W	启动	约 -15 V
13 - 车身地	一般漏电信号	G/Y	一般漏电	小于 1 V
14 - 车身地	屏蔽地	B	始终	小于 1 V
15 - 车身地	充电通信 CAN-L	V	充电	1.5 ～ 2.5 V
16 - 车身地	充电通信 CAN-H	P	充电	2.5 ～ 3.5 V
17 - 车身地	F-CAN-L	V	电源 ON 挡	1.5 ～ 2.5 V
18 - 车身地	F-CAN-H	P	电源 ON 挡	2.5 ～ 3.5 V
20 - 车身地	电流霍尔信号	G	电流信号	—
21 - 车身地	正极接触器控制	R/Y	启动	小于 1 V
22 - 车身地	DC 继电器	L	充电或启动	小于 1 V
25 - 车身地	预充信号	G/R	上 ON 挡电后 2 s	小于 1 V
26 - 车身地	车身地	B	始终	小于 1 V

续表

连接端子	端子描述	线色	条件	正常值
27 - 车身地	电源	W/R	电源 ON 挡 / 充电	11 ~ 14 V
28 - 车身地	车身地	B	始终	小于 1 V
31 - 车身地	漏电传感器电源	R	启动	约 +15 V
32 - 车身地	漏电传感器地	B	始终	小于 1 V
33 - 车身地	严重漏电信号	B/Y	严重漏电	小于 1 V
37 - 车身地	屏蔽地	B	始终	小于 1 V
38 - 车身地	电流霍尔电源	L	启动	约 -15 V
39 - 车身地	电流霍尔电源	R	启动	约 +15 V

图 4-4　比亚迪 e6 电源管理控制器端子图与标准参考值

三、高压配电箱故障的诊断与排除

高压配电箱是控制高电压接通与关闭的执行部件，内部由多个接触器与继电器组成，这些接触器或继电器由电源管理控制器控制。

电源管理控制器是高压配电箱内接触器的诊断主控模块，它可以诊断接触器是否按照预定的要求打开与关闭，是否有不正常的吸合，如接触器烧蚀会产生接触器类故障码（DTC）。

（一）高压配电箱故障症状与可能原因

1. 故障症状

（1）高压配电箱内接触器或继电器存在故障时，会导致高电压系统内接触器不能工作，使车辆失去动力。

（2）位于仪表盘的动力系统故障指示灯将点亮。

3. 故障可能原因

接触器自身线圈损坏或者控制线路接触不良。

排除方法：检修线路，更换高压配电箱。

（二）高压配电箱故障诊断方法

以比亚迪 e6 为例（其他车型可参考），高压配电箱故障诊断与排除步骤如下。

1. 读取 DTC

使用诊断仪读取可能存在的以下 DTC。

P1A5D-00：电机控制器预充未完成。

2. 故障检测

根据 DTC 提示进行故障检测，包括电源和搭铁的线路检测。

电源与搭铁诊断时参考的电路图如图 4-5 和图 4-6 所示。

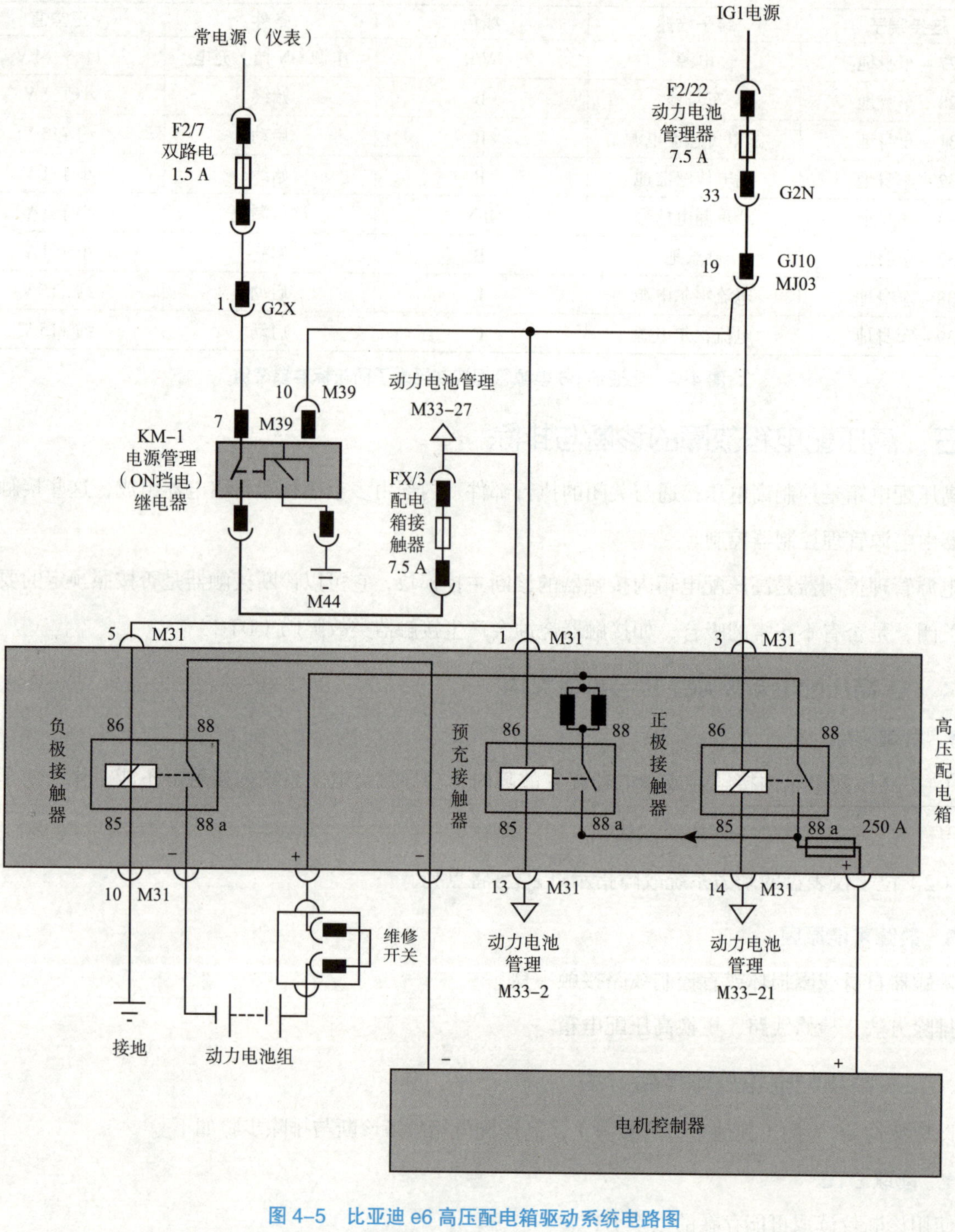

图 4-5　比亚迪 e6 高压配电箱驱动系统电路图

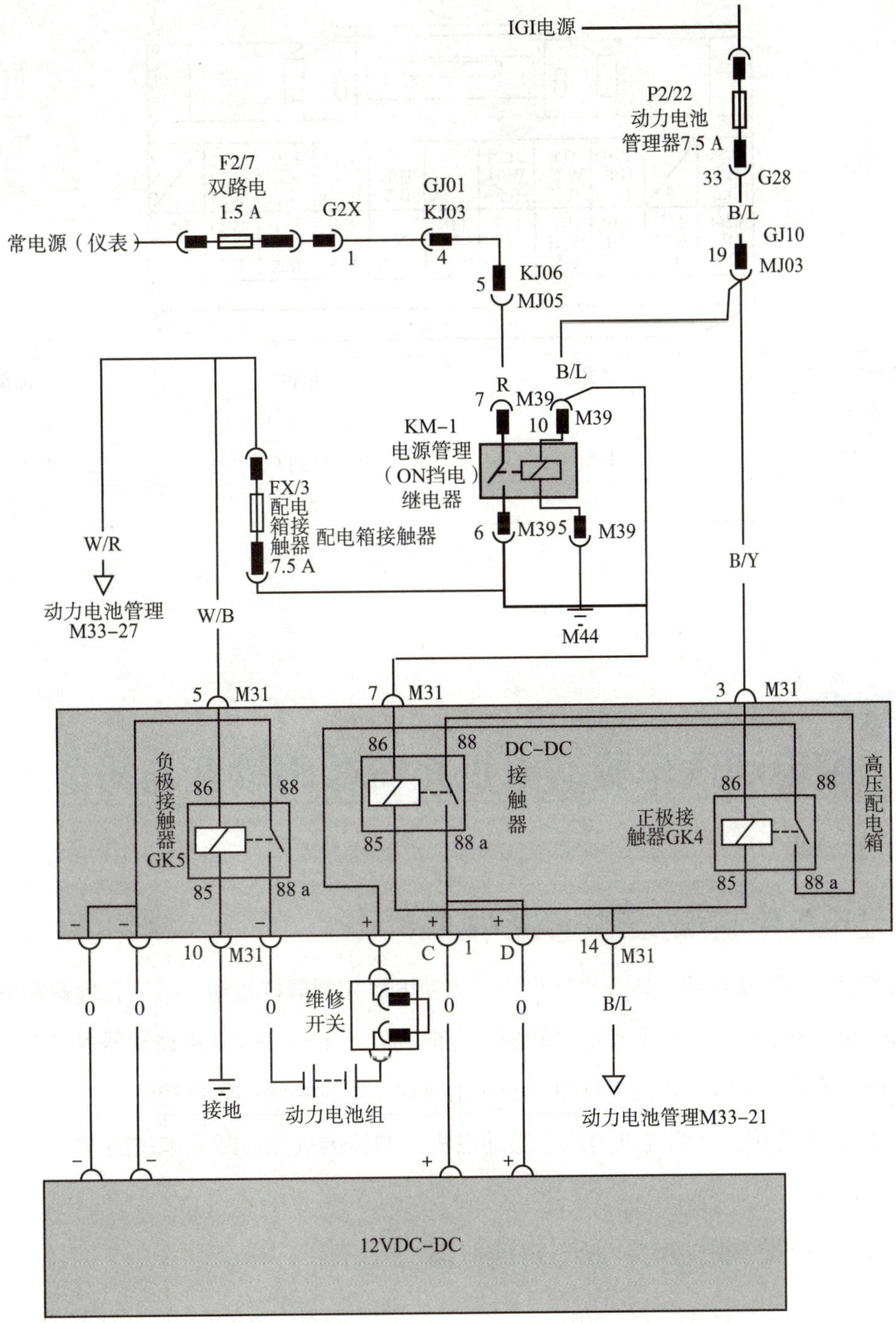

图 4-6 比亚迪 e6 高压配电箱在 DC-DC 系统内的高压电路图

3. 高压配电箱端子测量

高压配电箱端子测量如下。

（1）拔下高压配电箱 M31 连接器。

（2）测量线束端连接器各端子间电压或电阻，如图 4-7 所示。

如果测量值不符合标准，应进行更换或维修。

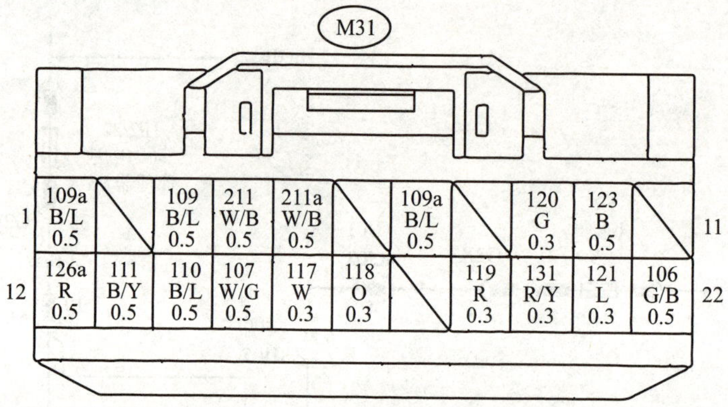

端子	线色	条件	正常值
M31-1- 车身地	G	电源打到 ON 挡	11 ～ 14 V
M31-3- 车身地	B/Y	电源打到 ON 挡	11 ～ 14 V
M31-10- 车身地	B	始终	小于 1 Ω

图 4-7　高压配电箱端子图与标准参数

第二节　纯电动汽车驱动电机系统故障诊断与排除

一、驱动电机控制器故障的诊断与排除

驱动电机控制器是驱动系统的核心执行模块。驱动电机控制器接收动力电池管理器和整车控制单元的信息，控制驱动电机的运转，并实现电机转速、方向和转矩的改变。电机控制器通过接收电机角度传感器（电机解角传感器）信号，作为控制命令的输出反馈，实现系统的闭环控制。

下面以比亚迪 e6 为例，介绍纯电动汽车驱动电机控制器的故障诊断基本思路与注意事项，其他车型可以参考。

（一）驱动电机控制器故障症状与可能原因

1. 故障症状

驱动电机控制器存在故障时，会导致电机不能正常运转，使车辆失去动力。同时位于车辆仪表盘上的动力系统故障指示灯将点亮。

注意：如果仅有指示灯点亮，说明问题是电机的温度过高，系统将降低电机的功率输出。

2. 可能原因

驱动电机控制器的常见故障原因如下。

（1）控制器模块本身的故障。

（2）电机温度传感器故障。

驱动电机故障的诊断与排除

（二）驱动电机控制器故障诊断方法

以比亚迪 e6 为例（其他车型可参考），驱动电机控制器故障诊断与排除步骤如下。

1. 读取故障码

使用故障诊断仪读取故障码（DTC），驱动电机控制器可能存在的 DTC 见表 4–1。

表 4–1　驱动电机控制器相关的故障码

驱动电机控制器		
故障码（DTC）	故障描述	可能发生部位
P1B00–00	IPM 故障	电机控制器
P1B01–00	旋变故障	MG2 电机线束，接插件
P1B02–00	欠电压保护故障	电机控制器
P1B03–00	主接触器异常故障	电机控制器，动力电池管理器，高压配电箱
P1B04–00	过电压保护故障	电机控制器
P1B05–00	IPM 散热器过温故障	电机控制器
P1B06–00	挡位故障	挡位管理器 电机控制器 / 线束
P1B07–00	加速踏板异常故障	加速踏板深度传感器回路
P1B08–00	电机过温故障	制动踏板深度传感器回路
P1B09–00	驱动电机过电流故障	MG2 电机
P1B0A–00	缺相故障	电机控制器，线束
P1B0B–00	EEPROM	

2. 故障检测

（1）控制器电源与搭铁的诊断。根据 DTC 提示完成故障检测，其中包括电源和搭铁的线路检测。

电源与搭铁诊断时参考的电路图如图 4–8 所示。

①拔下电机控制器 B32（外围 24 端子棕色）连接器。

②测量线束端连接器各端子间电阻或电压。

③连接器端子与标准参考值如图 4–9 所示。

（2）电机控制器与电机低压端子线束电阻检测。

①用故障诊断仪检测电机控制器和电机。

②对照下面的图进行测量如图 4–10 所示，如果不符合正常值则更换相应的组件。

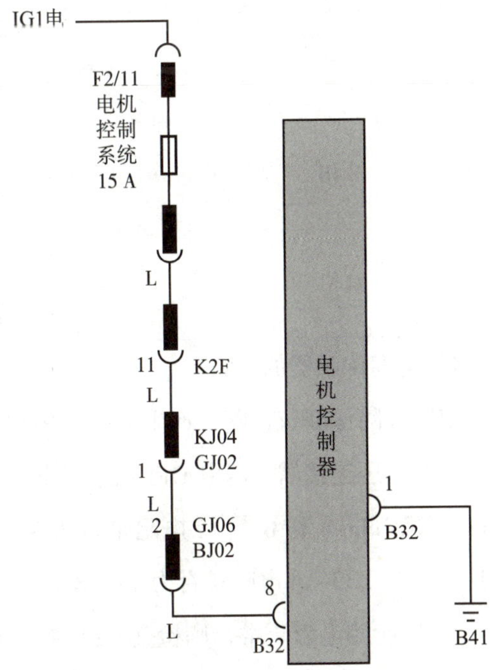

图 4–8　电机控制器电源与搭铁参考电路图

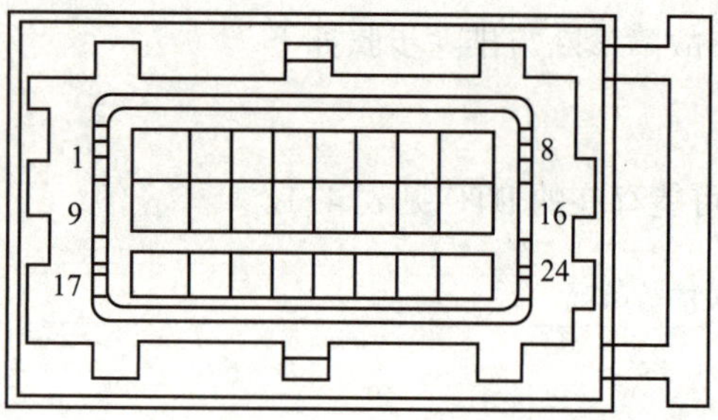

端子	线色	条件	正常值
B32-8- 车身地	L	电源打到 ON 挡	11 ～ 14V
B32-1- 车身地	B	电源打到 ON 挡	小于 1Ω

图 4-9　电机控制器 B32 连接器端子与标准参考值

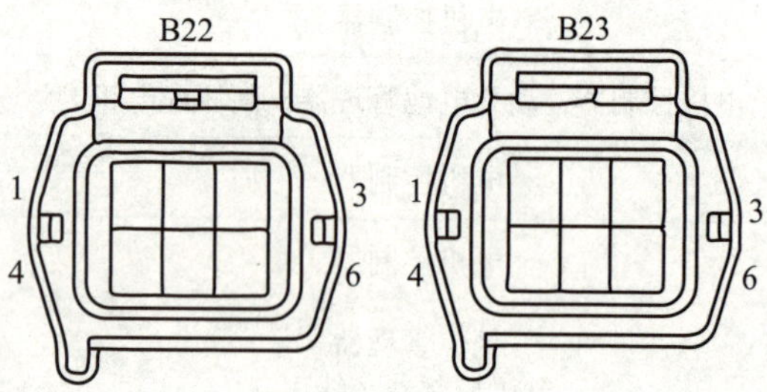

	线色	正常值
B32-7 → B23-1	O	小于 1Ω
B32-15 → B23-4	Lg	小于 1Ω
B32-4 → B22-1	Y/L	小于 1Ω
B32-5 → B22-2	Y/O	小于 1Ω
B32-6 → B22-3	Y/G	小于 1Ω
B32-12 → B22-4	L/W	小于 1Ω
B32-13 → B22-5	L/O	小于 1Ω
B32-14 → B22-6	Gr	小于 1Ω

图 4-10　电机控制器连接器 B22、B23 的端子和标准参考值

（3）主电机控制器检测数据：测量电机控制器高压正负极输入端与控制器向动力电机输出端的电压值，标准参考值见表 4-2。

表 4-2　动力电机输出端电压值

动力电机输出相位	输入端	正常值
A 相	与控制器输入正极	0.3 V
	与控制器输入负极	
B 相	与控制器输入正极	
	与控制器输入负极	
C 相	与控制器输入正极	
	与控制器输入负极	

（4）角度传感器的诊断。

①使用故障诊断仪诊断如产生 DTC：P1B01-00 旋变故障。

②检查低压连接器。退电 OFF 挡，拔掉电机控制器低压连接器 B33。

a. 测量 B33-4 和 B33-12 电阻是否为 8 ～ 10 Ω；测量 B33-5 和 B33-13 电阻是否为 14 ～ 18 Ω；测量 B33-6 和 B33-14 电阻是否为 14-18 Ω。

b. 如果所测电阻正常，则检查 B22 接插件是否松动，如果没有松动，则为动力总成故障。

③更换驱动电机控制器与 DC 总成。

电机控制器连接器 B33 主要端子定义如图 4-11 所示。

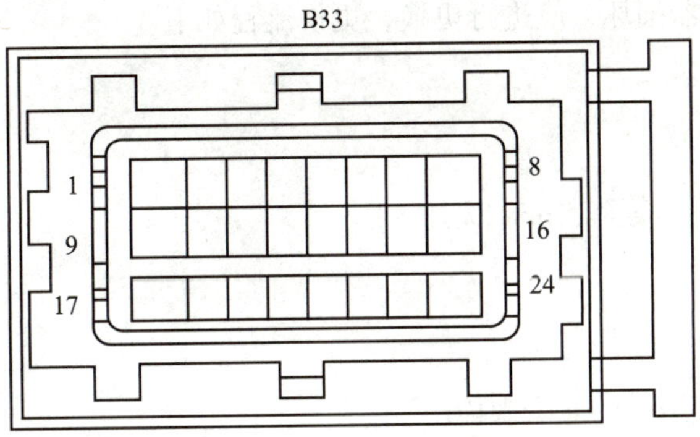

端子号	线色	端子描述	条件	正常值
3	绿	MG2 旋变屏蔽地	始终	小于 1 V
4	黄	MG2 励磁 +	线束端（断线插件）	与励磁（-8.1 ± 2）Ω
5	蓝	MG2 正弦 +	线束端（断线插件）	与正弦（-14 ± 4）Ω
6	橙	MG2 余弦 +	线束端（断线插件）	与余弦（-14 ± 4）Ω
7	粉	MG2 电机过温	线束端（断线插件）	与 15 端子有电阻值（小于 100 Ω）
8	灰	运行模式切换信号输入	ON 挡	小于 1 V 或 11 ～ 14 V
11	紫	CAN 屏蔽地	始终	小于 1 V
12	绿黑	MG2 励磁 -	线束端（断线插件）	与励磁（+8.1 ± 2）Ω
13	黄黑	MG2 正弦 -	线束端（断线插件）	与正弦（+14 ± 4）Ω
14	蓝黑	MG2 余弦 -	线束端（断线插件）	与余弦（+14 ± 4）Ω
15	绿黄	MG2 电机过温地	线束端（断线插件）	与 7 端子有电阻值（小于 100 Ω）
16	黄红	运行模式切换信号输出	ON 挡	小于 1 V 或 11 ～ 14 V
19	棕	CAN 信号高	始终	2.5 ～ 3.5 V
20	白	CAN 信号低	始终	1.5 ～ 2.5 V
21	白黑	驻车制动信号	驻车	小于 1 V
22	白红	制动信号	踩制动踏板	11 ～ 14 V

图 4-11　电机控制器连接器 B33 端子定义

（5）相关 DTC P1B03：欠电压保护故障（或 P1B04：过电压保护故障）的诊断。首先检查动力电池电量，动力电池电量是否大于 10%。如果电量正常，则检测高压母线，步骤如下。

①断开维修开关，等待 5 min。

②拔掉电机控制器高压接插件端子。

③插上维修开关，整车上电。

④测量母线电压值，正常值见表 4-3。

表 4-3　母线电压正常值

端子	正常值
母线正→母线负	标准动力电池电压

⑤如果母线电压值不在正常范围内，那么检查高压配电盒及高压线路。否则，更换驱动电机控

制器。

（三）驱动电机控制器更换流程

如果确认驱动电机控制器损坏，应进行更换，更换流程如下。

1．拆卸前需求

（1）整车 OFF 挡。

（2）拔掉紧急维修开关，等待 5 min 以上。

（3）拆掉配电盒。

2．拆卸步骤

（1）拆掉电机三相线接插件的 4 个螺栓。

（2）拔掉高压母线接插件。

（3）拆掉附在箱体上的配电盒上端螺栓。

（4）拆掉底座 4 个紧固螺栓。

（5）将控制器往左移，拔掉低压接插件，拆掉搭铁螺栓，拔掉 DC 低压输出线，拔掉 4 个低压线束卡扣。

（6）将控制器往右移，拆掉进水管，拆掉出水管。

注意：拆掉进水管时将流出的冷却液用容器接住。

3．安装步骤

（1）将控制器放进安装位置。

（2）将控制器往右边移动，安装进水管、出水管。

（3）安装 4 个底座螺栓（先对准左上方螺栓，将螺栓放进去，拧进 1/3，再对准右下方螺栓，将螺栓拧进 1/3，之后放进其他螺栓，将所有螺栓拧紧。紧固力矩：22 N·m）。

（4）卡上 DC12 V 输出线卡扣，插上 DC12 V 接插件；卡上 ACM 线束卡扣；安装搭铁螺栓（紧固力矩：22 N·m）；插上接插件。

（5）安装箱体侧面的配电盒螺栓。

（6）插上高压母线接插件。

（7）安装电机三相线接插件（先装最靠近车头下方的螺栓，拧进 1/3；再装其对角螺栓，拧进 1/3；之后安装其他螺栓；将所有螺栓拧紧。紧固力矩：9 N·m）。

二、驱动电机故障的诊断与排除

驱动电机发生故障时，通常仪表盘会点亮动力系统故障指示灯，应先利用故障诊断仪读取故障码（DTC），根据故障码提示的内容进行检修。

驱动电机常见的故障症状、原因与排除方法如下。

1．电机启动困难或不能启动

（1）原因：电源电压过低。排除方法：调整电压到所需值。

（2）原因：电机过载。排除方法：减轻负载后再启动。

（3）原因：机械锁止。排除方法：检查后先停车，解除机械锁止，然后再启动电机。

2. 电机运行温度过高

（1）原因：负载过大。排除方法：减轻负载。

（2）原因：电机扫膛。检查气隙及转轴、轴承是否正常，如有故障应排除。

（3）原因：电机绕组故障。检查绕组是否有接地、短路、断路等故障，如有故障应排除。

（4）原因：电机冷却不良。检查冷却系统故障，如有故障应排除。

第三节 纯电动汽车整车动力控制系统故障诊断与排除

一、整车驱动系统输入／输出信号部件故障的诊断与排除

以比亚迪 e6 为例，驱动电机的运转主要受驾驶人通过加速踏板、制动踏板和挡位进行控制。其中：

（1）加速踏板用于为驱动系统提供电机负荷的输入信号，并控制制动能量回收功能。

（2）制动踏板用于取消驱动电机输入负荷，并实现车辆的制动功能。

（3）挡位控制器用于控制电机的运转方向和电机的启动与停止。

当以上输入信号产生故障后，主控 ECU（整车控制 ECU）将停止车辆的动力输入，并输出故障码（DTC）。

（一）驱动系统输入／输出信号部件故障症状与可能原因

1. 故障症状

纯电动汽车在制动信号丢失的情况下，车辆无法启动；非制动系统的信号故障时，车辆能够启动，但启动后动力停止输出；同时位于车辆仪表盘上的动力系统故障指示灯将点亮。

2. 可能原因

造成驱动系统输入／输出信号故障的主要故障原因是电源供电异常、搭铁不良或信号输出部件自身损坏。

（二）驱动系统输入／输出信号部件故障诊断方法

以比亚迪 e6 为例（其他车型可参考），信号部件故障诊断与排除步骤如下。

1. 读取故障码

使用诊断仪读取可能存在的故障码（DTC）。通常情况下，针对加速踏板、制动踏板以及挡位控制器系统，系统能够给出直接指向对应部件的故障码。

2. 故障检测

根据 DTC 提示进行故障检测，包括电源和搭铁的线路检测。

（1）挡位控制器的检查与诊断。诊断挡位控制器故障时，首先检查挡位控制器电源电路如图 4–12 所示。

①检查电源线束。

a．拔下挡位控制器 G56 连接器。

b．测量线束端连接器各端子间电压或电阻，连接器端子及标准值如图 4–13 所示。

c．如果检测到相应故障，则更换线束总成。

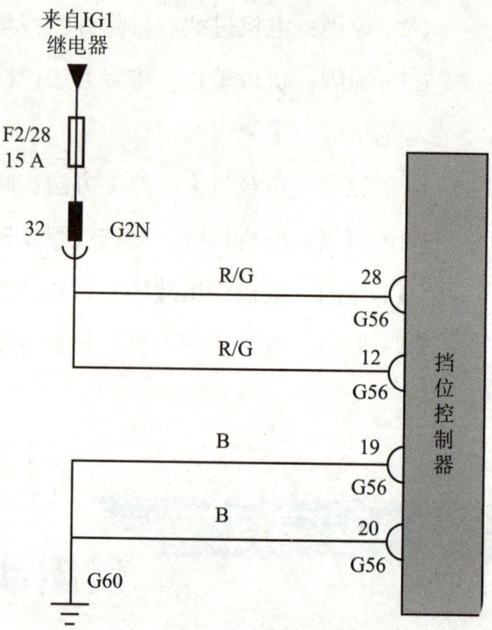

图 4–12　挡位控制器电源和搭铁电路图

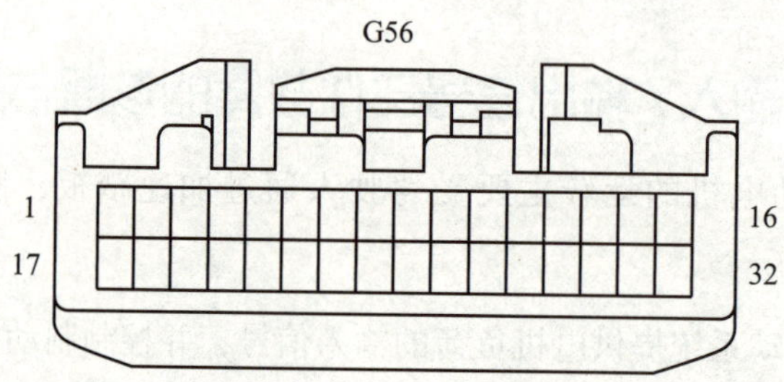

端子	线色	条件	正常值
G56–28– 车身地	R/G	电源打到 ON 挡	11 ～ 14 V
G56–12– 车身地	R/G	电源打到 ON 挡	11 ～ 14 V
G56–19– 车身地	B	始终	小于 1 Ω
G56–20– 车身地	B	始终	小于 1 Ω

图 4–13　挡位控制器连接器端子及标准值

②检查挡位传感器。

a．电源挡位打到 ON 挡。

b．从挡位传感器 A G54 连接器后端引线或从挡位传感器 B G55 连接器后端引线。

c．测量线束端连接器各端子间电压或电阻，挡位传感器电路和连接器端子及标准值如图 4–14 和图 4–15 所示。

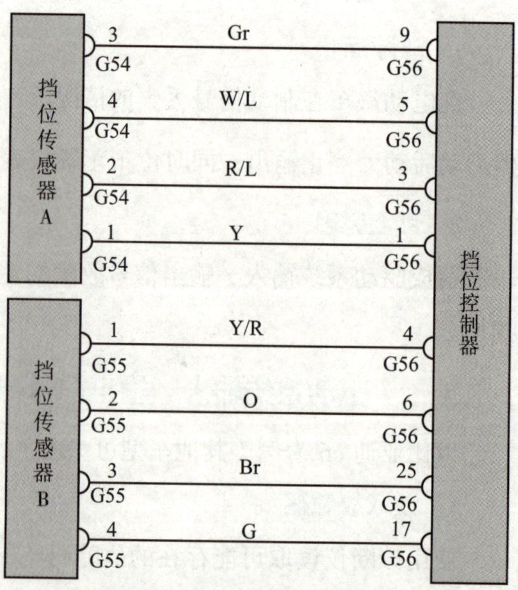

图 4–14　挡位传感器电路图

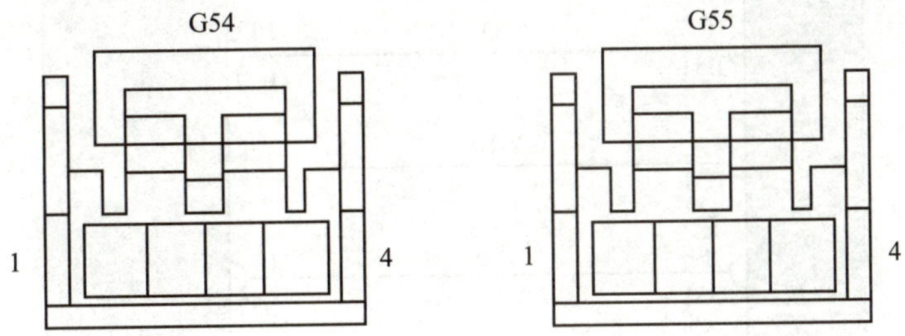

端子	线色	条件	正常值	端子	线色	条件	正常值
G54-3- 车身地	Gr	始终	小于 1 Ω	G55-1- 车身地	Y/R	换挡手柄打到 R 位	约 5 V
G54-4- 车身地	W/L	换挡手柄打到 N 位	约 5 V	G55-2- 车身地	O	换挡手柄打到 D 位	约 5 V
G54-2- 车身地	R/L	换挡手柄打到 P 位	约 5 V	G55-3- 车身地	Br	始终	小于 1 Ω
G54-1- 车身地	Y	电源打到 ON 挡	约 5 V	G55-4- 车身地	G	电源打到 ON 挡	约 5 V

图 4-15　挡位传感器连接器端子及标准值

③检查挡位传感器线束。

a．拔下挡位传感器 A G54 连接器。

b．拔下挡位传感器 B G55 连接器。

c．拔下挡位控制器 G56 连接器。

d．测量线束端连接器各端子间电阻，连接器端子及标准值如图 4-16 所示。

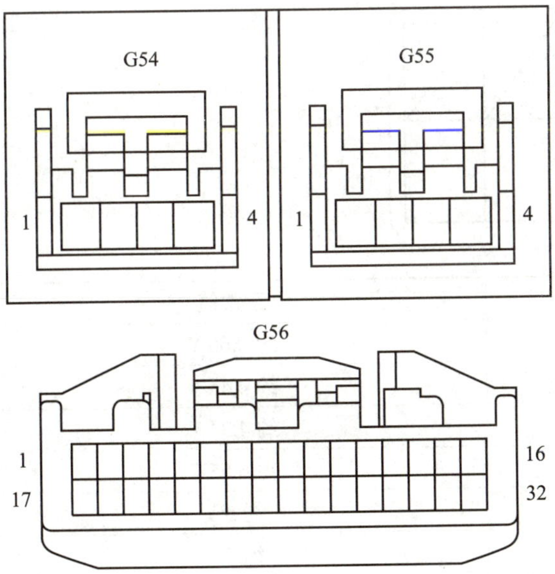

端子	线色	条件
G54-3-G56-9	Gr	小于 1Ω
G54-4-G56-5	W/R	小于 1Ω
G54-2-G56-3	R/L	小于 1Ω
G54-1-G56-1	Y	小于 1Ω
G55-1-G56-4	Y/R	小于 1Ω
G55-2-G56-6	O	小于 1Ω
G55-3-G56-25	Br	小于 1Ω
G55-4-G56-17	G	小于 1Ω

图 4-16　挡位传感器线束连接器端子及标准值

（2）加速踏板位置传感器的检测与诊断。

①加速踏板位置传感器的检测如图 4-17 所示。

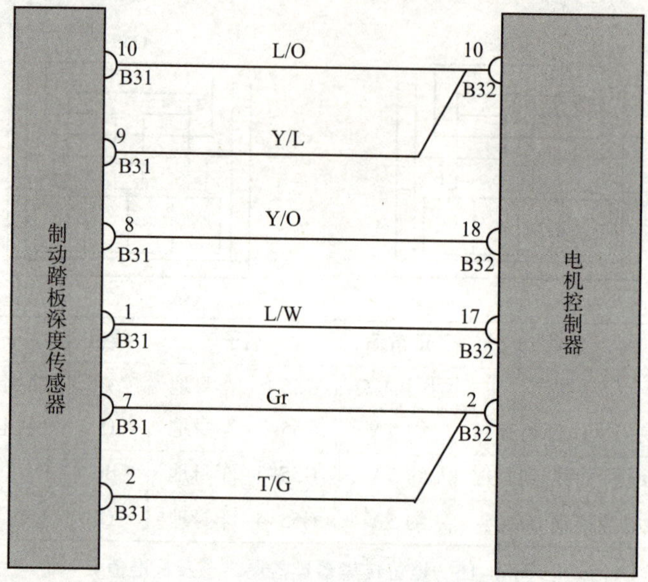

图 4–17　加速踏板位置传感器电路图

a．电源挡位打到 ON 挡。

b．从传感器 B31 连接器后端引线。

c．测量线束端连接器各端子间电压或电阻，连接器端子及标准值如图 4–18 所示。

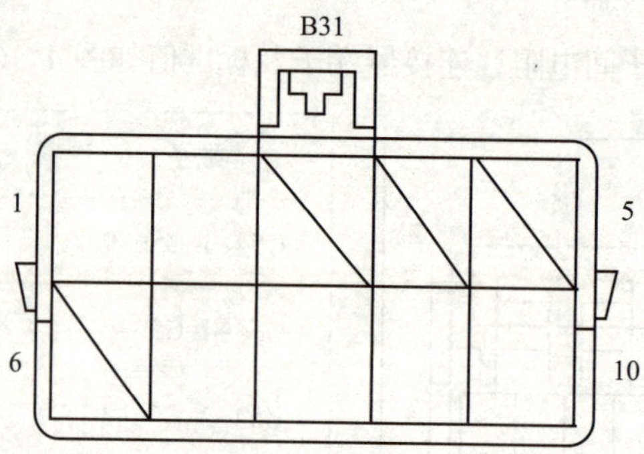

端子	条件	正常值
B31–1– 车身地	不踩加速踏板	约 0.66 V
	加速踏板踩到底	约 4.45 V
B31–8– 车身地	不踩加速踏板	约 4.34 V
	加速踏板踩到底	约 0.55 V
B31–2– 车身地	ON 挡电	约 5 V
B31–7– 车身地	ON 挡电	约 5 V
B31–9– 车身地	ON 挡电	小于 1 V
B31–10– 车身地	ON 挡电	小于 1 V

图 4–18　加速踏板位置传感器连接器端子及标准值

②加速踏板位置传感器与电机控制器线束电阻的检测。

a．拔下传感器 B31 连接器。

b．拔下控制器 B32 连接器。

c．测量线束端连接器各端子间电阻，连接器端子及标准值如图 4–19 所示。

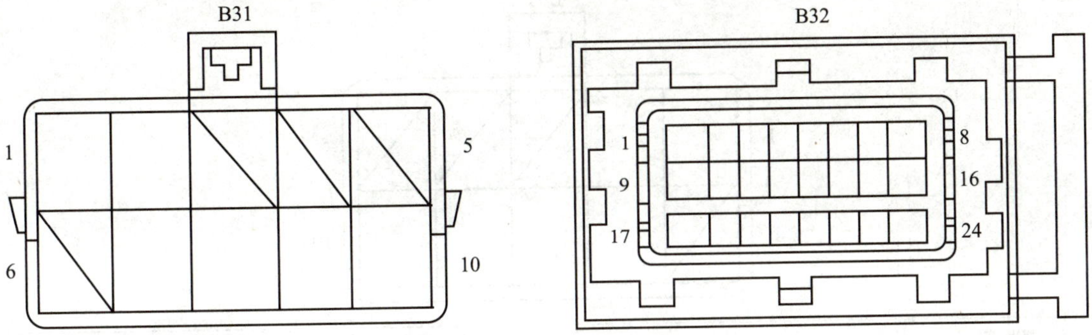

端子	正常值	端子	正常值
B31-2-B32-7	小于 1 Ω	B31-2- 车身地	大于 10 kΩ
B31-7-B32-7	小于 1 Ω	B31-7- 车身地	大于 10 kΩ
B31-1-B32-23	小于 1 Ω	B31-1- 车身地	大于 10 kΩ
B31-8-B32-24	小于 1 Ω	B31-8- 车身地	大于 10 kΩ
B31-9-B32-15	小于 1 Ω	B31-9- 车身地	大于 10 kΩ
B31-10-B32-15	小于 1 Ω	B31-10- 车身地	大于 10 kΩ

图 4-19　加速踏板位置传感器线束连接器端子及标准值

（3）制动踏板位置传感器的检测与诊断。

①制动踏板位置传感器的检测如图 4-20 所示。

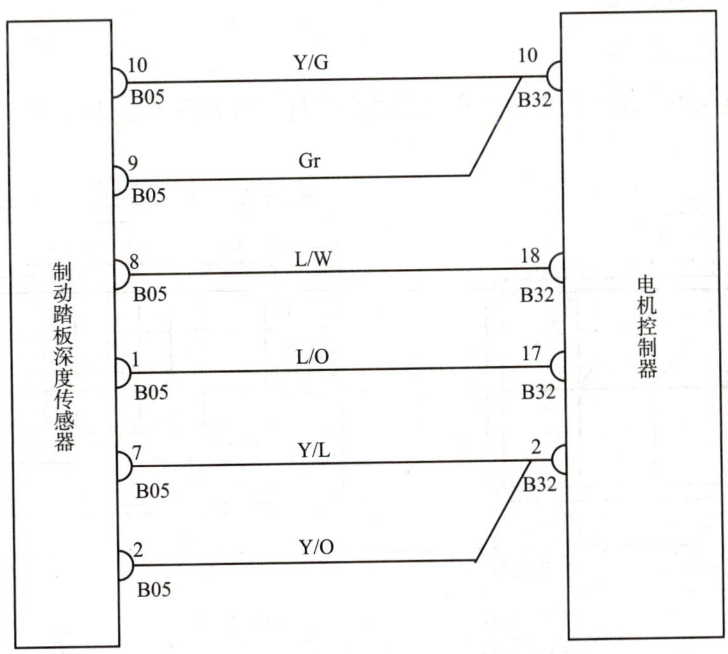

图 4-20　制动踏板位置传感器的检测电路图

a．电源挡位打到 ON 挡。

b．从传感器 B05 连接器后端引线。

c．测量线束端连接器各端子间电压或电阻，连接器端子及标准值如图 4-21 所示：

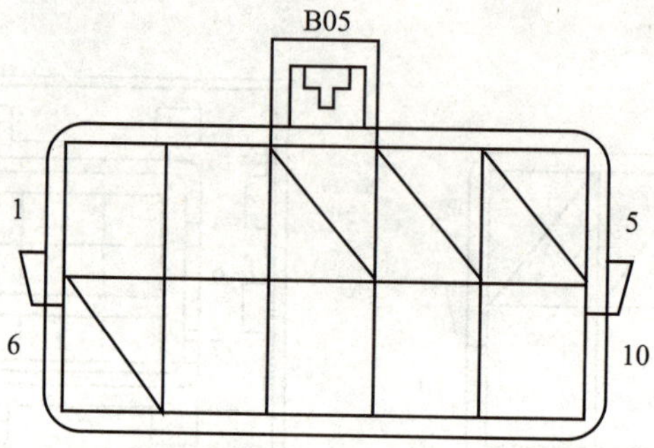

端子	条件	正常值
B05-1- 车身地	不踩制动踏板	约 0.66 V
	制动踏板踩到底	约 4.45 V
B05-8- 车身地	不踩制动踏板	约 4.34 V
	制动踏板踩到底	约 0.55 V
B05-2- 车身地	ON 挡电	约 5 V
B05-7- 车身地	ON 挡电	约 5 V
B05-9- 车身地	ON 挡电	小于 1 V
B05-10- 车身地	ON 挡电	小于 1 V

图 4-21　制动踏板位置传感器连接器端子及标准值

②制动踏板位置传感器与电机控制器线束电阻的检测。

a．拔下传感器 B05 连接器。

b．拔下控制器 B32 连接器。

c．测量线束端连接器各端子间电阻，连接器端子及标准值如图 4-22 所示。

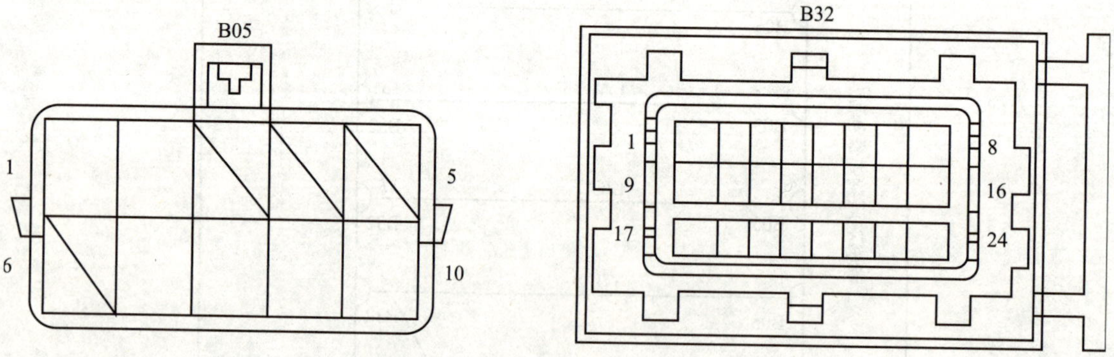

端子	正常值	端子	正常值
B05-2-B32-2	小于 1 Ω	B05-2- 车身地	大于 10 kΩ
B05-7-B32-2	小于 1 Ω	B05-7- 车身地	大于 10 kΩ
B05-1-B32-17	小于 1 Ω	B05-1- 车身地	大于 10 kΩ
B05-8-B32-18	小于 1 Ω	B05-8- 车身地	大于 10 kΩ
B05-9-B32-10	小于 1 Ω	B05-9- 车身地	大于 10 kΩ
B05-10-B32-10	小于 1 Ω	B05-10- 车身地	大于 10 kΩ

图 4-22　制动踏板位置传感器线束连接器端子及标准值

二、高电压系统漏电的诊断与排除

车辆高电压系统安全的首要条件，就是防止高电压系统与车身存在漏电。纯电动汽车高电压系统采用漏电传感器来监测高电压电路是否存在与车身之间的漏电情况，如果发生漏电，系统将自动切断高电压接触器，避免更大的事故发生。

警告：在执行车辆高电压系统诊断及维护前，务必佩戴完好个人防护设备，并严格遵守正确的操作步骤。

（一）高电压系统故障症状与可能原因

高电压系统漏电故障分为两种。

（1）高电压电路与车身存在漏电。

（2）漏电传感器系统本身故障。

高电压系统漏电类故障会导致车辆仪表盘上的动力系统故障指示灯点亮，且车辆将关闭动力输出。

（二）高电压系统漏电故障诊断方法

以比亚迪 e6 为例（其他车型可参考），高电压漏电的故障诊断与排除步骤如下。

1. 读取 DTC

使用诊断仪读取相关故障码（DTC）。

如有明确 DTC 故障，按照 DTC 诊断步骤进行诊断，详细步骤可参考维修手册中的具体 DTC 信息。

2. 漏电故障检测

高电压电路导线漏电主要是绝缘效果降低导致的，因此漏电故障的诊断主要是检查线路对车身，以及不同导线之间的绝缘电阻值。

（1）断开被测量的高压导线连接器，如果不确定漏电大体位置，可采用分段测量法来进行排除。

（2）使用高压绝缘测试仪分别测量导线对车身的电阻。

①测量正极导线对车身电阻（测量电压 1 000 V），标准电阻在 50 MΩ 以上。

②测量负极导线对车身电阻（测量电压 1 000 V），标准电阻在 50 MΩ 以上。

③测量两导线之间电阻（测量电压 1 000 V），标准电阻在 50 MΩ 以上。

（3）对于不符合要求的导线，需要更换新的高压导线。

3. 漏电传感器故障检测

（1）检查 12 V 蓄电池电压及整车低压线束供电是否正常。

①标准电压值：11 ～ 14 V。

②如果电压值低于 11 V，需要更换 12 V 蓄电池或检查整车低压线束。

（2）在关闭点火开关的状态下，断开漏电传感器连接器。

①测量漏电传感器供电电压，标准值在 9 ～ 16 V 之间。

②测量漏电传感器搭铁电阻，标准值在 0.2 Ω 以下。

③不在以上范围的，需要继续检测传感器本身或连接线路。

（3）使用诊断仪读取电源管理器模块内的漏电传感器数值，不能正常读取的，需要更换新的漏电传感器。

任务训练

整车动力控制系统的故障诊断

训练要求：

本操作任务主要完成对纯电动汽车（以比亚迪 e6 为例）的整车动力控制系统的故障诊断。具体包括以下内容。

（1）整车动力系统典型故障码的诊断与排除。

（2）主控 ECU 更换。

（3）漏电传感器检测。

训练准备

（1）防护装备：绝缘防护装备。

（2）车辆、台架、总成：比亚迪 e6、北汽 EV160 或其他纯电动汽车；或同类车型台架。

（3）专用工具、设备：对应车型故障诊断仪、万用表、或其他适用的设备。

（4）手工工具：新能源汽车维修组合工具。

（5）辅助材料：诊断与维修必要的熔丝等耗材。

训练步骤

警告：

★禁止未参加该车型高压系统知识培训的维修人员拆卸高压系统，包括手动维修开关、动力电池包、驱动电机、电力电子箱、高压配电单元、高压线束、空调压缩机、交流充电线束、快速充电口、电加热器、车载充电器。

★当拆解或装配高压配件时，必须断开 12 V 电源和动力电池包上的手动维修开关。

★在进行高压相关操作前，维修人员必须穿戴好高压防护用品，戴好绝缘手套，穿好高压绝缘鞋。在戴绝缘手套前，必须检查绝缘手套是否有破损的地方，确保手套无绝缘失效。

★在安装和拆卸过程中，应防止制动液、洗涤液等液体进入或飞溅到高压部件上。

执行高压中止与检验步骤。

（1）断开点火开关，挂入 P 位，拔出车钥匙。

（2）打开 12 V 蓄电池负极端子防护盖。

（3）用 10 mm 扳手松开 12 V 蓄电池负极螺栓。

（4）断开 12 V 蓄电池负极线，并固定好 12 V 蓄电池负极线，防止工作时，负极线与蓄电池重新连接。

（5）拆卸扶手箱内底部的盖板。

（6）用螺钉旋具拆下 USB 及点烟器接口集成器上面的 4 颗螺钉，并取出。

（7）检查绝缘手套外观有无明显磨损痕迹。

（8）检查绝缘手套密封性。

①卷起手套边缘。

②折叠开口，并封住手套开口。

③向手套内吹气，确认有无空气泄漏。

④用同样的方法检查第二只手套。

⑤确认密封良好后，佩戴绝缘手套。

（9）轻轻向上掀起维修开关把手，当把手与维修开关垂直时，向上拔出维修开关。

（10）拆下手动维修开关，等待 5 min。

警告：正常情况下，在拆除手动维修开关后，高压系统还存在高电压，这是因为电机控制器中高压电容的存在造成的，需要经过一段时间的等待，高压电容中的电压，才能被完全释放。

1. 典型故障码诊断与排除方法

典型故障码

P1 B03：欠电压保护故障；或 P1 B04：过电压保护故障。

诊断与排除步骤如下：

（1）检查动力电池电量。

①打开点火开关。

②检查动力电池电量。观察右侧仪表盘电量显示，动力电池电量是否大于 10%，否则应进行充电，如图 4-23 所示。

图 4-23 观察右侧仪表盘显示

（2）检查动力电池输出电压。

警告：执行高压中止与检验步骤。

警告：执行高压安全防护。

①进行高压中止与检验；进行高压安全防护，如图 4-24 所示。

②拔出限位插件，断开高压母线正极和负极，如图 4-25 所示。

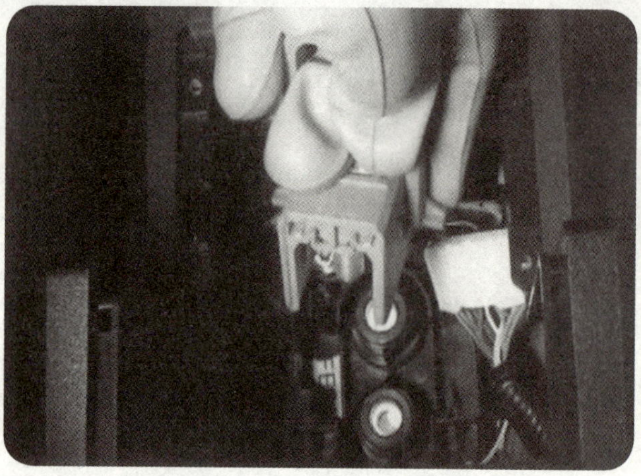

图 4-24　进行高压安全防护

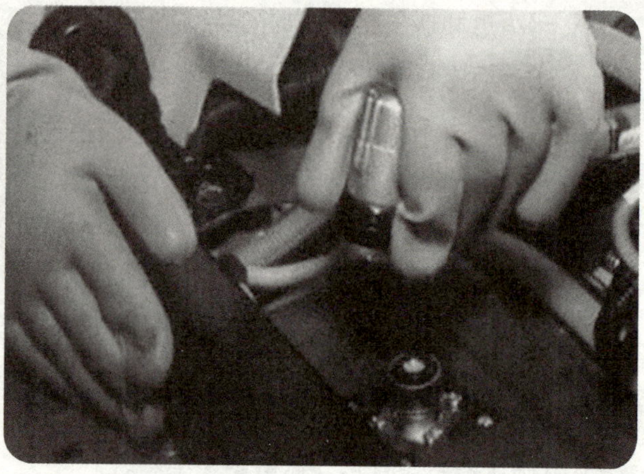

图 4-25　断开高压母线正极和负极

③安装维修开关，如图 4-26 所示。

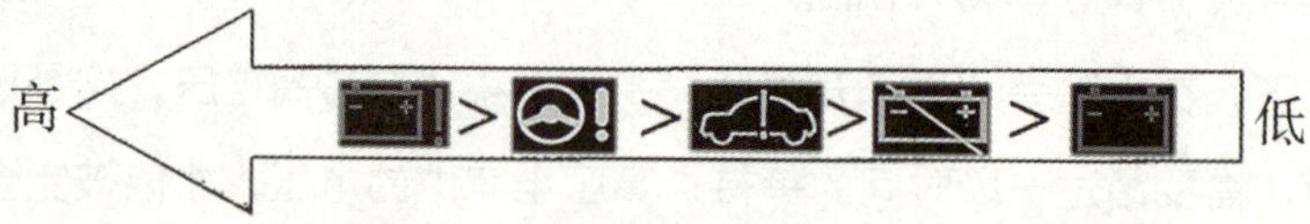

图 4-26　安装维修开关

④安装 12 V 蓄电池负极，按下电源开关。

⑤将万用表旋至直流电压挡，如图 4-27 所示。

⑥测量动力电池高压接线柱电压，比亚迪 e6 动力电池应为约 316.8 V 的总电压，如图 4-28 所示。

⑦如果母线端电压值不在正常范围，检查高压配电盒及高压线路。如果正常，更换驱动电机控制器与 DC 总成。

图 4-27　万用表旋至直流电压挡

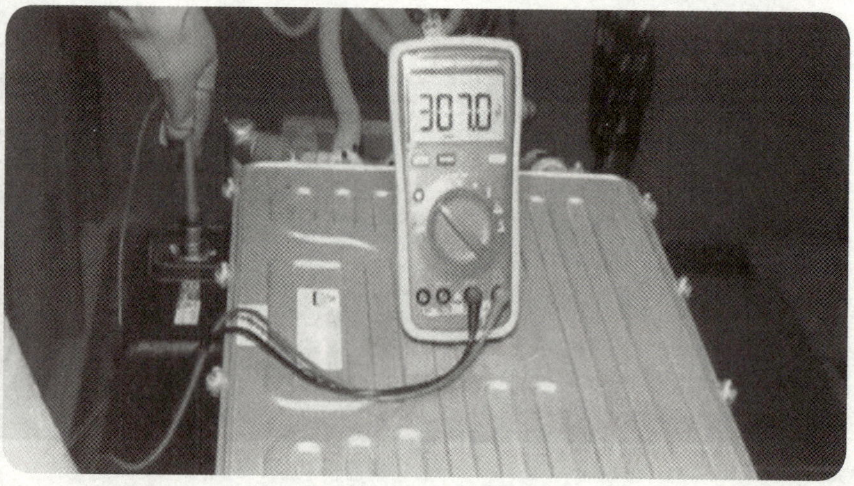

图 4-28　测量动力电池高压接线柱电压

2. 主控制 ECU 的更换

警告：执行高压中止与检验步骤。

警告：执行高压安全防护。

（1）进行高压中止与检验；进行高压安全防护，如图 4-24 所示。

（2）主控制 ECU 拆卸步骤如下。

①取下扶手箱左／右侧塑料卡扣，如图 4-29 所示。

②将扶手箱水杯垫掀开，松开十字槽自攻螺钉，如图 4-30 所示。

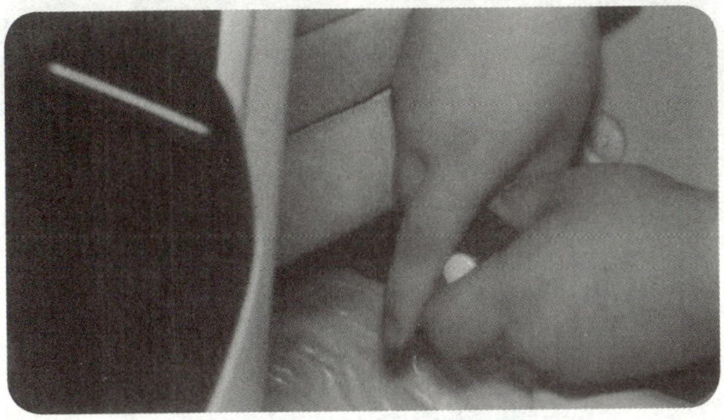

图 4-29　取下扶手箱左／右侧塑料卡扣

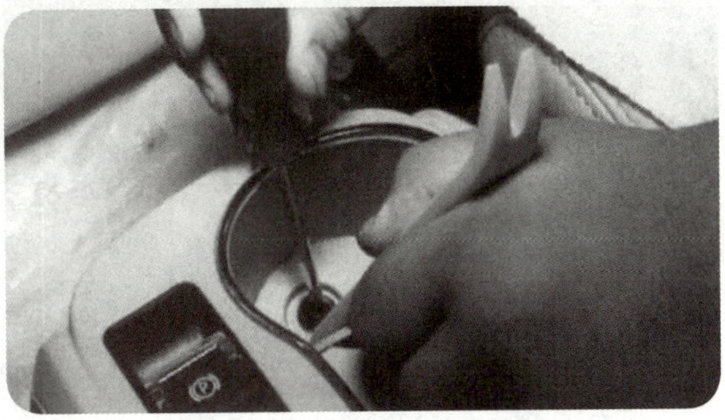

图 4-30　松开十字槽自攻螺钉

③拆下扶手箱底部两颗自攻螺钉，如图 4-31 所示。

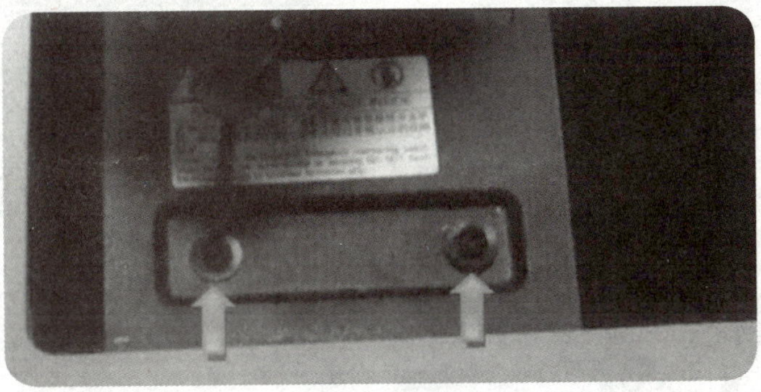

图 4-31　拆下扶手箱底部两颗自攻螺钉

④取出扶手箱总成。

注意：取下之前，拆下点烟器连接器、天线连接器。

⑤拆下主控制 ECU 的两个连接器，如图 4-32 所示。

⑥拆下主控制 ECU 的三颗固定螺栓。

⑦取出主控制 ECU，如图 4-33 所示。

（3）主控制 ECU 的安装步骤如下：

①将主控制 ECU 放在地板指定安放位置，如图 4-34 所示。

②安装主控制 ECU 的三颗固定螺母。

③安装主控制 ECU 的两个连接器。

④安装扶手箱。

注意：安装之前，装入点烟器连接器、天线连接器。

⑤安装扶手箱底部两颗自攻螺钉。

⑥佩戴绝缘手套，安装维修开关。

⑦放入点烟器底座总成。

注意：安装点烟器底座总成时要插入点烟器、USB 连接器，如图 4-35 所示。

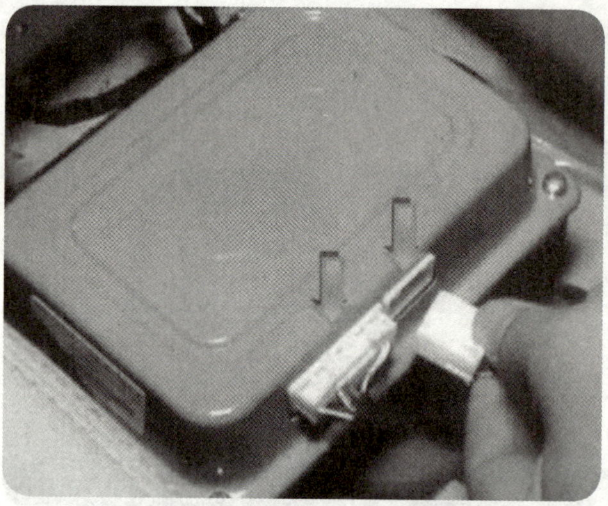

图 4-32　拆下主控制 ECU 的两个连接器

图 4-33　取出主控制 ECU

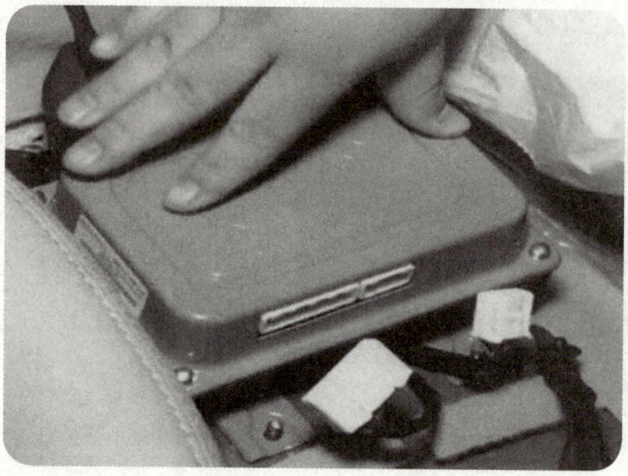

图 4-34　主控制 ECU 放在地板指定安放位置

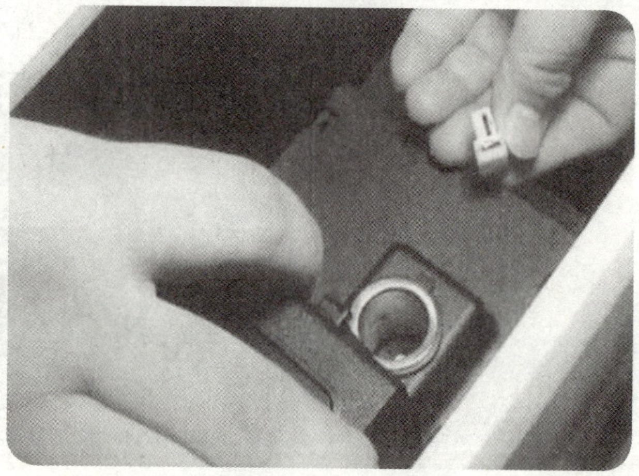

图 4-35　插入 USB 连接器

⑧安装固定螺钉，如图 4-36 所示。

⑨放入扶手箱垫，关闭扶手箱盖。

⑩将扶手箱水杯垫掀开，安装自攻螺钉。

⑪安装扶手箱左 / 右侧塑料卡扣，如图 4-37 所示。

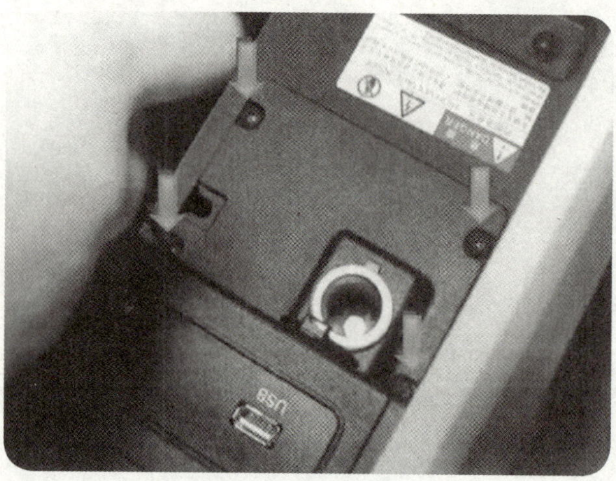

图 4-36　安装固定螺钉

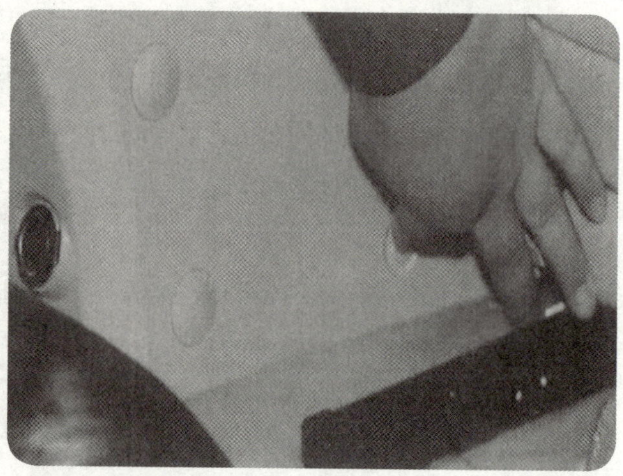

图 4-37　安装扶手箱左 / 右侧塑料卡扣

⑫安装 12 V 蓄电池负极。

3. 漏电传感器的检测

（1）检查 12 V 蓄电池电压及整车低压线束供电是否正常。

①打开万用表，调至直流电压挡。

②红黑表笔分别接在 12 V 蓄电池的正负极，读取电压值。

标准电压值：11 ～ 14 V。

如果电压值低于 11 V，在进行下一步检查之前，请充电或更换 12 V 蓄电池，或检查整车低压线束。

（2）取出诊断仪，并连接好诊断仪。

（3）打开车辆电源到 ON 挡。

（4）选择好车型信息，进入高压电池管理器，如图 4–38 所示。

（5）读取故障码并读取数据流，如图 4–39 所示。

高压电池管理器

☑ 1.读取电脑版本
☐ 2.读取系统故障
☐ 3.清除故障码
☐ 4.读取数据流

按 [↑] 键上移
按 [↓] 键下移
按 [OK] 键进入下级菜单

图 4–38　进入高压电池管理器

高压电池管理器

3/15

电池组温度状态：	正常
电池组漏电状态：	正常
电池组电量状态：	正常
湿度状态：	正常
过流状态：	正常
电压过低报警：	正常
电压过高报警：	正常
BMS12V电源电压：	
系统均衡状态：	

按 [↑] 键上移
按 [↓] 键下移
按 [OK] 键进入下级菜单

图 4–39　读取故障码并读取数据流

（6）戴好绝缘手套。

（7）断开漏电传感器连接器，如图 4–40 所示。

（8）万用表负极搭铁，打开万用表，调至电阻挡，确认万用表负极搭铁良好，如图 4–41 所示。

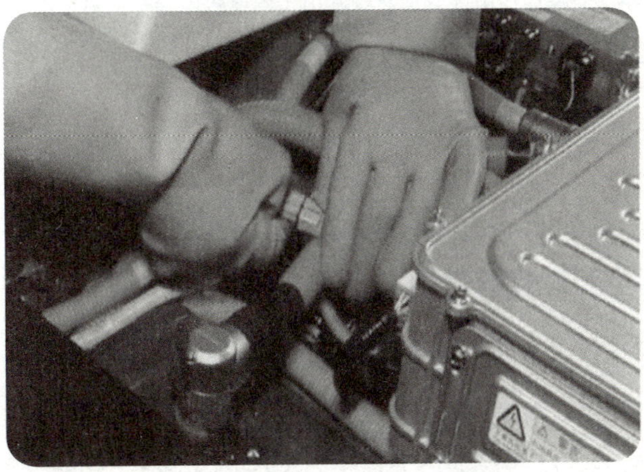

图 4–40　断开漏电传感器连接器

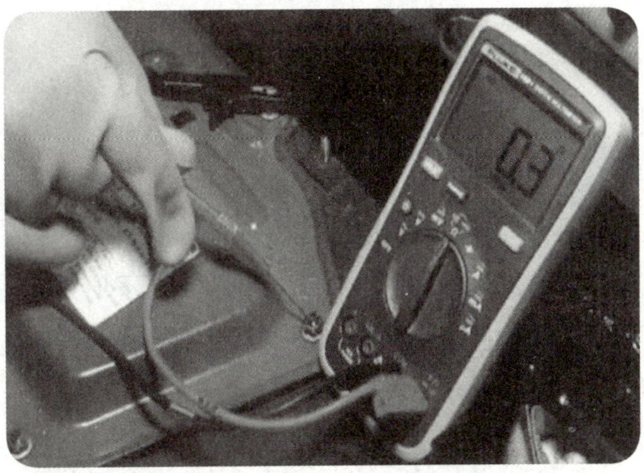

图 4–41　确认万用表负极搭铁良好

（9）万用表调至电压挡，红表笔测量 2 号端子的对地电压，标准电压 9 ～ 16 V，如图 4–42 所示。

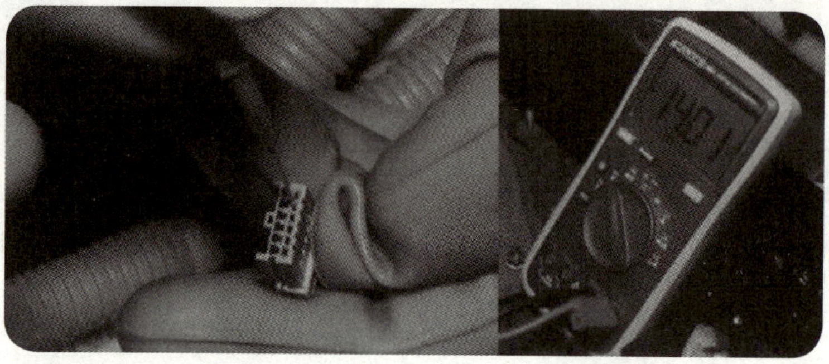

图 4-42　测量 2 号端子的对地电压

注意：测量时应保持车辆电源在 ON 挡。

（10）如果电压正常，高压电池管理器供电正常，则为漏电传感器故障。如果不正常，继续测试高压电池管理器。

（11）万用表负极搭铁，打开万用表，调至电阻挡，再次确认万用表负极搭铁良好，如图 4-43 所示。

（12）万用表调至电压挡，红表笔测量高压电池管理器到漏电传感器供电端子的对地电压，标准电压 9～16 V，如图 4-44 所示。如果在这个范围，则为线束故障，可更换线束；如果不在这个范围，则需要更换高压电池管理器模块总成。

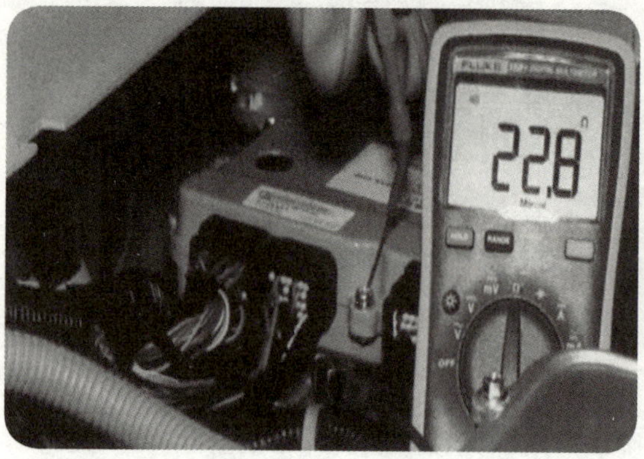

图 4-43　再次确认万用表负极搭铁良好

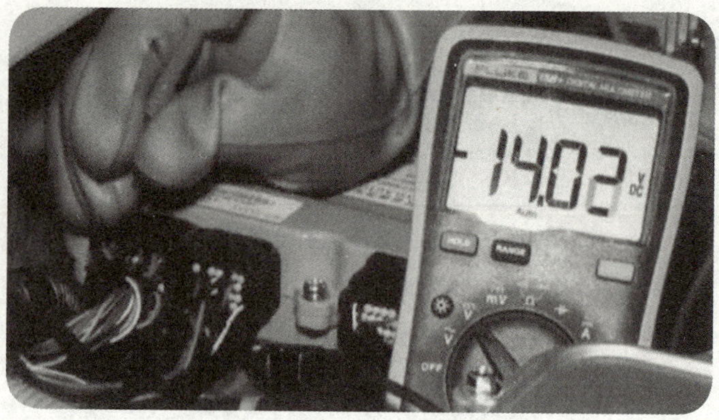

图 4-44　测量高压电池管理器到漏电传感器供电端子的对地电压

课程思政

新能源汽车加速发展（新时代新作为）

3 月 14 日，浙江金华零跑汽车智能工厂一派繁忙。2 月交付量同比增长 447% 后，3 月排产高达 1 万辆。

“目前公司正为中大型纯电轿车零跑 C01 三季度量产交付紧张准备。”零跑汽车创始人朱江明介绍，零跑 C01 是全球首款搭载电池和车身一体化设计电池技术的量产车型，搭载的自动驾驶芯片凌芯 01 具备完全自主知识产权。

吉利旗下芯擎科技推出的首款国产车规级 7 纳米智能座舱芯片于去年 6 月成功流片，目前正在与下游企业合作开展量产前的测试和集成；比亚迪、宁德时代相继推出的刀片电池等技术受市场热捧，今年前两个月，磷酸铁锂电池装车量占总装车量的比重增长至 55.9%……电池、电机、电控等关键技术相继取得突破，智能网联、自动驾驶核心技术和算法奋起直追，为我国新能源汽车产业快速发展打下坚实基础。

党的十八大以来，新能源汽车产业加速发展。2021 年我国新能源汽车全年累计销售 352.1 万辆，同比增长 1.6 倍，连续 7 年位居全球第一。其中，中国品牌新能源乘用车共销售 247.6 万辆，占新能源乘用车总销量的 74.3%。技术能力更强，纯电动乘用车平均续驶里程从 2016 年的 253 公里提高到 2021 年的 400 公里以上。出口实现突破，去年实现新能源汽车出口 31 万辆，同比增长 3 倍，超过历史累计出口总和。

“我国新能源汽车正进入规模化快速发展新阶段。”工业和信息化部副部长辛国斌表示，展望“十四五”，工信部将重点推动电动化与智能网联技术融合发展，进一步提高动力电池安全、低温适应等性能，统筹提升功能安全、数据安全、网络安全等保障能力，全力推动产业发展再上新台阶。

（来源：《人民日报》　2022 年 03 月 21 日第 07 版）

思考练习

一、选择题

1．（　　）是动力系统的核心执行模块

A．驱动电机控制器　　B．驱动电机

C．动力电池　　D．DC-DC

2．驱动电机启动困难或不能启动，可能的原因有（　　）

A．电源电压过低　　B．负载过大　　C．电机绕组故障　　D．电机冷却不良

3．驱动电机运行温度过高，可能的原因有（　　）

A．电机过载　　B．机械卡住　　C．电机绕组故障　　D．电源电压过低

4．电机角度传感器的波形检测需要用到（　　）

A．万用表　　B．解码仪　　C．示波器　　D．电流钳

5．（　　）是动力系统的核心执行模块

A．驱动电机控制器　　B．驱动电机　　C．动力电池　　D．DC-DC

6．驱动电机启动困难或不能启动，可能的原因有（　　）

A．电源电压过低　　B．负载过大　　C．电机绕组故障　　D．电机冷却不良

7．驱动电机运行温度过高，可能的原因有（　　）

A．电机过载　　B．机械卡住　　C．电机绕组故障　　D．电源电压过低

8．电机角度传感器的波形检测需要用到（　　）

A．万用表　　B．解码仪　　C．示波器　　D．电流钳

9．以比亚迪 e6 为例，下面说法错误的是（　　）

A．加速踏板用于为驱动系统提供电机负荷的输入信号，并控制制动能量回收功能

B．制动踏板用于取消驱动电机输出负荷，并实现车辆的制动功能

C．挡位控制器用于控制电机的运转方向和电机的启动与停止

D．以上都不对

10．高电压系统漏电故障分为（　　）种

A．5　　B．4　　C．3　　D．2

二、简答题

1．简述动力电池故障判断基本思路与注意事项。

2．简述驱动电机故障诊断与排除方法。

第五章

混合动力汽车故障诊断与排除

本章导读

本章主要介绍混合动力汽车的故障诊断与排除。根据混合动力汽车常见的故障范围及维修策略，将主要侧重于学习混合动力汽车电池系统故障诊断与排除、混合动力汽车电机及驱动系统故障诊断与排除、混合动力汽车整车动力控制系统故障诊断与排除三方内容。通过对以上三方面内容的学习，学生将了解到混合动力的组成结构与控制原理，掌握混合动力汽车主要系统的基本诊断流程和分析思路，并在此基础上，进一步扩展到混合动力汽车的诊断与排除。

学习目标

1. 熟悉普锐斯混合动力汽车整车动力控制系统故障表现形式。
2. 了解普锐斯动力电池典型数据流内容。
3. 了解混合动力汽车驱动系统故障表现形。
4. 掌握混合动力汽车动力电池故障表现形式。
5. 掌握混合动力汽车驱动系统故障诊断方法。
6. 掌握普锐斯混合动力汽车整车控制系统典型故障诊断方法。

第一节 混合动力汽车电池系统故障诊断与排除

混合动力汽车由于设计有电力和发动机的双重动力结构，因此在故障诊断过程中既要检查发动机的动力系统，又要检查电力驱动系统。常见的故障主要包括因电力系统导致发动机不能驱动，或电力驱动系统失效的故障症状。

以下以丰田普锐斯为例，介绍混合动力汽车动力电池系统故障诊断与排除。

一、混合动力汽车动力电池故障表现形式

动力电池是普锐斯混合动力控制系统的重要组成部分，其内部或控制系统存在故障将导致混合动力系统失效，甚至是车辆暂停行驶。

丰田普锐斯动力电池结构如图 5-1 所示。

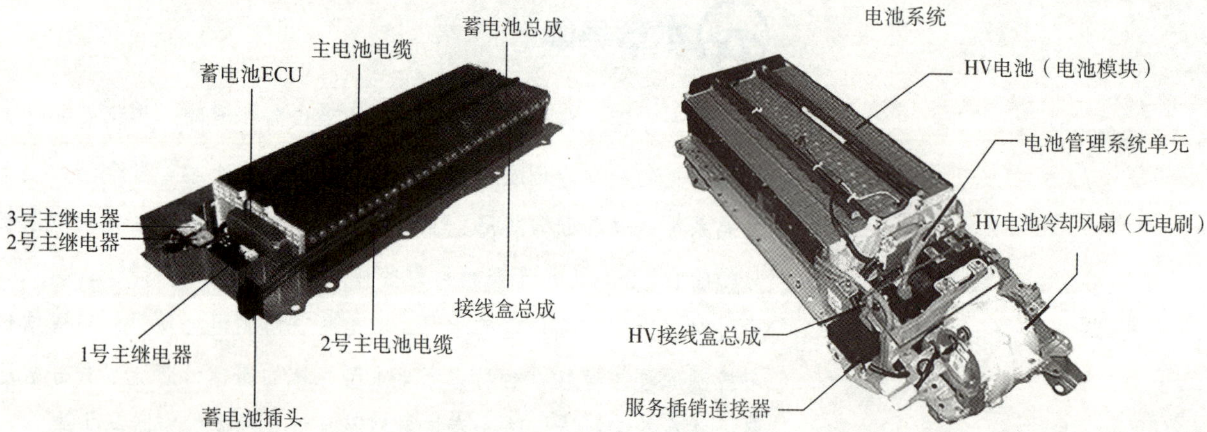

图 5-1 普锐斯动力电池结构

围绕动力电池管理系统存在的故障常见有。

（1）动力电池管理模块本身故障，如供电故障等。

（2）内部电池电压故障，如监测到过高或过低的单个电池电压。

（3）动力电池组总成冷却系统故障。

（4）动力电池组内高压输出电路故障。

动力电池系统故障会导致。

（1）仪表指示灯点亮。如图 5-2 所示，动力电池系统故障会导致仪表以下指示灯点亮。

图 5-2 混合动力汽车仪表故障指示灯

（2）车辆不能启动或功率降低。未启动车辆前，会导致车辆不能正常启动；高速运行的车辆会导

致车辆降低运行功率。

二、混合动力汽车动力电池系统故障码

普锐斯动力电池系统常见故障码见表 5-1。

表 5-1 混合动力汽车动力电池系统常见故障码表

DTC	检测项目	故障可能发生部位	CHK ENG·1	主警告灯·2	警告·3	存储器
PO560（05-667）	系统电压	（1）线束或连接器 （2）HEV 熔断丝 （3）蓄电池 ECU	O	O	HV 系统	O
POAIF（25-670）	蓄电池能量控制模块	蓄电池 ECU	O	O	HV 系统	O
POA7 F（05-671）	混合动力电池损坏	（1）HV 蓄电池总成 （2）蓄电池 ECU	O	O	HV 系统	O
POA80（05-672）	更换混合动力电池组	（1）HV 蓄电池总成 （2）蓄电池 ECU	O	O	HV 系统	O
POA81（05-673）	混合动力电池组冷却风扇 1	（1）后侧风道（鼓风机电机控制器） （2）蓄电池 ECU	×	O	HV 系统	O
POA82（05-675）	混合动力电池组冷却风扇 1	（1）后侧风道 （2）2 号后侧风道 （3）2 号后侧内风道 （4）通风器内风道 （5）蓄电池鼓风机总成 （6）蓄电池 ECU	×	O	HV 系统	O
POA85（05-677）	混合动力电池组冷却风扇 1	（1）线束或连接器 （2）BAT TFAN 熔断丝 （3）1 号蓄电池鼓风机继电器 （4）蓄电池鼓风机总成 （5）后侧风道（鼓风机电机控制器） （6）蓄电池 ECU	×	O	HV 系统	O
POA95（05-686）	高压熔断丝	（1）高电压熔断丝 （2）检修塞卡箍 （3）蓄电池塞 （4）蓄电池 ECU	×	O	HV 系统	O
POA9 B（05-689）	混合动力电池温度传感器电路	（1）HV 蓄电池总成（蓄电池温度传感器）； （2）蓄电池 ECU	O	O	HV 系统	O
POAAC（05-692）	混合动力电池组空气温度传感器“A”电路	（1）HV 蓄电池总成（进气温度传感器）； （2）蓄电池 ECU	O	O	HV 系统	O
P3011（05-694）	蓄电池盒 1 变弱	（1）HV 蓄电池总成； （2）蓄电池 ECU	O	O	HV 系统	O
P3012（05-694）	蓄电池盒 2 变弱	（1）HV 蓄电池总成； （2）蓄电池 ECU	O	O	HV 系统	O

表 5-1（续）

DTC	检测项目	故障可能发生部位	CHK ENG·1	主警告灯·2	警告·3	存储器
P3013（05-694）	蓄电池盒 3 变弱	（1）HV 蓄电池总成； （2）蓄电池 ECU	O	O	HV 系统	O
P3014（05-694）	蓄电池盒 4 变弱	（1）HV 蓄电池总成； （2）蓄电池 ECU	O	O	HV 系统	O
P3015（05-694）	蓄电池盒 5 变弱	（1）HV 蓄电池总成； （2）蓄电池 ECU	O	O	HV 系统	O
P3016（05-694）	蓄电池盒 6 变弱	（1）HV 蓄电池总成； （2）蓄电池 ECU	O	O	HV 系统	O
P3017（05-694）	蓄电池盒 7 变弱	（1）HV 蓄电池总成； （2）蓄电池 ECU	O	O	HV 系统	O
P3018（05-694）	蓄电池盒 8 变弱	（1）HV 蓄电池总成； （2）蓄电池 ECU	O	O	HV 系统	O
P3019（05-694）	蓄电池盒 9 变弱	（1）HV 蓄电池总成； （2）蓄电池 ECU	O	O	HV 系统	O
P3020（05-694）	蓄电池盒 10 变弱	（1）HV 蓄电池总成； （2）蓄电池 ECU	O	O	HV 系统	O
P3021（05-694）	蓄电池盒 11 变弱	（1）HV 蓄电池总成； （2）蓄电池 ECU	O	O	HV 系统	O
P3022（05-694）	蓄电池盒 12 变弱	（1）HV 蓄电池总成； （2）蓄电池 ECU	O	O	HV 系统	O
P3023（05-694）	蓄电池盒 13 变弱	（1）HV 蓄电池总成； （2）蓄电池 ECU	O	O	HV 系统	O
P3024（05-694）	蓄电池盒 14 变弱	（1）HV 蓄电池总成； （2）蓄电池 ECU	O	O	HV 系统	O
P3030（05-694）	蓄电池与 ECU 间断开	（1）继电器盒总成（母线模块）； （2）2 号车架线（母线和线束）； （3）蓄电池 ECU	O	O	HV 系统	O
P3056（05-694）	蓄电池电流传感器电路故障	（1）HV 蓄电池总成（线束或连接器）； （2）蓄电池电流传感器； （3）蓄电池 ECU	O	O	HV 系统	O
UO100（05-704）	与 ECM/PCM “A” 的通信中断	CAN 通信系统	O	O	HV 系统	O
UO293（05-704）	与混合动力车辆控制系统的通信中断	CAN 通信系统	O	O	HV 系统	O

注：·1 中，“O”表示 CHK ENG 点亮，“×”表示 CHK ENG 没有点亮。
·2 中，“O”表示主警告灯点亮，“×”表示主警告灯没有点亮。
·3 中，复式信息显示器的警告。

三、混合动力汽车动力电池典型数据流内容

普锐斯在动力电池模块内，可使用诊断仪读取到数据流。其主要读取到的数据流内容见表 5-2。

表 5-2 混合动力汽车动力电池系统数据流内容

诊断仪显示（缩写词汇）	测量项目 / 范围（显示）	参考范围	诊断注解
MIL 状态 （MIL Status）	CHK ENG 状态 /ON 或 OFF	CHK ENGON：ON	保持 ON：根据检测到的 DTC 修理
故障发生时积累的行驶里程数 （Driving Mileage）	故障发生时，积累的行驶里程数 / 最小：0 km，最大：65.535 km	—	—
蓄电池充电状态 （Battery SOC）	蓄电池充电状态 / 最小：0%，最大：100%	始终：0 ~ 100%	—
SOC 盒 （Delta SOC）	在 SOC 最大和最小间的差异 / 最小：0%，最大：100%	READY 灯点亮，发动机停止，没有电负荷：0 ~ 60%	—
蓄电池组电流值 （IB Battery）	蓄电池组的电流值 / 最小：-327.68 A，最大：327.67 A	（1）发动机停机后立即满载加速：最大 140 A（车内温度）； （2）P 挡发动机自动启动，然后换到 N 挡位 1 s 后，发动机停止，前照灯点亮，空调风扇高速运转，READY 灯点亮：最大 30 A	—
吸入空气温度 （Batt Inside Air）	吸入蓄电池组的室外空气温度 / 最小：-327.63 ℃，最大：327.67 ℃	一天不受干扰：与室外空气温度相同	—
VMF 风扇电机电压 （VMF Fan Voltage）	蓄电池鼓风机电机监控电压 / 最低：-25.6 V，最高：25.4 V	在 P 挡位，READY 灯点亮，风扇在模式：8.5 ~ 11.5 V	—
辅助蓄电池电压 （Aux. Batt V）	备用蓄电池电压 / 最低：-25.6 V，最高：25.4 V	与备用蓄电池电压相等	—
充电控制数值 （WIN）	从蓄电池 ECU 输送到 HV 控制 ECU 的充电控制的功率 / 最小：-64 kW，最大：0 kW	-25 kW 或更大	—
放电控制数值 （WOUT）	从蓄电池 ECU 输送到 HV 控制 ECU 的放电控制的功率 / 最小：0 kW，最大：63.5 kW	21 kW 或更小	—
冷却风扇模式 （Cooling Fan Spd）	蓄电池鼓风机电机转动模式 / 最小：0，最大：4	停止： 0 从低速向高速转动：1.6	—
ECU 控制模式 （ECU Ctrl Mode）	ECU 控制模式 / 最小：0，最大：4		—
备用鼓风机请求 （SBLW Rqst）	蓄电池鼓风机电机停止控制请求（备用鼓风机）	ON/OFF	—
蓄电池温度 TB1-TB3 （Batt Temp 1 to3）	HV 蓄电池温度 / 最小：-327.68 ℃，最大：327.67 ℃	一天不受干扰：与室外空气温度相同	—

表 5-2（续）

诊断仪显示（缩写词汇）	测量项目 / 范围（显示）	参考范围	诊断注解
蓄电池盒号 （Num Of Batt）	蓄电池盒号 / 最小：0，最大：255	始终：14	—
蓄电池最小电压 （Bat Block MaxV）	蓄电池最小电压 / 最低：-327.68 V，最高：327.67 V	SOC 50% ～ 60%：12 V 或更高	—
最小蓄电池盒号 （Mim Bat Block#）	最小电压的蓄电池盒号	从 0 ～ 13 中的一个数	—
蓄电池盒最大电压 （Bat Block MaxV）	蓄电池盒最大电压 / 最低：-327.68 V，最高：327.67 V	SOC 50% ～ 60%：12 V 或更低	—
最大蓄电池盒号 （Max Bat Block #）	最大电压的蓄电池盒号	从 0 ～ 13 中的一个数	—
蓄电池盒电压 V01-V14 （V1 to V14 Batt Block）	蓄电池盒电压 / 最低：-327.68 V，最高：327.67 V	SOC 60%：12 ～ 20 V	—
内阻 R01-R14 （IR01 to 14）	各个蓄电池盒的内阻 / 最小：0 Ω，最大 0.255 Ω	始终：0.01 ～ 0.1 Ω	—
依照规则 （Regulation）	依照规则	Euro-OBD	—
排放 DTC 号 （#Codes）	相关动力转动 DTC 排放号 / 最小：0，最大：127	—	—
存储 DTC 号 （DTC）	存储 DTC 号 / 最小：0，最大：255	—	—

四、动力电池系统典型故障案例诊断步骤

（一）模块供电熔断异常的故障

1. 故障现状

动力电池 ECU（也称电池管理模块，或蓄电池 ECU）不通信，HV 警告灯点亮，且车辆不能正常启动。

2. 故障原因分析

12 V 蓄电池电源恒定地向动力电池 ECU 的 AM 端子供电，以此达到维持储存器内的 DTC 和定格数据。即使电源开关断开的时候，该电压可以作为一个备用电压。其控制电路图如图 5-3 所示。

3. 诊断关键步骤及参数

（1）检查 20 A 熔断丝。从发动机舱继电器盒上拆下 HEV 熔断丝，检查 HEV 熔断丝电阻。标准值小于 1 Ω，如图 5-4 所示。

（2）如果熔断丝正常，检查动力电池 -12 V 蓄电池之间的连接情况，如图 5-5 所示。

①断开 12 V 蓄电池负极端子。

②从发动机舱熔断丝盒上拆下 HEV 熔断丝。

③断开 B11 电池管理模块连接器（图 5-5），检查线束侧连接器的电阻。

标准（开路检查）见表 5-3。

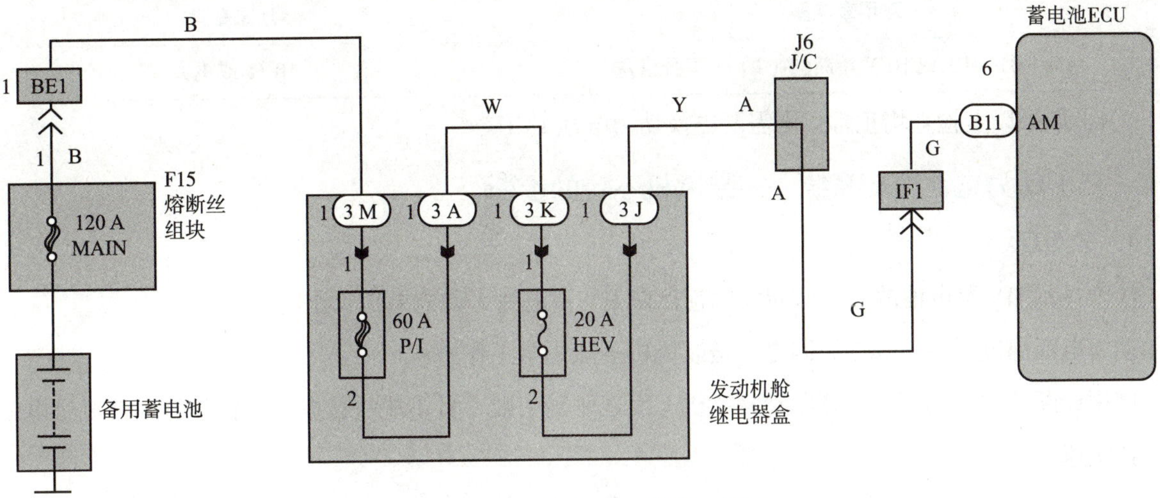

图 5-3　动力电池 ECU 控制电路图

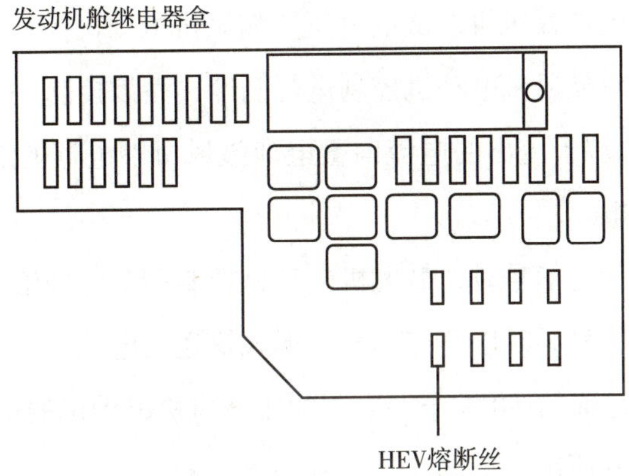

图 5-4　发动机舱继电器盒 HEV 熔断丝位置

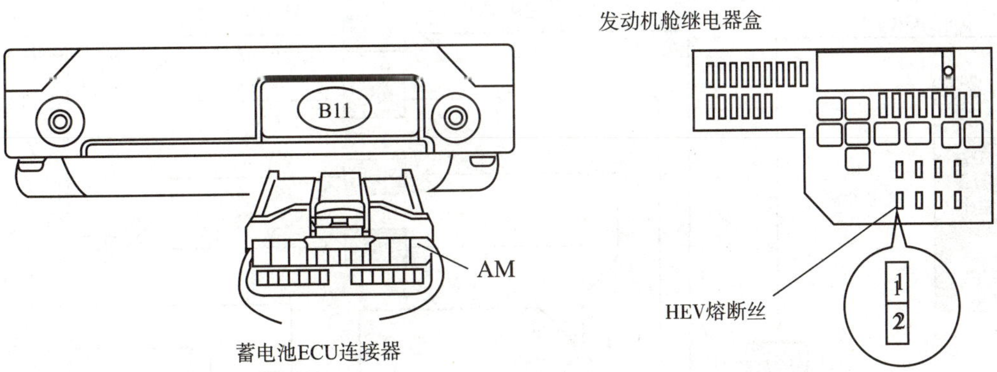

图 5-5　电池管理模块连接器

表 5-3　开路检查表

万用表（测试仪）连接	规定条件	万用表（测试仪）连接	规定条件
AM（B11－1）—HEV 熔断丝（2）	<1 Ω	HEV 熔断丝（1）—正极备用蓄电池端子	<1 Ω

（3）如果以上正常，检查动力电池 ECU-HEV 熔断丝连接器与线束。

①从发动机舱继电器盒拆卸 HEV 熔断丝。

②检查线束侧连接器与车身搭铁间电阻。

标准（短路检查）见表 5-4。

表 5-4　短路检查表

万用表连接	规定条件
AM（B11-1）或 HEV 熔断丝（2）—车身搭铁	10 Ω 或更大

（4）如果以上检查均正常，则需要更换动力电池 ECU。

（二）动力电池冷却系统——鼓风机不转的诊断

1. 故障现状

仪表显示 HV 蓄电池故障，诊断仪检查存在 HV 蓄电池（动力电池）温度高。

动力电池温度过高的其中原因之一是鼓风机不能正常工作。

使用诊断仪的主动测试功能驱动鼓风机，发现驱动失败，且不能从数据流中正常看到鼓风机电动机的旋转转速。

2. 故障原因分析

鼓风机电动机控制调节蓄电池鼓风机总成的电压。鼓风机电动机控制有由铝制成的散热片。从后侧风道流入动力电池总成的空气对鼓风机电动机控制进行制冷，而该控制是装在后侧风道里。

从电池管理模块的 FCTL1 端子流出的电流向蓄电池鼓风机继电器的继电器线圈。当继电器触电闭合时，则向电池鼓风机总成供电。

当电池管理模块输出风扇运行信号时，鼓风机电动机控制调节施加给蓄电池鼓风机总成的电压，以便获得需要的风扇转速。调节信号同时以监控信号的形式输送给电池管理模块的 VM 端子。鼓风机电动机控制通过监控蓄电池鼓风机总成的 +B 端子的电压纠正鼓风机电动机的电压。

鼓风机控制电路图如图 5-6 所示。

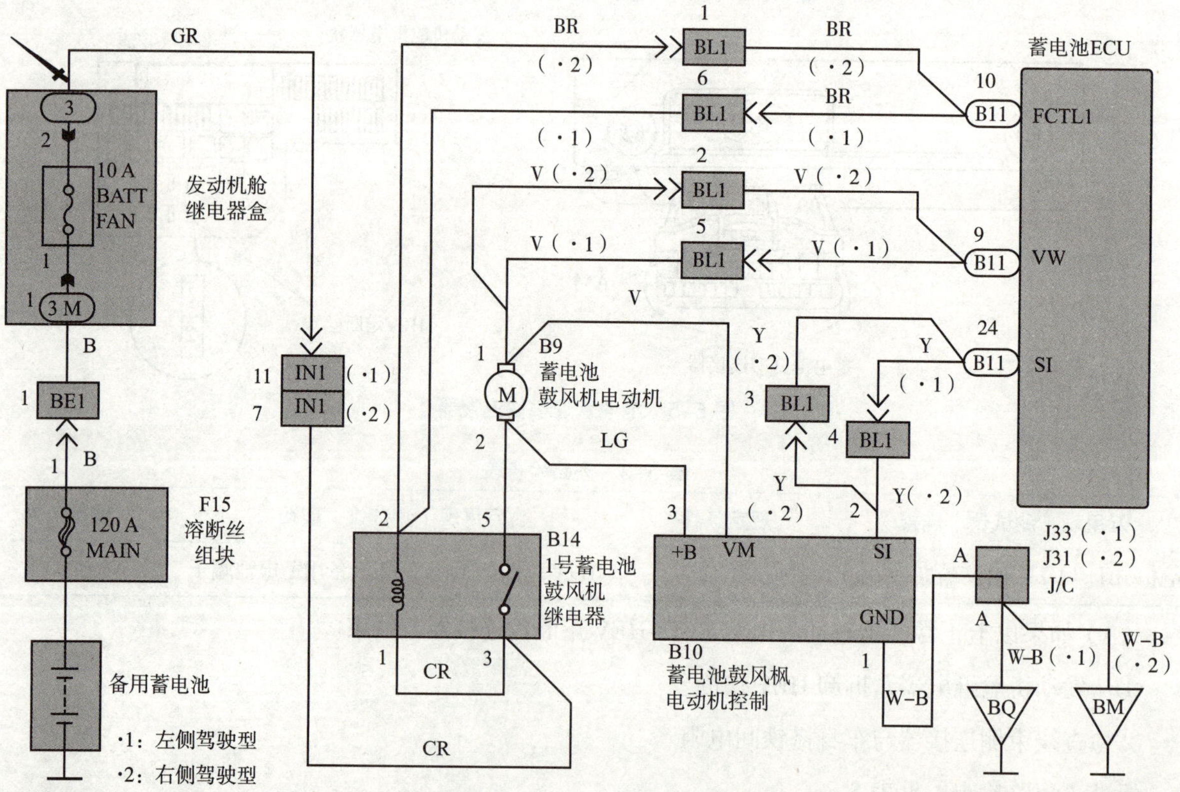

图 5-6　鼓风机控制电路图

3. 诊断关键步骤及参数

（1）检查 10 A 风扇熔断丝。

①从发动机舱熔断丝盒（图 5-7）上拆下风扇熔断丝。

②检查风扇熔断丝电阻。标准值小于 1 Ω。

（2）检查鼓风机继电器。拆下蓄电池鼓风机继电器（图 5-8）。

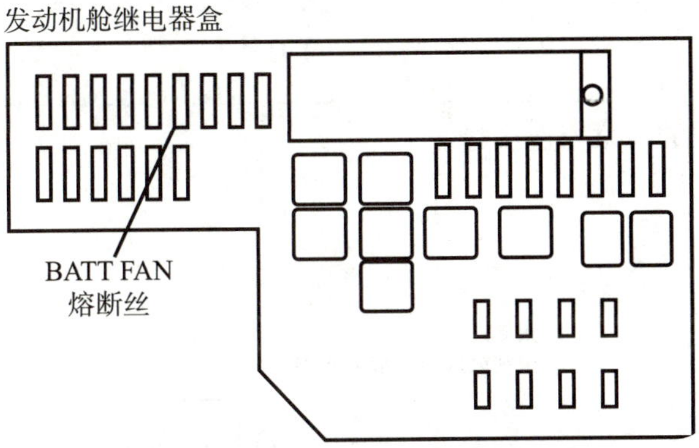

图 5-7　发动机舱熔断丝盒风扇熔断丝位置

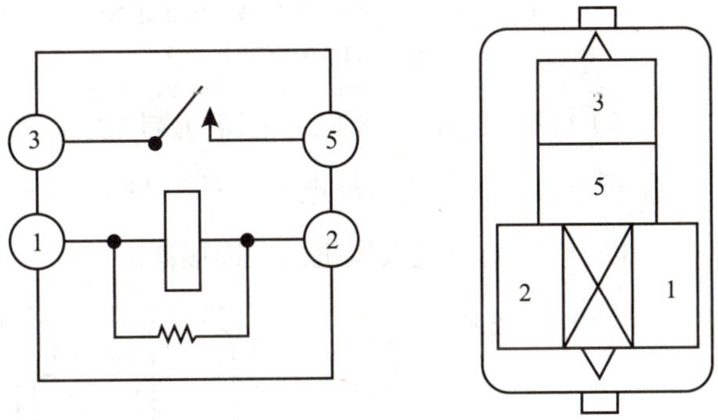

图 5-8　蓄电池鼓风机继电器端子

检查继电器端子间的电阻，见表 5-5。

表 5-5　继电器端子检查表

万用表连接	规定条件
3—5	10 kΩ 或更大
3—5	<1 Ω（在端子 1 和 2 之间加蓄电池电压）

（3）检查鼓风机总成。

①断开 B9 蓄电池鼓风机总成连接器（图 5-9）。

②连接蓄电池正极端子至蓄电池鼓风机总成连接器端子 2，负极蓄电池端子至连接器端子 1。

③施加电压时，检查鼓风机风扇运转情况。

正常值：鼓风机正常运转。

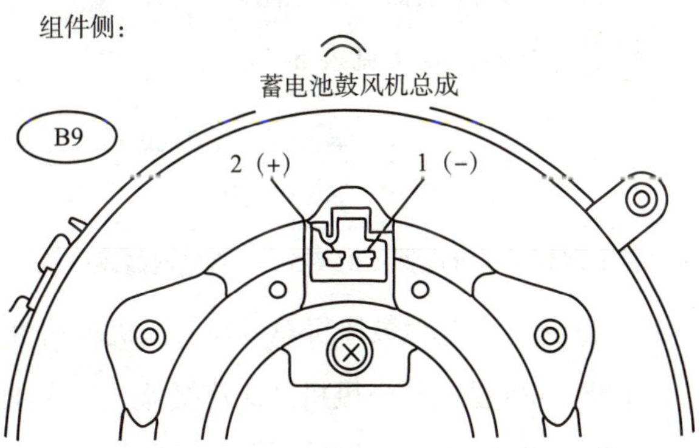

图 5-9　蓄电池鼓风机总成连接器

（4）检查鼓风机继电器 - 风扇熔断丝线束与连接器（图 5-10）。

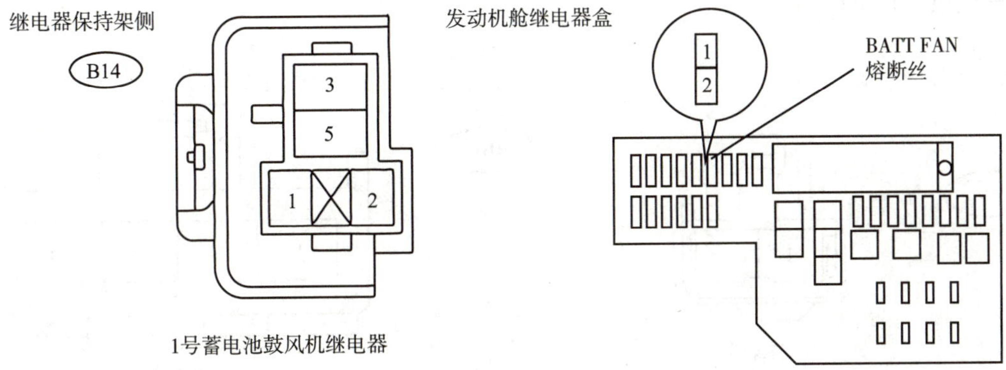

图 5-10　蓄电池鼓风机风扇熔断丝线束与连接器图

①从发动机舱拆下风扇熔断丝，拆下 B14 蓄电池鼓风机继电器。

②检查线束侧连接器间的电阻。

标准（开路检查）见表 5-6。

表 5-6　蓄电池鼓风机风扇熔断丝线束开路检查表

万用表连接	规定条件
1 号蓄电池鼓风机继电器（B14-1 和 3）—BAT TFAN 熔断丝（2）	<1 Ω

（5）检查蓄电池鼓风机继电器与鼓风机总成之间的线束与连接器。

①拆下蓄电池鼓风机继电器（图 5-11）。

②断开 B9 蓄电池鼓风机总成连接器。

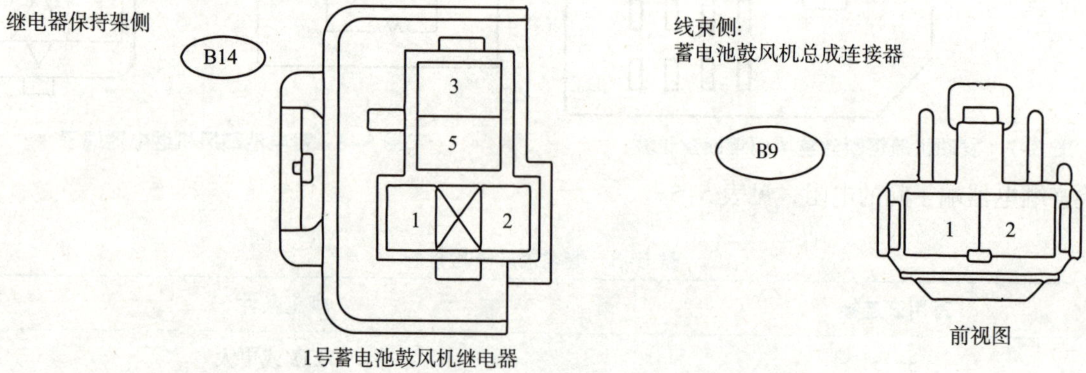

图 5-11　1 号蓄电池鼓风机继电器连接器图

③检查线束连接器间的电阻。

标准（开路检查）见表 5-7。

表 5-7　蓄电池鼓风机继电器与鼓风机总成之间的线束检查表

测试仪连接	规定条件
1 号蓄电池鼓风机继电器（B14-5）—蓄电池鼓风机总成（B9-2）	<1 Ω

（6）检查蓄电池鼓风机总成与鼓风机电动机控制之间的线束与连接器。

①断开 B9 蓄电池鼓风机总成连接器（图 5-12）。

②拆下 B10 蓄电池鼓风机电动机控制连接器。

③检查线束连接器间的电阻。

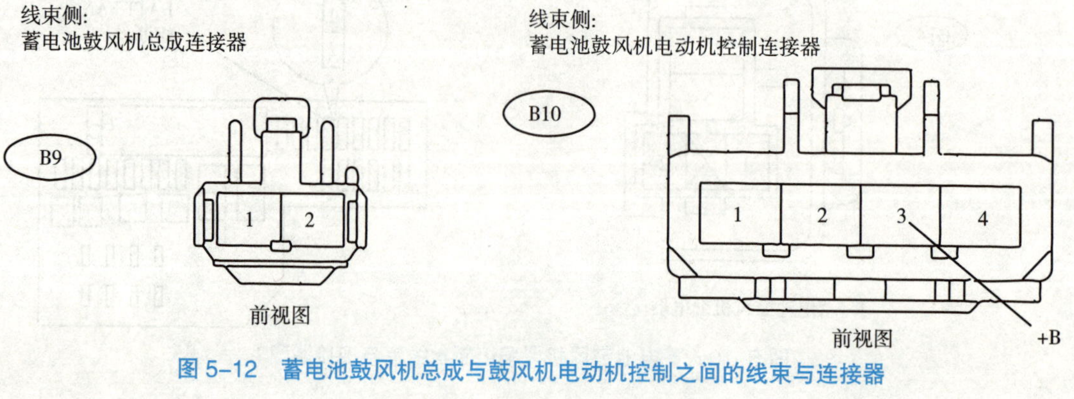

图 5-12　蓄电池鼓风机总成与鼓风机电动机控制之间的线束与连接器

标准（开路检查）见表 5-8。

表 5-8　蓄电池鼓风机总成与鼓风机电动机控制之间的线束检查表

万用表连接	规定条件
蓄电池鼓风机总成（B9-2）—+B（B10-3）	<1 Ω

（7）检查蓄电池鼓风机总成与电池管理模块之间的线束与连接器。

①断开 B9 蓄电池鼓风机总成连接器（图 5-13）。

②拆下 B11 电池管理模块连接器。

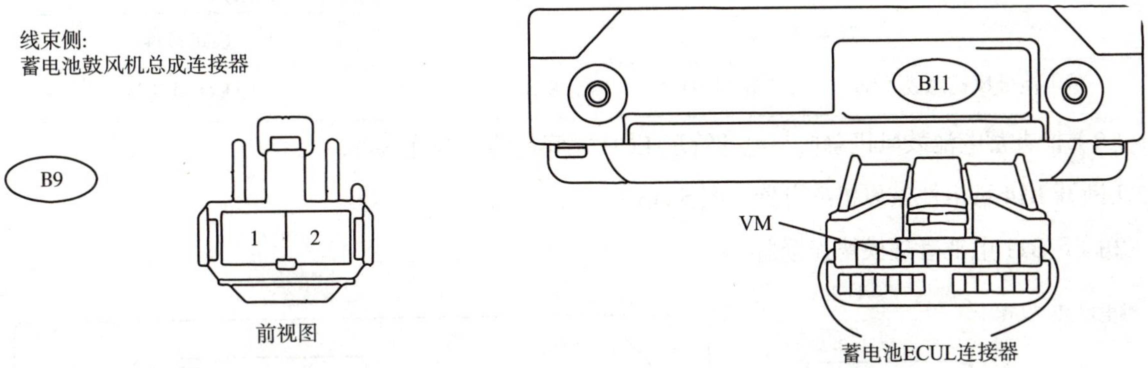

图 5-13　蓄电池鼓风机总成与电池管理模块之间的线束与连接器

③检查线束连接器间的电阻。

标准（开路检查）见表 5-9。

表 5-9　蓄电池鼓风机总成与电池管理模块之间的线束与连接器开路检查

万用表连接	规定条件
蓄电池鼓风机总成（B9-1）—VM（B11-9）	<1 Ω

标准（短路检查）见表 5-10。

表 5-10　蓄电池鼓风机总成与电池管理模块之间的线束与连接器短路检查

万用表连接	规定条件
蓄电池鼓风机总成（B9-1）或 VM（B11-9） —车身搭铁	10 kΩ 或更大

（8）检查蓄电池鼓风机总成与鼓风机电动机控制之间的线束与连接器。

①断开 B9 蓄电池鼓风机总成连接器（图 5-14）。

②拆下 B10 蓄电池鼓风机电动机控制连接器。

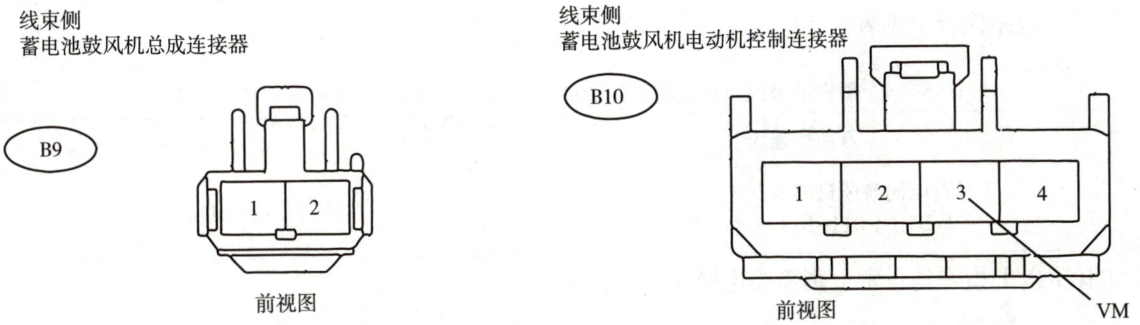

图 5-14　蓄电池鼓风机总成与鼓风机电动机控制之间的线束与连接器

③检查线束连接器间的电阻。

标准（开路检查）见表 5-11。

表 5-11　蓄电池鼓风机总成与鼓风机电动机控制之间的线束与连接器开路检查

万用表连接	规定条件
蓄电池鼓风机总成（B9-1）—VM（B10-4）	<1 Ω

标准（短路检查）见表 5-12。

表 5-12　蓄电池鼓风机总成与鼓风机电动机控制之间的线束与连接器短路检查

万用表连接	规定条件
蓄电池鼓风机总成（B9-1）或 VM（B10-4）—车身搭铁	10 kΩ 或更大

（9）检查蓄电池鼓风机总成与电池管理 ECU 之间的线束与连接器。

①断开 B14 蓄电池鼓风机继电器（图 5-15）。

②拆下 B11 电池管理模块连接器。

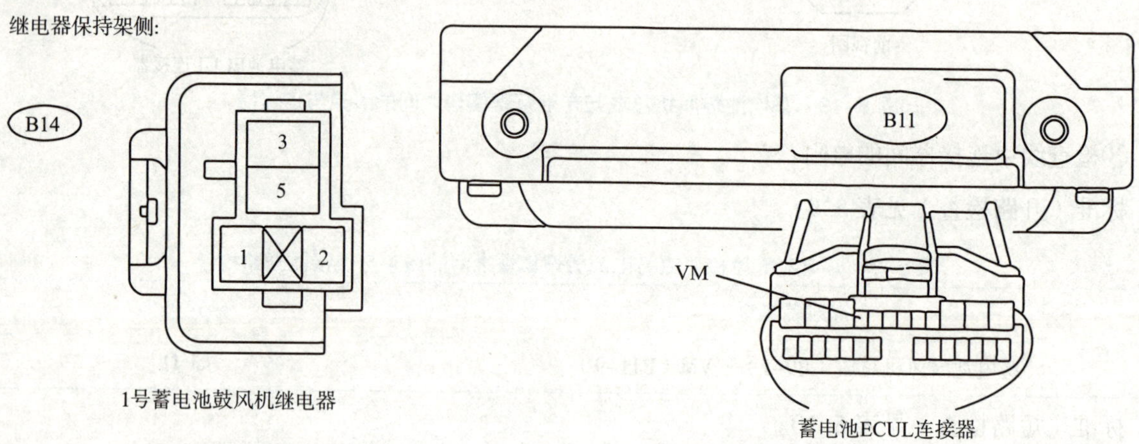

图 5-15　蓄电池鼓风机总成与电池管理 ECU 之间的线束与连接器

③检查线束连接器间的电阻。

标准（开路检查）见表 5-13。

表 5-13　蓄电池鼓风机总成与电池管理 ECU 之间的线束与连接器开路检查表

万用表连接	规定条件
1 号蓄电池鼓风机继电器（B14-2）—FCTL1（B11-10）	<1 Ω

标准（短路检查）见表 5-14。

表 5-14　蓄电池鼓风机总成与电池管理 ECU 之间的线束与连接器短路检查表

万用表连接	规定条件
1 号蓄电池鼓风机继电器（B14-2）或 FCTL1（B11-10）—车身搭铁	10 kΩ 或更大

（10）以上检查均正常，则需要更换动力电池 ECU。

第二节 混合动力汽车电机及驱动系统故障诊断与排除

以下以丰田普锐斯为例，介绍混合动力汽车电机及驱动系统故障诊断与排除。

一、混合动力汽车电机及驱动系统故障表现形式

混合动力驱动系统故障将导致车辆不能正常行驶，其常见的故障包括。

（1）变频器本身故障。

（2）变频器温度故障或控制电机温度过高。

（3）控制电机解角传感器故障等。

驱动系统故障会导致。

（1）仪表指示灯点亮。如图 5-16 所示，驱动系统故障会导致仪表以下指示灯点亮。

图 5-16 混合动力汽车仪表动力系统故障指示灯

（2）车辆功率降低或暂停动力输出。混合动力汽车驱动系统故障会导致车辆降低运行功率或暂停动力输出。

二、混合动力汽车电机及驱动系统故障码和数据流内容

驱动系统的数据流主要在 HV ECU 内，可使用诊断仪读取到关于驱动系统的故障码和数据流。

混合动力汽车驱动系统故障码请参照仪器故障码显示的内容。表 5-15 是其主要读取到的数据流内容。

表 5-15 混合动力汽车的数据流内容

诊断仪显示（缩写词汇）	测量项目 / 范围（显示）	参考范围	诊断注解
MIL 发动机运行时间（MIL On Eng Time）	启动发动机后待时和 CHK ENG 开 / 最小：0 min， 最大：65.535 min	—	—
MIL 状态（MIL Stacus）	CHK ENG 状态 / 开或关	CHK ENG 开：开	恒定开：依据检测到的 DTC 修理
电机（MG2）转速（MG 2 Rev）	MG2 转速 / 最小：-16.383 r/min， 最大：16.383 r/min	—	—

表 5-15（续 1）

诊断仪显示（缩写词汇）	测量项目 / 范围（显示）	参考范围	诊断注解
电机（MG2） 转矩（MG2 Torq）	MG2 转矩 / 最小：-500 N・m， 最大：500 N・m	—	—
G（MG1）转矩执行数值（MG1 Trq Exc Val）	MG1 转矩执行数值 / 最小：-512 N・m， 最大：508 N・m	发动机自动启动且 REDAY 灯开 1 s 后，发动机停止，空调风扇高速转，前照灯开，P 挡：低于 MG1 TORQ 的 ±20%	—
再生制动转矩 （Regen RqstTorq）	再生制动执行转矩 / 最小：0 N・m， 最大：186 N・m	—	
请求再生制动转矩 （Regen RqstTorq）	再生制动要求转矩 / 最小：0 N・m， 最大：186 N・m	车 速：30 km/h（19 mph），主缸液压 -200 N・m：随制动踏板压力变化	—
变频器温度（MG1） （MG1 Invert Temp）	MG1 变频器温度 / 最小 -50 ℃， 最大：205 ℃	（1）于 25 ℃（77° F）搁置一天：25 ℃（77° F）； （2）街道行驶：25 ~ 80 ℃（77 — 176° F）	如果数值是 -50 ℃（-58° F）：传感器电路 +B 短路如果数值是 205 ℃（401° F）：传感器电路开路或 GND 短路
变频器温度（MG2） （MG2 Invert Temp）	MG2 变频器温度 / 最小 -50 ℃， 最大：205 ℃	（1）于 25 ℃（77° F）搁置一天：25 ℃（77° F）； （2）街道行驶：25 ~ 80 ℃（77 ~ 176° F）	如果数值是 -50 ℃（-58° F）：传感器电路 +B 短路；如果数值是 205 ℃（401° F）：传感器电路开路或 GND 短路
2 号电机温度 （Motor2 Temp）	交速驱动桥油温度 / 最小 -50 ℃，最大：205 ℃	（1）于 25 ℃（77° F）搁置一天：25 ℃（77° F）； （2）街道行驶：25 ~ 80 ℃（77 ~ 176° F）	如果数值是 -50 ℃（-58° F）：传感器电路 +B 短路；如果数值是 205 ℃（401° F）：传感器电路开路或 GND 短路
1 号电机温度 （Motor1 Temp）	MC2 电机温度 / 最小 -50 ℃，最大：205 ℃	（1）于 25 ℃（77° F）搁置一天：25 ℃（77° F）； （2）街道行驶：25 ~ 80 ℃（77 ~ 176° F）	如果数值是 -50 ℃（-58° F）：传感器电路 +B 短路；如果数值是 205 ℃（401° F）：传感器电路开路或 GND 短路
转换器温度 （Convener Temp）	增压转换器温度 / 最小 -50 ℃，最大：205 ℃	（1）于 25 C（77° F）搁置一天：25 ℃（77° F）； （2）街道行驶：25 ~ 80 ℃（77 ~ 176° F）	如果数值是 -50 ℃（-58° F）：传感器电路 +B 短路；如果数值是 205 ℃（401° F）：GND 传感器电路开路短路
加速踏板程度 （Acclerator）	加速踏板踩下角度 / 最小：0%，最大：100%	加速踏板踩下：随加速踏板压力改变	—
要求动力 （Power Rqst）	发动机功率输出要求值 / 最小 0 W， 最大：320000 W	—	—
目标发动机转速 （Target EngSpd）	目标发动机转速 / 最小：0 r/min， 最大：8000 r/min	—	—
发动机转速 （Engine Spd）	目标发动机转速 / 最小：0 r/min， 最大：8000 r/min	怠速：950 ~ 1050 r/min	

表 5-15（续 2）

诊断仪显示（缩写词汇）	测量项目 / 范围（显示）	参考范围	诊断注解
车速（Vehicle Spd）	车速 / 最小：–256 km/h， 最大：254 km/h	以 40 km/h（25 mph）的速度行驶，40 km/h（25 mph）	—
主缸转矩 （Meyl Ctrl Power）	制动转矩相当于主缸液压 / 最小：–512 N · m， 最大：508 N · m	加速踏板踩下：随加速踏板压力改变	—
充电状态（SOC）	蓄电池充电状态 / 最小：0%，最大：100%	恒定：0% ~ 100%	—
WOUT 控制器电源 （WOUT Ctrl Power）	放电控制电源值 / 最小 0 W，最大：81600 W	21 000 W 或更小	—
WIN 控制器电源 （WIN Ctrl Power）	充电控制电源值 / 最小 –40800 W，最大：0 W	–25 000 W 或更大	
请求放电至 SOC （Deh-gRqst SOC）	请求放电调整 SOC/ 最小：–20480 W， 最大：20320 W	（1）统一车上充电: –4400 W; （2）一般 0 W	—
电源 VB （PWr Resource VB）	蓄电池电压 / 最低：0 V，最高 510 A	REDAY 灯打开和 P 挡：150 ~ 300 V	—
电源 I B （PWr Resource IB）	蓄电池电流 / 最小：–256 V，最大 254 A	—	—
VL 电压上升前（VL）	增压前的高压 / 最低 0 V，最高：510 V	电源开关开（REDAY）：实际上和 HV 蓄电池电压一致	如果数值是 0 V: 传感器电路开路或 GND 短路；如果数值是 510 V：传感器电路 +B 短路
VH 电压上升后（VH）	增压后的高压 / 最低 0 V，最高：765 V	P 挡发动机加快转速：HV 蓄电池电压至 500 V	如果数值是 0 V: 传感器电路开路或 GND 短路；如果数值是 765 V: 传感器电路 +B 短路
压力上升比 （Rais Pres Ratio）	增压比 / 最小：0%，最大：100%	增压前电压和增压后电压一致：0% ~ 10%	—
行驶条件 ID （Drive Conditon）	行驶条件 ID/ 最小：0，最大：6	（1）发动机停止：0; （2）发动机将要停止：1; （3）发动机将要启动：2; （4）发动机工作：3; （5）装载运行：4; （6）P 挡加快转速：6	—

三、混合动力汽车电机及驱动系统典型故障诊断方法

（一）驱动电机温度传感器异常的故障

1. 故障现状

仪表提示驱动电机温度过高，系统功率降低。

2. 故障原因分析

变频器模块会通过电机内的温度传感器和供给的电流计算电机的温度，当温度异常时，系统将降低电机的输出功率，让电机尽快冷却。

采集电机温度的传感器是热敏电阻传感器。热敏电阻的阻值和电机温度传感器相关，它根据电机温度的变化而变化。电机温度越低，热敏电阻的阻值越大。相反，电机温度越高，热敏电阻的阻值越小。电机温度传感器与 HV 控制 ECU 连接。由 HV 控制 ECU 的 MMT 端子提供的 5 V 的电源电压经过电阻 R 到达电机温度传感器。

为了防止电机过热，HV 控制 ECU 根据这种信号限制负载。另外，HV 控制 ECU 检查电机温度传感器是否出现线路故障和传感器故障。

以发电电机温度传感器为例，其相关电路图及连接端子如图 5-17 所示。

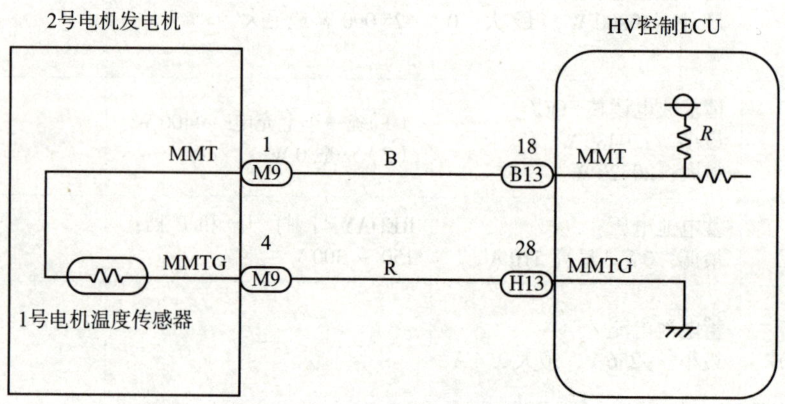

图 5-17　电机温度传感器电路图

3. 诊断关键步骤及参数

（1）使用诊断仪读取电机温度传感器数据。

进入专用诊断仪的下列菜单：powertrain/HybirdContro/Data list。

读取专用诊断仪上显示的 MG1 发电电机温度值，见表 5-16。

表 5-16　MG1 发电电机温度值显示

温度显示	温度显示	温度显示
-50 ℃（-58° F）	205 ℃（401° F）	-49~204℃（-57~400° F）

提示：

如果电路开路或 +B 短路，则专用诊断仪显示的数据是 -50℃（-58℃）。

如果电路 GND 短路，则专用诊断仪显示的数据是 205℃（401℃）。

②显示的温度不在正常范围（-49 ～ 204℃），需要检查温度传感器与模块之间的连接线路以及温度传感器本身技术状态。详细检查方法与步骤，请参考热敏电阻类传感器的诊断方法。

（二）电机解角传感器异常的故障

1. 故障现状

仪表显示驱动系统故障，车辆不能正常驱动（MG2 解角器故障）；或发动机不能被正常启动（MG1 解角器故障）。

2. 故障原因分析

如图 5-18 所示，电机解角传感器是一种检测转子磁极位置的传感器，它对保证 MG1 和 MG2 的高效控制是必需的。解角传感器的定子包括一个励磁线圈和两个检测线圈。因为转子是椭圆形状的，定子和转子间的间隙随着转子转动而变化。预定频率的交流电流过励磁线圈和检测线圈 S 和 C 并且根据传感器转子的位置输出交流电。

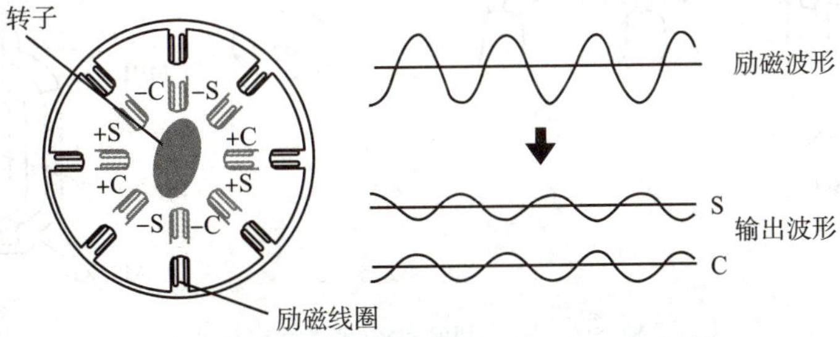

图 5-18　电机解角传感器原理图

HV ECU 根据检测线圈 S 和 C 的相位及它们的波形高度来检测转子的绝对位置。此外，为了把解角传感器用做一个速度传感器，CPU 计算出在一段预定的时间内位置的变化次数。

以 MG2 电机解角器控制电路为例，其控制电路图如图 5-19 所示。

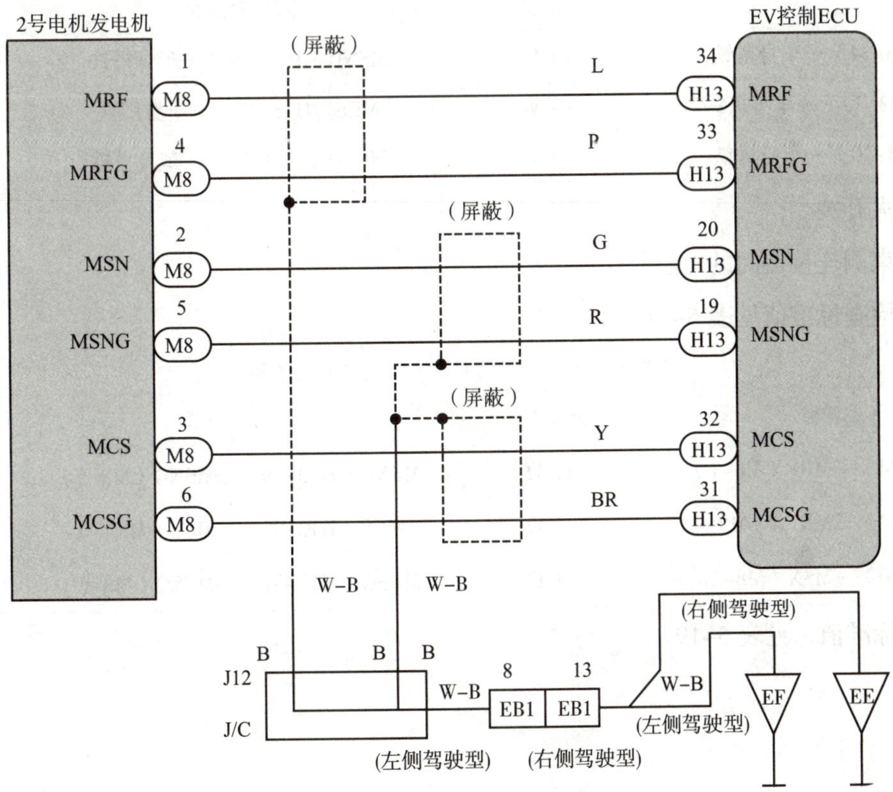

图 5-19　电机解角传感器电路图

3. 诊断关键步骤及参数

（1）使用诊断仪读取相关故障码。

（2）使用诊断仪读取对应故障码所指电机的数据流。

标准值：数据流应该显示出电机的转动角度。

（3）检查线束与连接器（控制 ECU- 传感器电路），如图 5-20 所示。

①断开 H13 HV ECU 连接器和解角传感器连接器。

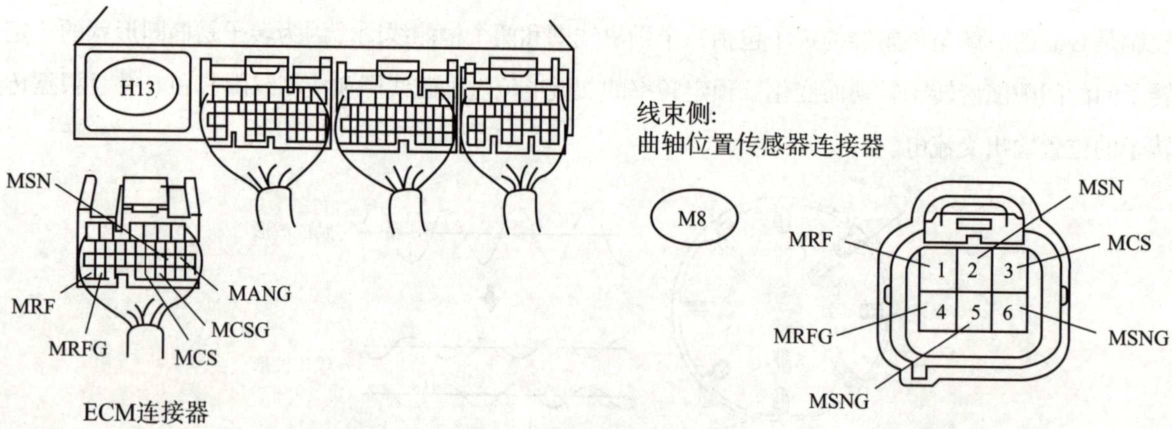

图 5-20　ECU- 电机解角传感器线束与连接器

②打开点火开关。

③测量 HV ECU 连接器端子与车身搭铁间的电压，标准值见表 5-17。

表 5-17　HV ECU 连接器端子与车身搭铁间的电压

万用表连接	标准值	万用表连接	标准值
MRF（H13-34）—车身搭铁	<1 V	MSNG（H13-19）—车身搭铁	<1 V
MRFG（H13-33）—车身搭铁	<1 V	MCS（H13-32）—车身搭铁	<IV
MSN（H13-20）—车身搭铁	<1 V	MCSG（H13-31）—车身搭铁	<1 V

④关闭点火开关。

⑤检查线束侧连接器间的电阻。

线路开路检查标准值见表 5-18。

表 5-18　HV ECU 连接器线束开路检查

万用表连接	标准值	万用表连接	标准值
MRF（H13-34）—MRF（M8-1）	<1 Ω	MSNG（H13-19）—MSNG（M8-5）	<1 Ω
MRFG（H13-33）—MRFG（M8-4）	<1 Ω	MCS（H13-32）—MCS（M8-3）	<1 Ω
MSN（H13-20）—MSN（M8-2）	<1 Ω	MCSG（H13-31）—MCSG（M8-6）	<1 Ω

短路检查标准值，见表 5-19。

表 5-19　HV ECU 连接器线束短路检查

万用表连接	标准值
MRF（H13-34）—MRF（M8-1）—车身搭铁	10 kΩ 或更大
MRFG（H13-33）—MRFG（M8-4）—车身搭铁	10 kΩ 或更大
MSN（H13-20）—MSN（M8-2）—车身搭铁	10 kΩ 或更大
MSNG（H13-19）—MSNC（M8-5）—车身搭铁	10 kΩ 或更大
MCS（H13-32）—MCS（M8-3）—车身搭铁	10 kΩ 或更大
MCSG（H13-31）—MCSG（M8-6）—车身搭铁	10 kΩ 或更大

（4）检查电机解角传感器本身电阻。图 5-21 是电机解角传感器端子图。

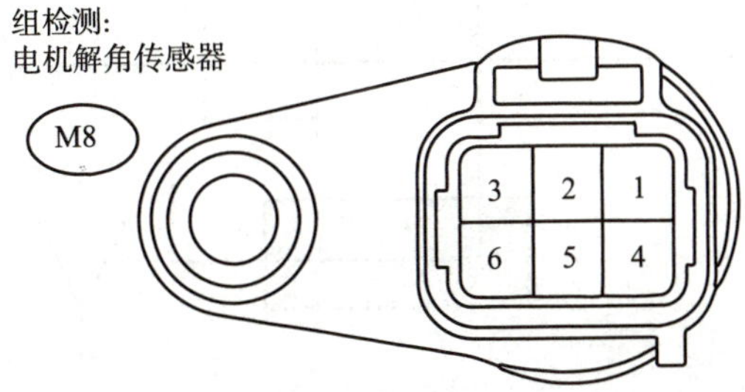

图 5-21　电机解角传感器电路图

①测量电机解角传感器端子间的电阻，标准值见表 5-20。

表 5-20　电机解角传感器端子间的电阻

万用表连接	标准值	万用表连接	标准值
MRF（M8-1）—MRFG（M8-4）	7.65 ～ 10．2 Ω	MCS（M8-3）—MCSG（M8-6）	12.6 ～ 16.8 Ω
MSN（M8-2）—MSNG（M8-5）	12.6 ～ 16.8 Ω		

②用绝缘电阻表检查电机解角传感器端子间的绝缘电阻，标准值见表 5-21。

表 5-21　电机解角传感器端子间的绝缘电阻

万用表连接	标准值	万用表连接	标准值
MRF（H13-34）—MRF（M8-1）	10 MΩ 或更大	MSNG（H13-19）—MSNC（M8-5）	10 MΩ 或更大
MRFG（H13-33）—MRFG（M8-4）	10 MΩ 或更大	MCS（H13-32）—MCS（M8-3）	10 MΩ 或更大
MSN（H13-20）—MSN（M8-2）	10 MΩ 或更大	MCSG（H13-31）—MCSG（M8-6）	10 MΩ 或更大

（三）变频器性能的故障

1. 故障现状

仪表显示驱动系统失效，使用诊断仪检查存在变频器性能故障码。

2. 故障原因分析

变频器为 MG1/MG2 将 HV 蓄电池高压直流电转换成交流电。变频器内包含一个三相桥电路，它由 6 个功率晶体管组成，每个对应于 MG1 和 MG2，用来转换直流电和三相交流电。HV 控制 ECU 控制功率晶体管的激活。变频器将控制所必需的信息，例如安培数和电压传送到 HV 控制 ECU。

HV ECU 使用电压传感器，它内置于变频器中，用来检测升压后的高压并进行升压控制。

变频器电压传感器根据高压的不同输出一个值在 0 ~ 5 V 之间的电压。高压越高，输出电压越高。高压越低，输出电压越低。

HV 控制 ECU 监控变频器电压并检测故障。变频器电路图如图 5-22 所示。

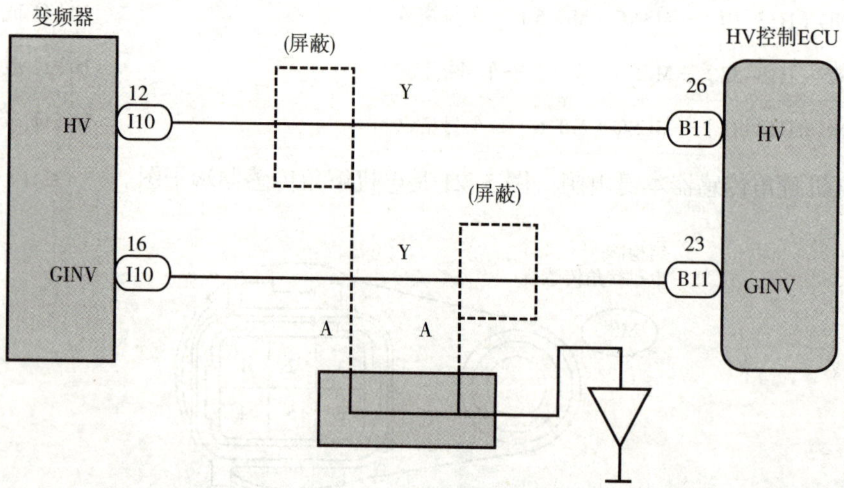

图 5-22　变频器电路图

如果变频器出现电路故障、内部短路或过热，则变频器通过电机变频器故障信号线路将此信息传送到 HV ECU 的 MFIV 端子。

警告：

诊断前，至少需要 5 min 对变频器内的高压电容器进行放电。

3. 诊断关键步骤及参数

（1）使用专用诊断仪按以下菜单：Power train/Hybrid Control/DTC，读取 DTC。

（2）检查混合动力控制 HV ECU 连接情况，是否存在松动，检查变频器连接情况，是否存在松动或连接不良。

（3）检查混合动力汽车电机线圈电阻，如图 5-23 所示。

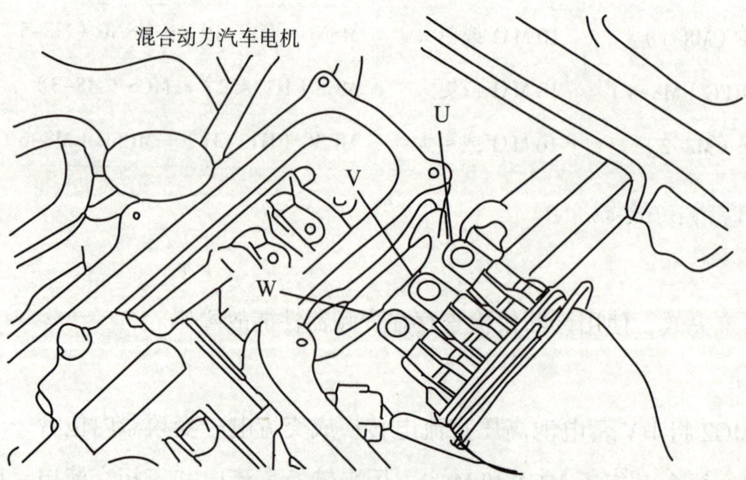

图 5-23　混合动力汽车电机线圈电组图

①检查检修塞与变频器盖是否已经拆下。

②检查三相电机电缆螺栓是否按标准力矩拧紧，标准力矩为 8 Nm。

③从变频器断开混合动力汽车电机的三相交流电电缆。

④用万用表测量混合动力汽车电机三相交流电电缆端子电阻，标准值见表 5-22。

表 5-22 混合动力汽车电机三相交流电电缆端子电阻

万用表连接	标准值	万用表连接	标准值
U（I14-1）—V（I 14-2）	20℃时小于 135 MΩ	W（I 14-3）—U（114-1）	20℃时小于 135 MΩ
V（I14-2）—W（I 14-3）	20℃时小于 135 MΩ		

⑤计算 U- V/U-W/W-U 端子最大和最小电阻间的差，标准值应该小于 2 MΩ。

⑥用万用表测量混合动力汽车电机三相交流电电缆端子与车身搭铁之间的绝缘电阻，标准值见表 5-23。

表 5-23 混合动力汽车电机三相交流电电缆端子与车身搭铁之间的绝缘电阻

万用表连接	标准值	万用表连接	标准值
U（I14-1）—车身搭铁	10 MΩ 或更大	W（I14-3）—车身搭铁	10 MΩ 或更大
V（I14-2）—车身搭铁	10 MΩ 或更大		

（4）使用专用诊断仪，进入以下菜单：Powertrain/Hybrid Control/Activetest。

当变频器驱动强制停止时，测量变频器连接器端子间的电压，标准值见表 5-24。

表 5-24 变频器连接器端子间的电压

万用表连接	标准值	万用表连接	标准值
MUU（I10-9）—GINV（I10-16）	12 ~ 16 V	MWU（I10-11）—GINV（I10-16）	12 ~ 16 V
MVU（I10-10）—GINV（I10-16）	12 ~ 16 V		

4.. 更换变频器总成

以上测试均在标准值范围内，则需要更换变频器总成。

第三节 混合动力汽车动力控制系统故障诊断与排除

下面以丰田普锐斯为例，介绍混合动力汽车整车动力控制系统故障诊断与排除。

一、混合动力汽车整车动力控制系统故障表现形式

普锐斯混合动力控制系统的故障主要集中在动力电池组（即 HV 蓄电池）系统、变频器系统，这可能包括：

（1）HV ECU 模块本身故障。

（2）接触器不能正常吸合（导致该故障的原因有很多，例如系统检测到绝缘故障、接触器本身烧蚀等）。

（3）因驱动系统导致的故障，如驱动电机不能正常运行导致发动机不能启动等。

整车动力控制系统会导致。

（1）仪表指示灯亮。如图 5-24 所示，整车动力控制系统故障会导致仪表一下指示灯点亮。

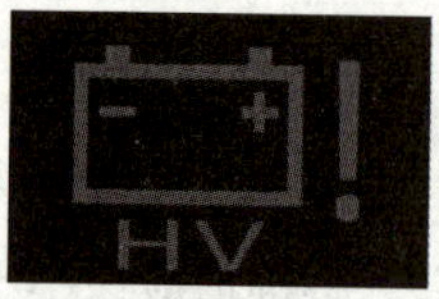

（HV 蓄电池警告）

（车辆动力系统故障）

图 5-24　混合动力汽车仪表故障指示灯

（2）车辆不能启动或功率降低。未启动车辆前，会导致车辆不能正常启动；高速运行的车辆会导致车辆降低运行功率。

二、混合动力汽车整车控制系统典型故障诊断方法

（一）因 HV ECU 模块供电异常导致失去通信的故障

1. 故障现状

HV ECU 不通信，混合动力故障指示灯点亮，且车辆不能正常启动。故障参考电路图如图 5-25 所示。

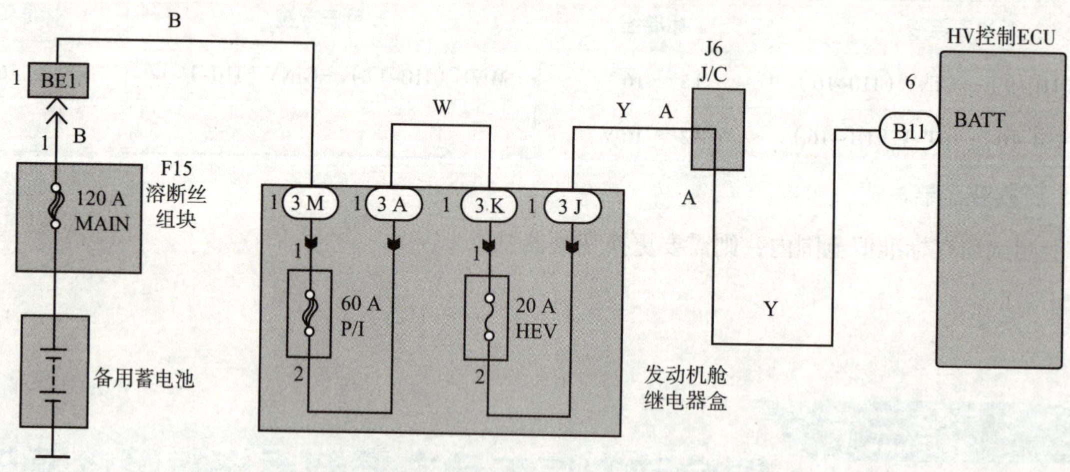

图 5-25　HV 控制 ECU 控制电路图

2. 诊断关键步骤及参数

（1）检查 20 A 熔断丝。如图 5-26 所示为 HEV 熔断丝位置及控制 ECU 连接器。

①拆下发动机舱继电器盒的 HEV 熔断丝。

②检查 HEV 熔断丝的电阻。标准值小于 1 Ω。

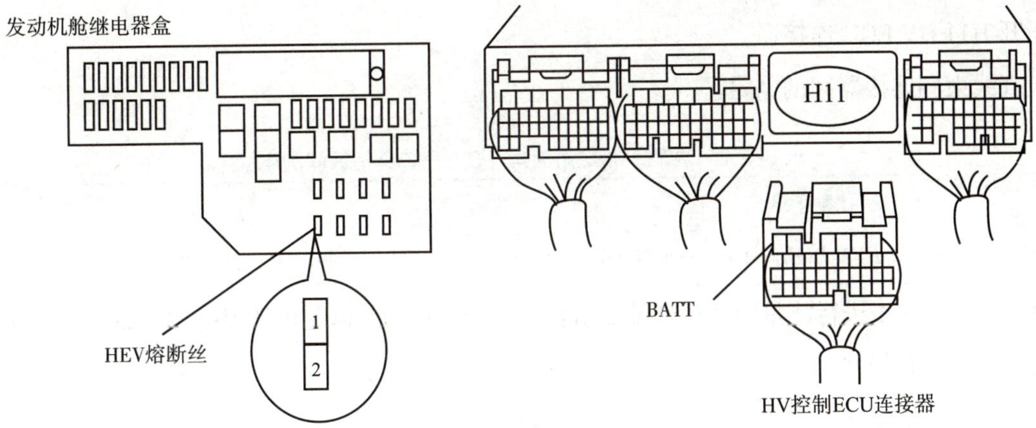

图 5–26　HEV 熔断丝位置及控制 ECU 连接器

（2）检查 HV ECU– 蓄电池的连接器及线束。

①断开备用蓄电池负极端子。

②拆下发动机舱继电器盒的 HEV 熔断丝，并断开 H11 HV ECU 连接器。

③检查线束侧连接器间的电阻，标准值见表 5–25。

表 5–25　BATT 到 HEV 熔断丝 2 线束侧连接间的电阻

万用表连接	标准值
BATT（H11–6）—HEV 熔断丝（2）	<1 Ω

（3）检查线束侧连接器间的电阻，如图 5–27 所示为 HEV 熔断丝位置及备用蓄电池正极端子。标准值见表 5–26。

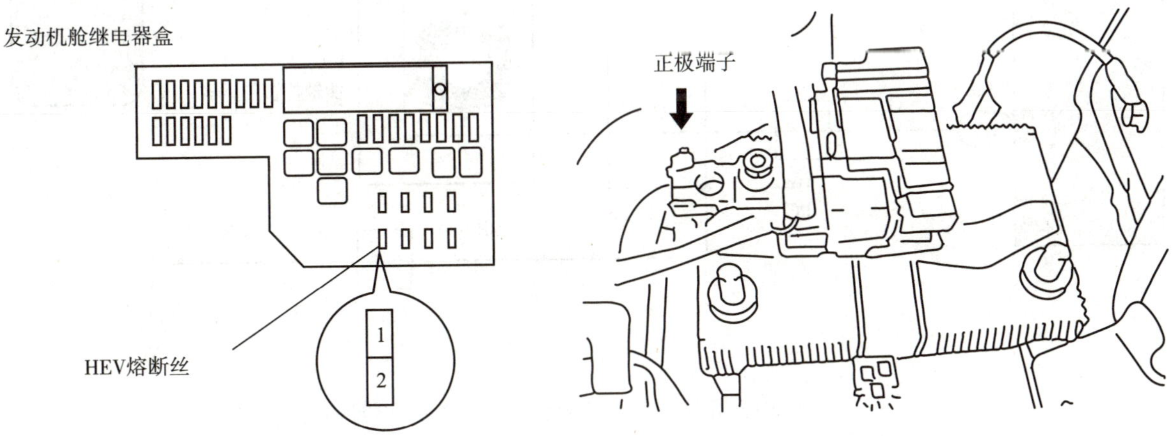

图 5–27　HEV 熔断丝位置及备用蓄电池正极端子

表 5–26　HEV 熔断丝 1 到备用蓄电池正极端子线束侧连接器建的电阻

万用表连接	标准值
HEV 熔断丝（1）—备用蓄电池正极端子	<1 Ω

（4）检查 HV ECU-HEV 熔断丝的连接器及线束，标准值见表 5-27。

①断开 H11 HV ECU 连接器。

②检查线束侧连接器间的电阻。

表 5-27　BATT-HEV 熔断丝（2）—车身搭铁间的电阻

万用表连接	标准值
BATT（H11-6）或 HEV 熔断丝（2）—车身搭铁	10 kΩ 或更大

注意：当用万用表进行测量时，不要对万用表探针用力过大，以免损坏保持架。如以上检查均正常，则需要更换 HV ECU 模块。

（二）混合动力发电机不能正常启动的故障

1. 故障现状

仪表提示混合动力系统故障，发动机不能正常启动。

2. 故障原因分析

在普锐斯混合动力汽车中，如果发动机或变速器驱动桥齿轮被卡住，或异物进入其中的任意一个中，则 HV ECU 就会检测到 DTC 并且启动安全保护控制。如图 5-28 所示，曲轴位置传感器故障（传统发动机控制原理）以及发动机 ECM 或 HV 控制 ECU 故障，都可能造成发动机不能启动。

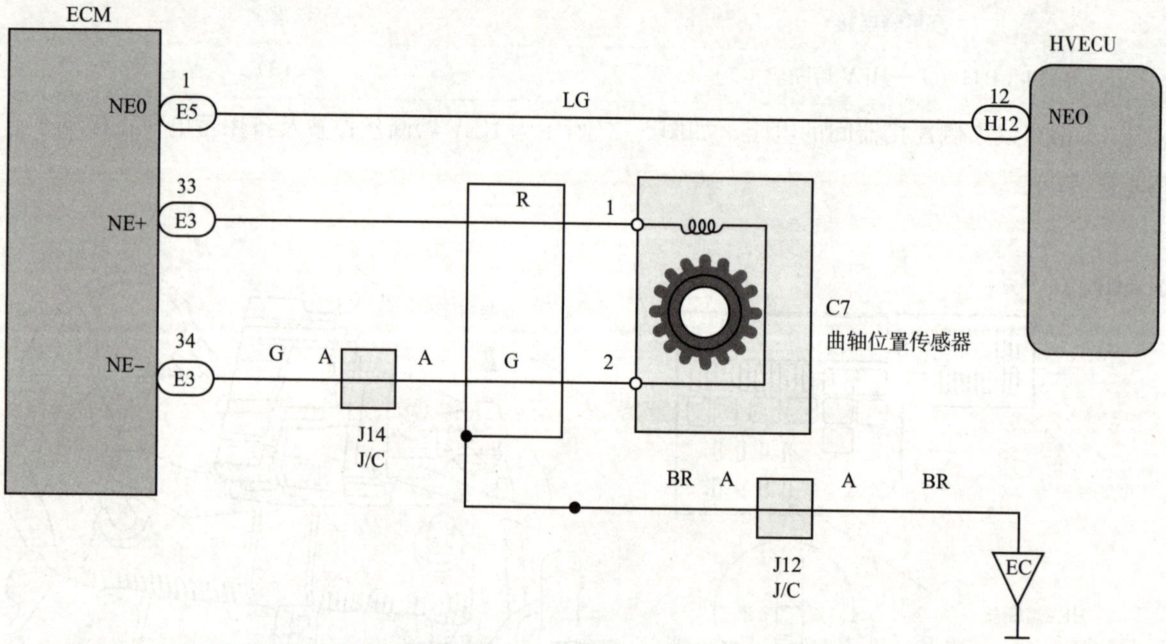

图 5-28　曲轴位置传感器故障以及发动机 ECM 或 HV 控制 ECU 电路图

3. 诊断关键步骤及参数

（1）读取 DTC。进入诊断仪的下列菜单：Powerteain/Engine and ETC/DTC，读取相关 DTC。

（2）检查曲轴皮带轮是否正常转动。

①关闭电源开关。

②顶起车辆。

③手动转动曲轴皮带轮检查曲轴是否旋转。

（3）检查线束和连接器（ECM－曲轴位置传感器）。

①断开 ECME3 连接器，如图 5-29 所示。

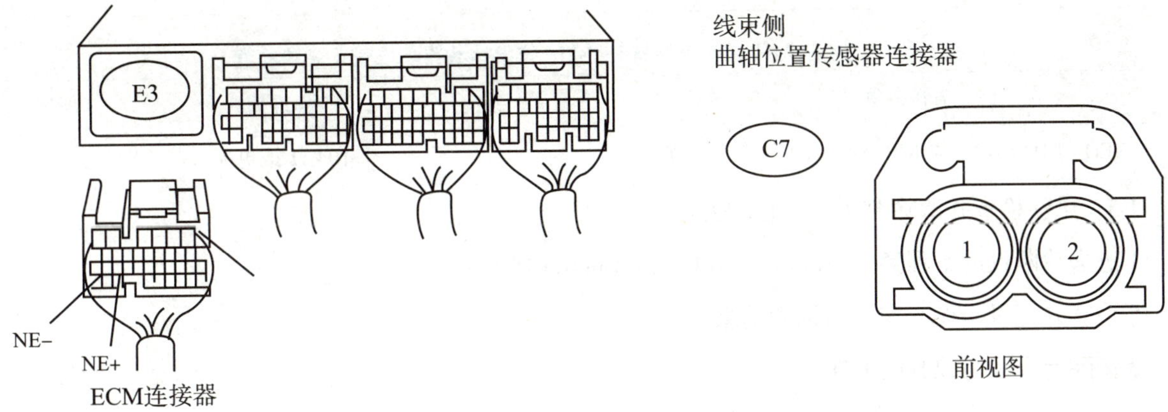

图 5-29　ECME3 连接器与曲轴位置传感器连接器端子图

②断开 C7 曲轴位置传感器连接器。

③检查线束侧连接器间的电阻，标准值见表 5-28、表 5-29。

表 5-28　ECME3 连接器与曲轴位置传感器连接器标准值（开路检查）

万用表连接	标准值
NE+（E3-33）—曲轴位置传感器（C7-1）	<1 Ω
NE+（E3-34）—曲轴位置传感器（C7-2）	<1 Ω

表 5-29　ECME3 连接器与曲轴位置传感器连接器标准值（短路检查）

万用表连接	标准值
NE+（E3-33）或曲轴位置传感器（C7-1）—车身搭铁	10 kΩ 或更大
NE+（E3-34）或曲轴位置传感器（C7-2）—车身搭铁	10 kΩ 或更大

（4）检查线束和连接器（HV ECU－ECM）。

①断开 HV ECUH12 连接器和 ECME5 连接器，如图 5-30 所示。

图 5-30　HV ECUH12 连接器与 ECME5 连接器端子图

②检查线束侧连接器间的电阻，标准值见表 5-30、表 5-31。

表 5-30　HV ECUH12 连接器与 ECME5 连接器线束标准值（开路检查）

万用表连接	标准值
NEO+（H12-12）—NEO（E5-1）	<1 Ω

表 5-31　HV ECUH12 连接器与 ECME5 连接器线束标准值（短路检查）

万用表连接	标准值
NEO+（H12-12）或 NEO（E5-1）—车身搭铁	10 kΩ 或更大

（5）重新检查并清除 DTC（混合动力控制）。

①进去诊断仪的下列菜单：Powertrain/Hybrid Control/DTC。

②检查并记录 DTC、定格数据和信息。

③清除混合动力控制的 DTC。

（6）检查 READY 灯是否点亮。

①进入诊断仪的下列菜单：Powertrain/Hybrid Control/Data List。

②读取发电机（MGI）转速和发动机转速数据。

③打开电源开关（READY），如果 READY 灯不亮，并且诊断仪上的读数显示为 DTC P0 A90（HV 变速驱动桥输入故障）或 MGI 转动但发动机不运转，则更换混合动力汽车变速驱动桥总成。

（7）检查发动机转速是否增加。

①进入专用诊断仪的下列菜单：Powertrain/Hybrid Control/Data List。

②读取发电机（MGI）转速和发动机转速数据。

③在 READY 灯点亮的情况下，把挡位置于 P 挡的同时，踩下加速踏板 10 s。

如果发动机转速不增加，并且专用诊断仪的读数显示为 DTC P0 A90（HV 变速驱动桥输入故障）或 MGI 转动但发动机不运转，则更换混合动力车辆变速驱动桥总成。

（8）检查车轮是否缓慢转动。

①打开电源开关（READY）。

②顶起车辆。

③踩下制动踏板，把选挡杆移动到 D 挡，然后松开制动踏板。

如果车轮不转动，并且专用诊断仪的读数显示为 DTC P0 A90（HV 变速驱动桥输入故障），则应更换混合动力汽车变速驱动总成。

以上检查均正常后，还需要考虑以下问题。

a. 检查导致变速驱动桥和发动机的阻力在转动中变大的原因。

b. 检查发动机润滑系统和变速驱动桥润滑系统。

c. 检查发动机冷却液和变速驱动桥冷却液。

d. 检查发动机本身和变速驱动桥本身是否有任何故障。

（三）混合动力接触器断开的故障

1. 故障现状

仪表提示 HV 蓄电池故障，车辆不能启动。

2. 原因分析

SMR（系统主继电器）根据 HV ECU 发出的请求连接或断开高压电源供电电路。为确保可靠的操作，它们由三个继电器组成（负极侧一个，正极侧两个）。SMR 原理图如图 5-31 所示。

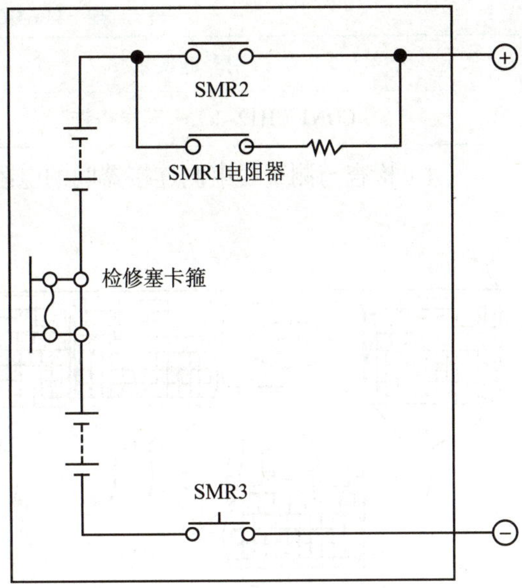

图 5-31　SMR 原理图

连接时，SMR1 和 SMR3 先打开开关。接着，SMR2 打开及 SMR1 关闭。这个过程通过限制所允许流过电阻的额定电流值使电路免受高压大电流的冲击。断开时，SMR2 和 SMR3 依次关闭，HV ECU 检查继电器是否关闭。

HV ECU 监测 SMR 是（CON1、CON2 和 CON3）的正确操作来检查故障。图 5-32 所示是 SMR 控制电路图。

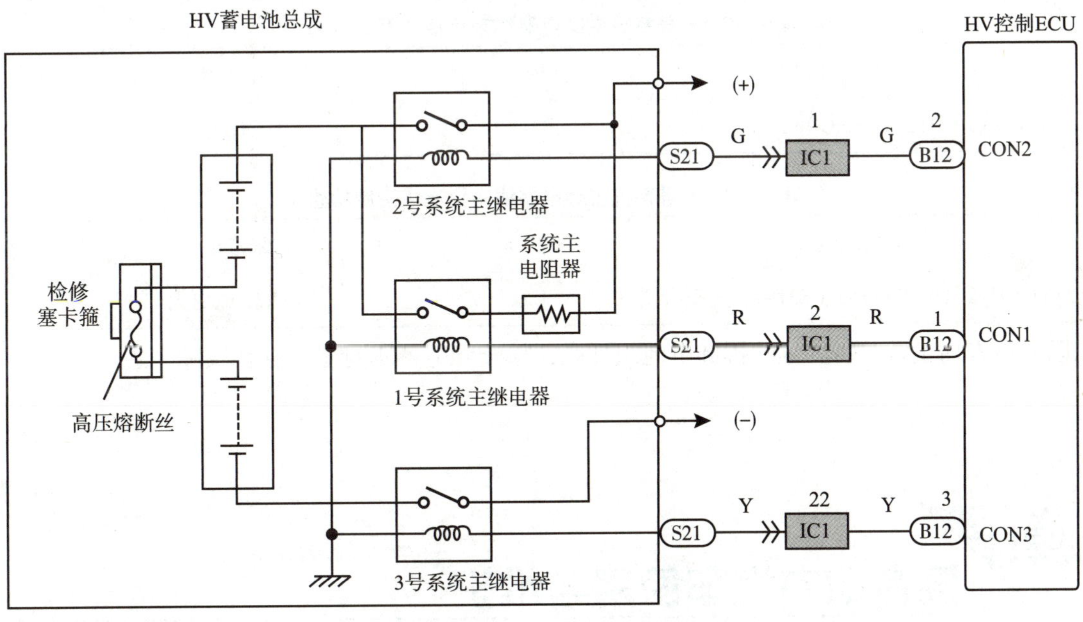

图 5-32　SMR 控制电路图

3. 诊断关键步骤及参数。

检查 HV ECU -1 号主继电器之间的连接器与线束。

注意：进行下列操作前戴上绝缘手套。关闭电源开关，拆卸手动分离开关。

（1）断开 HV ECUH12 连接器，如图 5-33 所示。

（2）断开 1 号 S21 系统主继电器连接器。

（3）测量 HV ECU 连接器与车身搭铁端子间的电压，标准值见表 5-32。

表 5-32　HV ECU 连接器与车身搭铁端子间的电压

万用表连接	标准值
CON1（H12-1）—车身搭铁	<1 V

（4）检查与测量线束侧连接器间的电阻，如图 5-34 所示，标准值见表 5-33 和表 5-34。

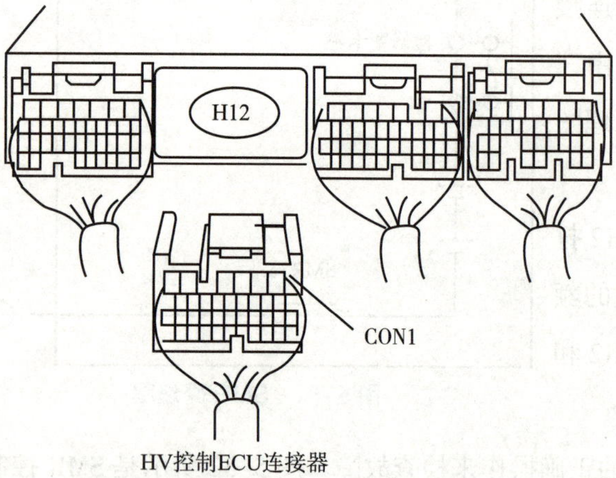

图 5-33　断开 HV ECUH12 连接器端子

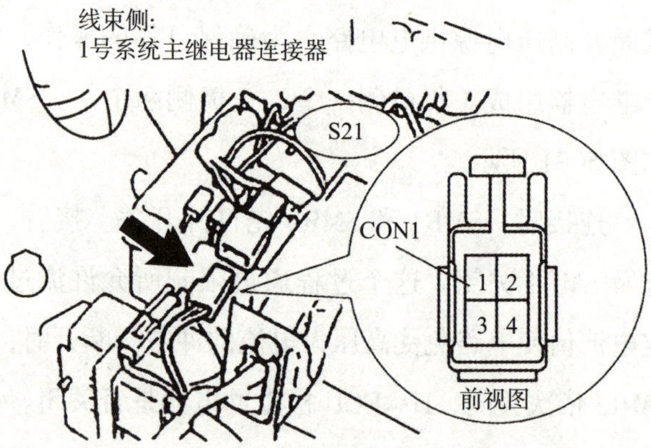

图 5-34　1 号系统主继电器端子图

表 5-33　1 号系统主继电器线束标准（开路检查）

万用表连接	标准值
CON1（H12-1）—CON1（S21-1）	<1 Ω

表 5-34　1 号系统主继电器线束标准（短路检查）

万用表连接	标准值
CON1（H12-1）或 CON1（S21-1）—车身搭铁	10 kΩ 或更大

如以上检查均正常，需要继续拆卸电池组外壳，检查继电器本身是否存在故障。

第四节　混合动力汽车使用与维护

动力电池系统是为新能源汽车驱动提供能量的储存装置，由一个或多个电池包以及电池管理（控制）系统组成。同时作为新能源汽车三大电之一，动力电池对整车的动力性、续驶里程、安全性、可靠性和使用寿命等起到决定性作用，特别是在纯电动汽车和增程式混合动力汽车上。动力电池的保养作业是为了保证其性能的可靠性而进行的工作，通常分为日常的常规保养和周期性的强制保养。

一、动力电池的常规保养作业项目

（1）将车辆举升，目测动力电池底部有无磕碰、划伤、损坏的现象，电池标识是否脱落。

（2）目测密封条及进排气孔，进行电池箱体的密封检查。

（3）目测动力电池高、低压接插件是否有变形、松脱、过热、损坏的情况。

（4）定期对动力电池满充、满放一次，之后使用专用检测仪对动力单体电池一致性进行测试。

（5）使用专用检测仪器对动力电池 BMS、绝缘电阻进行测试。

注意：不需要拆卸动力电池，也无须开盖检查。

动力电池的保养

二、动力电池系统周期性强制保养项目

1. 绝缘检查（内部）

目的：防止电池箱内部短路。

方法：将电池箱内部高压盒插头打开，用绝缘测试仪测试总正、总负对地，阻值≥ 500 Ω/V（1 000 V）。

2. 模组连接件检查

目的：防止螺丝松动，造成故障。

方法：用绝缘扭力扳手紧固（标准扭矩为 35 N · m），检查完成后，做好极柱绝缘。

3. 电池箱内部温度采集点检查

目的：确保测温点工作正常，采集点合理。

方法：使用笔记本电脑通过专用 CAN 卡监控电池箱内部温度与用红外热像仪所测试的温度对比，检查温感精度。

4. 电池箱内部除尘

目的：防止内部粉尘较多，影响通信。

方法：用压缩空气通过气枪对内部进行清理。

5. 电压采集线检查

目的：防止电压采集破损，导致测试数据不准。

方法：将从板接插件打开安装 1 次，通过观察数据变化进行确认。

6. 标识检查（内部）

目的：防止内部各组件标识脱落。

方法：目测内部各组件标识是否脱落。

7. 熔断器检查

目的：检查熔断器状态是否良好，与事故时可正常工作。

方法：用专用万用表电阻挡测量电阻值。

8. 继电器测试

目的：防止继电器损坏，车辆无法正常上高压。

方法：用专用诊断仪上的专用监控软件启动关闭总正总负继电器，并用专用万用表进行测试。

9. 高低压接插件可靠性检查

目的：确保接插件正常使用。

方法：目测高低压接插件是否松动、破损、腐蚀以及密封等情况，并通过专用万用表测量连接可靠性，用绝缘测试仪进行绝缘测试。

10. 其他电池箱内零部件检查

目的：保证辅助性的部件正常使用。

方法：用绝缘螺丝刀和绝缘扭力扳手检查各紧固件是否有松动、破损、脱落等情况。

11. 电池组安装点检查

目的：防止电池包脱落。

方法：目测检查每个安装点焊接处是否有裂纹。

12. 电池组外观检查

目的：确保电池组未受到外界因素影响。

方法：目测电池组有无变形、裂痕、腐蚀、凹痕。

13. 保温检查

目的：确保冬季电池组内部温度。

方法：目测检查电池组内部边缘保温棉是否脱落、损坏。

14. 电池组高低压线缆安全检查

目的：确保电池组内部线缆没有破损、漏电。

方法：目测电池组内部线缆是否破损、挤压。

15. 电芯防爆膜、外观检查

目的：防止电芯损坏、漏电。

方法：目测检查电芯防爆膜、电芯外观绝缘是否破损。

16. CAN 电阻检查

目的：确保通信质量。

方法：下电情况下用专用万用表欧姆挡测量 CAN1（3）高对 CAN1（3）低电阻。

17. 电池箱内部干燥性检查

目的：确保电池箱内部无水渍。

方法：打开电池组，目测检查电池箱内部是否有积水，并用绝缘测试仪测量电池组绝缘性能。

18. 电池加热系统测试

目的：确保加热系统工作正常，避免冬季影响充电。

方法：电池箱通 12 V 电源，打开监控软件，启动加热系统，目测检查风扇是否正常或者加热膜片是否工作正常。

19. 对各高、低压接插头及部件进行除湿、润滑、绝缘处理

目的：保证高、低电路连接的可靠性。

方法：用 WD40 对接插头及部件进行处理。

20. 最后进行电池箱重新密封，并进行密封检查

目的：保证电池箱密封良好，防止水进入。

方法：目测检查密封条密封性能或更换密封条。

注意：首先以上是对一款自然风冷型的动力电池所进行的周期性强制保养项目，对于强制风冷或液冷的动力电池系统，以及内置高压控制盒类型的动力电池与此不完全相同。其次在进行维护时一定要严格按新能源汽车高压安全与防护要求进行相应操作，否则可能会带来危险。

任务训练

混合动力汽车电池系统故障诊断

训练准备

（1）防护装备：绝缘防护装备。

（2）车辆、台架、总成：丰田普锐斯混合动力汽车；或同类混合动力汽车台架。

（3）专用工具、设备：普锐斯故障诊断仪、万用表。

（4）手工工具：组合工具。

（5）辅助材料：干净抹布；诊断与排除必要的熔断丝等耗材

训练步骤：

警告：

在执行高压车辆诊断及维护前，务必佩戴完好的个人防护用品，并严格遵守正确的操作步骤！

1. 丰田普锐斯 HV 蓄电池 ECU 供电电路的检测

（1）检查 20 A 熔断丝。

①打开发动机舱继电器盒，找出 HEV 熔断丝位置。

②拆下发动机舱继电器盒的 HEV 熔断丝，检查熔断丝是否熔断。

③检查 HEV 熔断丝，用万用表的正负极端子检查是否小于 1 Ω。

④将 HEV 熔断丝装回到发动机舱继电器盒。

（2）检查 HV 蓄电池至 12 V 蓄电池之间的连接

①断开低压蓄电池的负极端子，断开低压蓄电池正极端子。

②拆下发动机舱继电器盒的 HEV 熔断丝。

③断开 B11 蓄电池 ECU 连接器。

④用万用表连接加长导线，和线束探针校准万用表。

⑤将正极探针插入蓄电池 ECU 的 B11 插头的 AM 针脚。

⑥将万用表旋到欧姆挡，将负极探针插入到 HEV 熔断丝的 2 号针脚（图 5–35）。

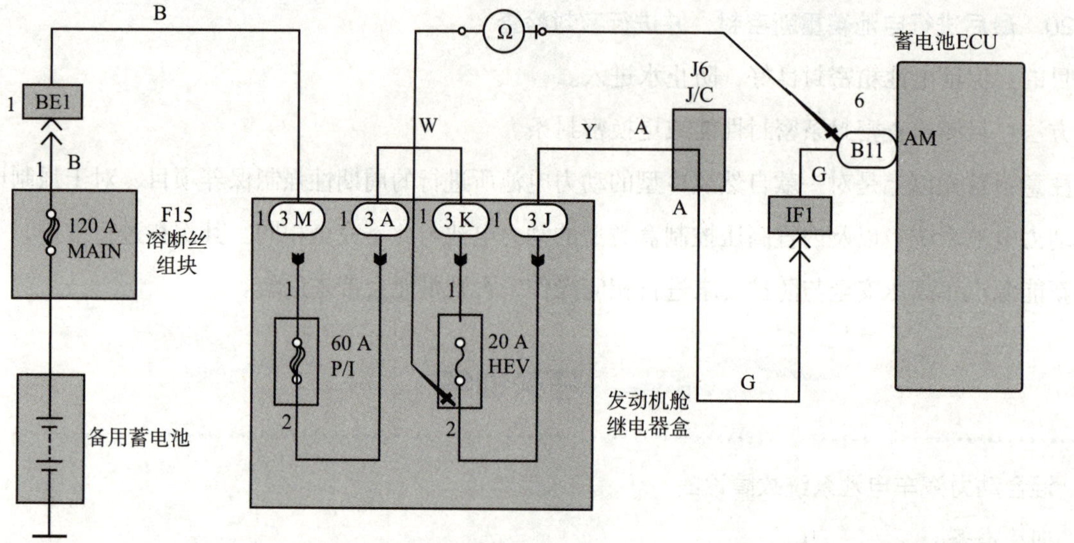

图 5-35　测量示意图

⑦ HEV 熔断丝的 2 号针脚至蓄电池 ECU 的 B11 插头的 AM 针脚之间的电阻，正常阻值应小于 1 Ω。

⑧测量 HEV 熔断丝至低压蓄电池正极端子。将正极探针替换成线夹，夹住低压蓄电池正极端子。

⑨将万用表旋至欧姆挡。

⑩将负极探针插入到 HEV 熔断丝的 1 号针脚（图 5-36）。

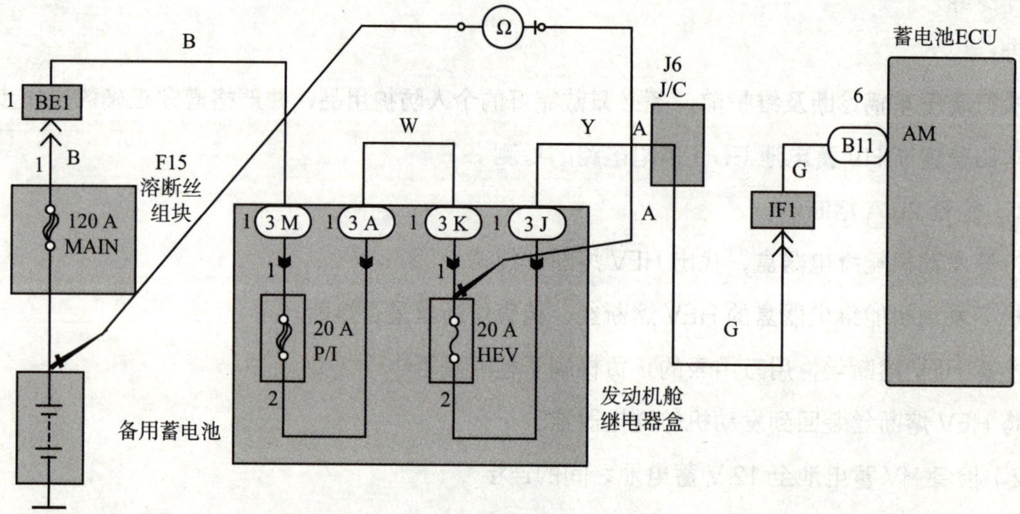

图 5-36　测量示意图

⑪正常阻值应小于 1 Ω。

⑫插入 HEV 熔断丝，重新连接拆下的部件和连接器，连接低压蓄电池。

⑬将 B11 插头插入到 HEV 蓄电池 ECU 插口。

⑭安装低压蓄电池正极端子。

⑮安装低压蓄电池负极端子。

（3）检查 HV 蓄电池 ECU 至 HEV 熔断丝之间的连接

①断开蓄电池负极。

②断开 B11 蓄电池 ECU 连接器。

③打开发动机舱继电器盒，从发动机舱继电器盒拆卸 HEV 熔断丝。

④将万用表旋至欧姆挡，校准万用表。

⑤将正极探针插入蓄电池 ECU 的 B11 插头的 AM 针脚（图 5-37）。

⑥将负极探针与车身搭铁测量电阻阻值应大于 10 kΩ，或者更大。

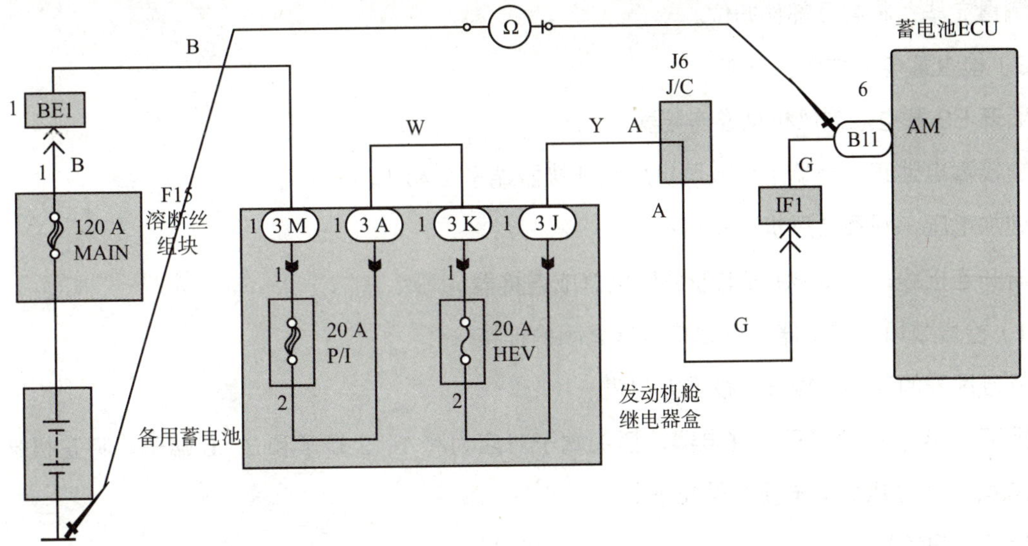

图 5-37　测量示意图

⑦安装拆卸的连接器。

⑧安装低压蓄电池端子。

2. 丰田普锐斯 HV 蓄电池冷却系统电路检测

提示：

从蓄电池 ECU 的 FCTL1 端子流出的电流向蓄电池鼓风机继电器的继电器线圈供电。当继电器触电闭合时，则向电池鼓风机总成供电。

当蓄电池 ECU 输出风扇运行信号时，鼓风机电动机控制调节施加给蓄电池鼓风机总成的电压，以便获得需要的风扇转速。调节信号同时以监控信号的形式输送给蓄电池 ECU 的 VM 端子。鼓风机电动机控制通过监控蓄电池鼓风机总成的正 B 端子的电压纠正鼓风机电动机的电压。

（1）检查 10 A 风扇熔断丝

①打开发动机舱继电器盒，找出继电器风扇熔断丝的位置。

②拆下发动机舱继电器盒的风扇熔断丝，目测熔断丝是否熔断。

③打开万用表，调整到欧姆挡，两根表笔短接，校准万用表。

④用万用表的正负极端子测量风扇熔断丝，应小于 1 Ω。

⑤将风扇熔断丝装回到发动机舱继电器盒。

（2）检查鼓风机继电器

①拆下鼓风机继电器。

②继电器 1 号针脚和 2 号针脚，继电器 3 号针脚和 5 号针脚。

③将万用表旋到欧姆挡，校准万用表。

④将表笔接触鼓风机继电器的 3 号针脚和 5 号针脚之间的电阻，阻值应为 10 kΩ 或无限大。

⑤将继电器 1 号针脚和 2 号针脚连接，将导线的另一端分别夹在低压蓄电池的正极和负极。

⑥将万用表旋到欧姆挡，校准万用表。

⑦将表笔接触鼓风机继电器的 3 号针脚和 5 号针脚之间的电阻，阻值小于 1 kΩ。

⑧测量完毕，将各零部件归位。

（3）检查蓄电池鼓风机总成

①断开 B9 蓄电池鼓风机总成连接器。

②连接蓄电池正负极端子至鼓风机总成连接器端子 2 和 1。

③施加电压，观察鼓风机运转情况。

④断开连接线，连接 B9 蓄电池鼓风机总成连接器。

（4）检查鼓风机继电器至风扇熔断丝之间的连接

①将万用表的连接线接好，校准万用表。

②拆下 B14 蓄电池鼓风机继电器，插头端子对应为和 1、2 端子和 3、5 端子，将正极端子探针插入 B14 蓄电池鼓风机继电器 1 号端子。

③拆下风扇熔断丝。

④将负极端子探针插入风扇熔断丝座 2 号端子（图 5-38）。

⑤鼓风机继电器至风扇熔断丝之间的连接电阻，阻值小于 1 Ω。

⑥关闭万用表。

⑦安装风扇熔断丝。

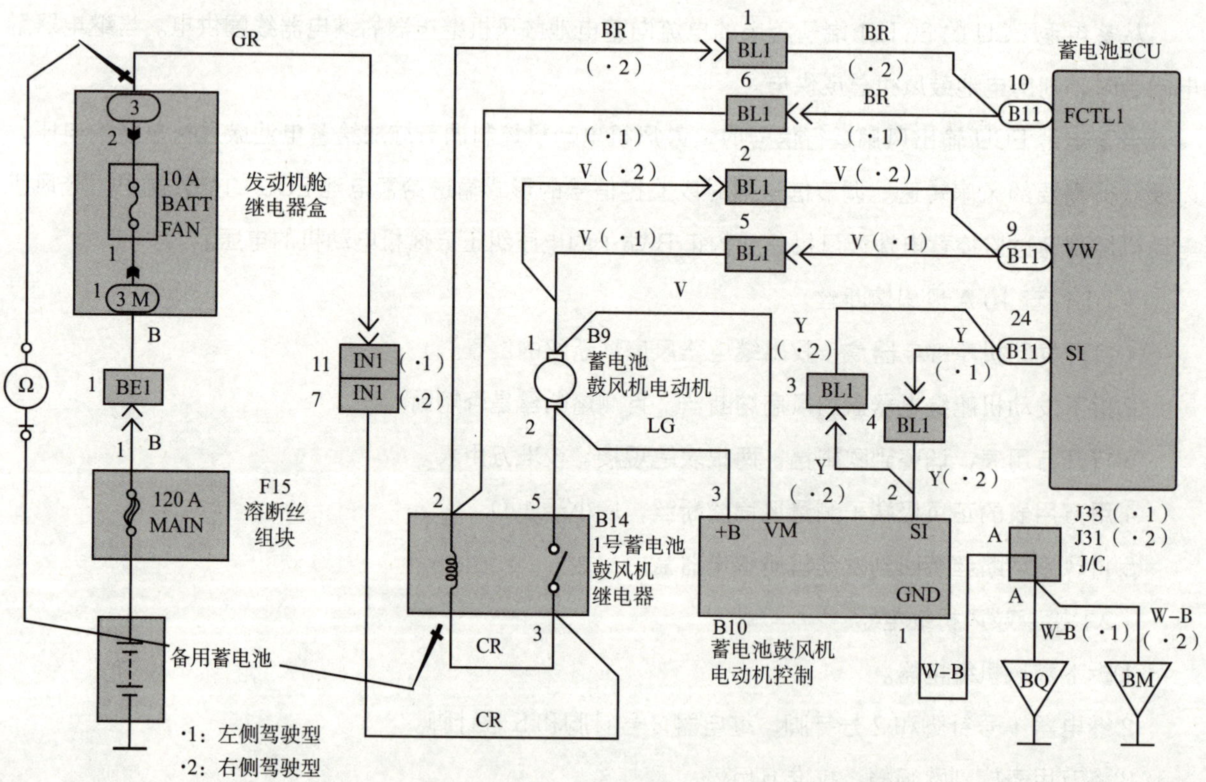

图 5-38　测量示意图

⑧安装蓄电池鼓风机继电器。

（5）检查蓄电池鼓风机继电器与鼓风机总成之间的连接

①拆下 B14 蓄电池鼓风机继电器，插头端子对应为 1、2 端子和 3、5 端子。

②断开 B9 蓄电池鼓风机总成连接器。

③将万用表旋至欧姆挡，校准万用表。

④将正极端子探针插入 B14 蓄电池鼓风机继电器 5 号端子。

⑤将负极端子探针插入 B9 蓄电池鼓风机总成 2 号端子（图 5-39）。

⑥检测两端子之间电阻，阻值应小于 1 Ω，安装好，断开的插接件。

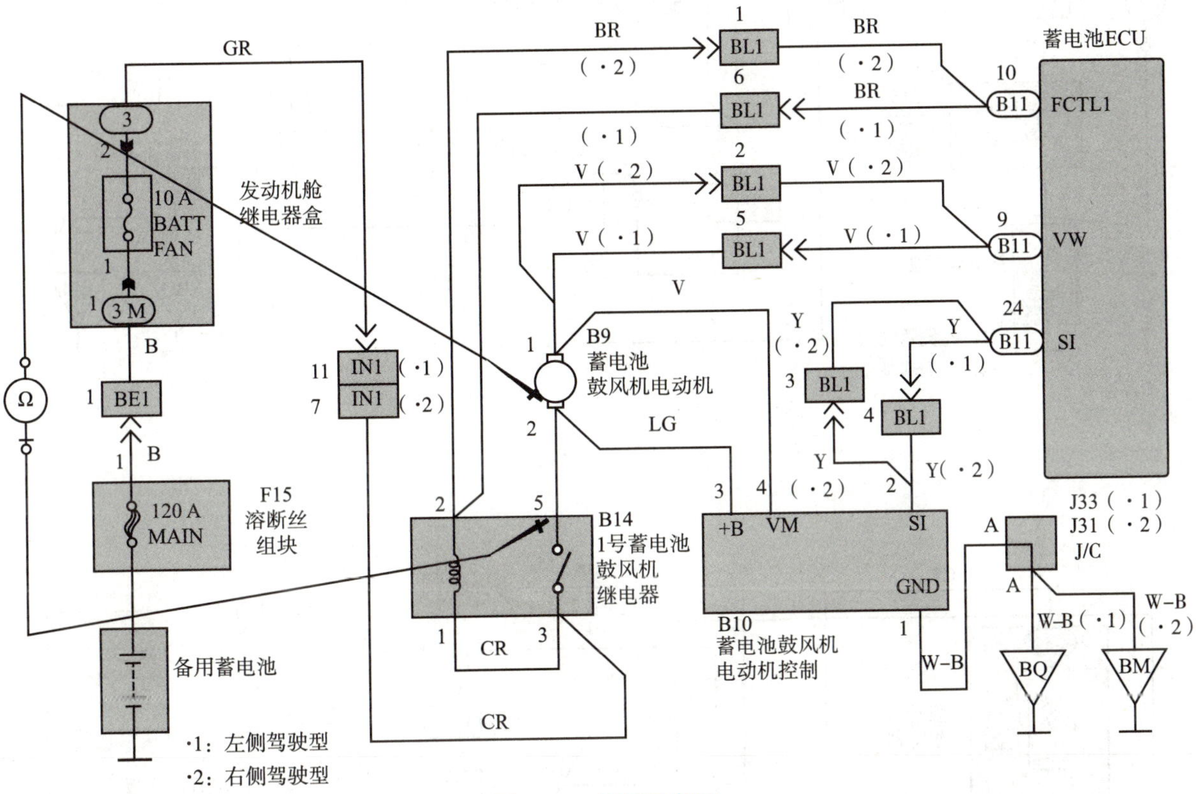

图 5-39　测量示意图

（6）检查蓄电池鼓风机总成与鼓风机电动机控制之间的连接

①断开 B9 蓄电池鼓风机总成连接器。

②拆下 B10 蓄电池鼓风机电动机控制连接器。

③将万用表旋至欧姆挡，校准万用表。

④将正极端子探针插入 B9 蓄电池鼓风机总成连接器 2 号端子。

⑤将负极端子探针插入 B10 蓄电池鼓风机电动机控制连接器 3 号端子（图 5-40）。

⑥测量端子之间电阻，阻值为不小于 1 Ω。

⑦将正极端子探针插入 B9 蓄电池鼓风机总成连接器 1 号端子。

⑧将负极端子探针插入 B10 蓄电池鼓风机电动机控制连接器 4 号端子（图 5-41）。

⑨测量端子之间电阻，阻值应小于 1 Ω。

将正极端子探针插入 B10 蓄电池鼓风机电动机控制连接器 4 号端子。

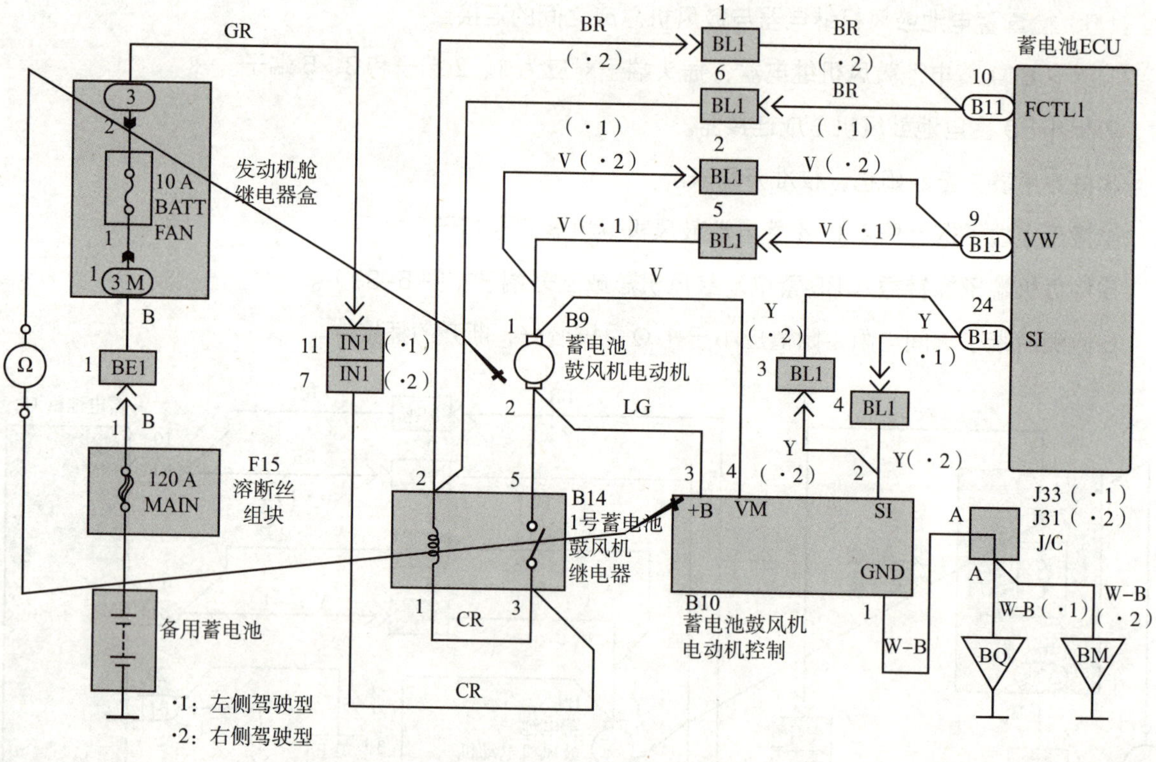

图 5-40 测量示意图

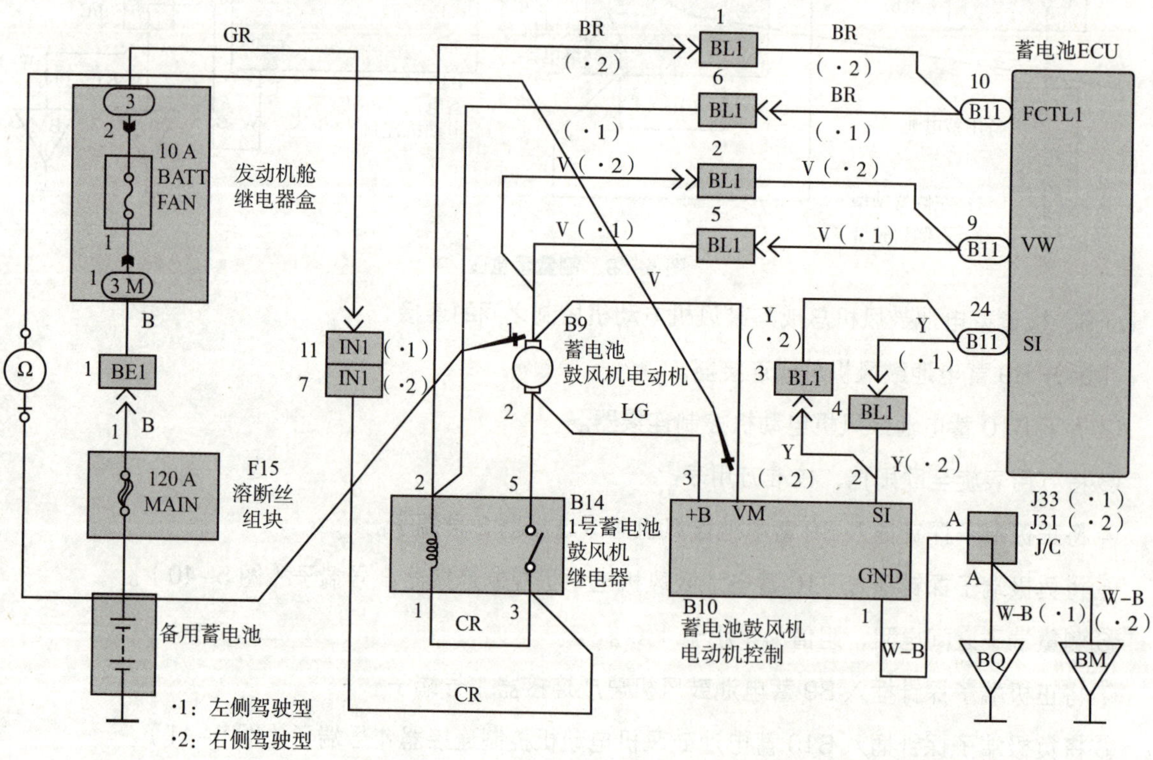

图 5-41 测量示意图

⑩将负极端子探针搭铁，进行短路检查，阻值为 10 kΩ 或者无穷大。

⑪将 B10 蓄电池鼓风机电动机控制连接器归位。

⑫将 B9 蓄电池鼓风机总成连接器归位。

（7）检查蓄电池鼓风机总成与蓄电池 ECU 之间的连接

①断开 B9 蓄电池鼓风机总成连接器。

②拆下 B11 蓄电池 ECU 连接器。

③将万用表旋至欧姆挡，校准万用表。

④将正极端子探针插入 B9 蓄电池鼓风机总成连接器 1 号端子。

⑤将负极端子探针插入 B11 蓄电池 ECU 连接器 9 号端子（图 5–42）。

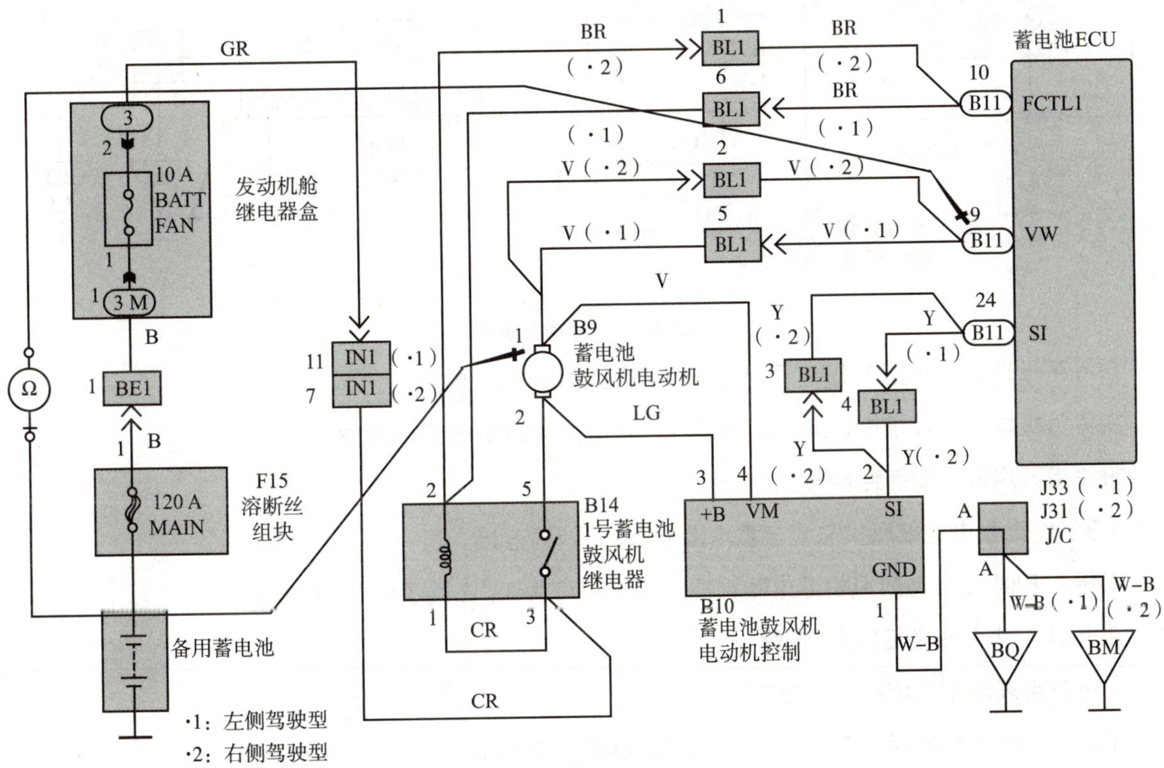

图 5–42 测量示意图

⑥测量蓄电池鼓风机总成与蓄电池 ECU 之间的电阻，阻值应小于 1 Ω。

⑦将负极端子探针搭铁，进行短路检查，阻值为 10 kΩ 或者无穷大（图 5–43）。

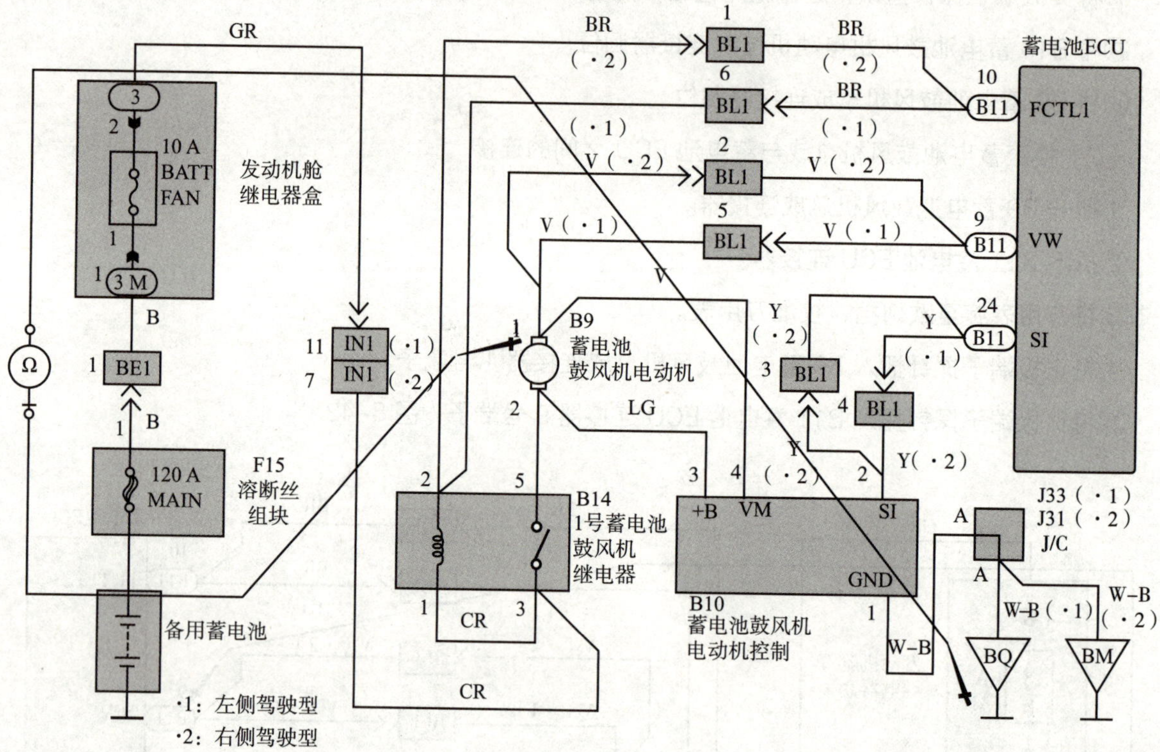

图 5-43　测量示意图

⑧将正极端子探针插入 B11 蓄电池 ECU 连接器 9 号端子。

⑨将负极端子探针搭铁，进行短路检查，阻值为 10 kΩ 或者无穷大。

⑩关闭万用表，安装连接器。

（8）检查蓄电池鼓风机总成与蓄电池 ECU 之间的连接

①断开 B14 蓄电池鼓风机继电器，插头端子对应为 1、2 端子和 3、5 端子。

②拆下 B11 蓄电池 ECU 连接器。

③将万用表旋至欧姆挡，校准万用表。

④将正极端子探针插入 B14 蓄电池鼓风机继电器 2 号端子。

⑤将负极端子探针插入 B11 蓄电池 ECU 连接器 10 号端子（图 5-44）。

⑥测量端子之间电阻，阻值应小于 1 Ω。

⑦将正极端子探针插入 B11 蓄电池 ECU 连接器 10 号端子。

⑧将负极端子探针搭铁，进行短路检查，阻值为 10 kΩ 或者无穷大（图 5-45）。

⑨关闭万用表，安装连接器。

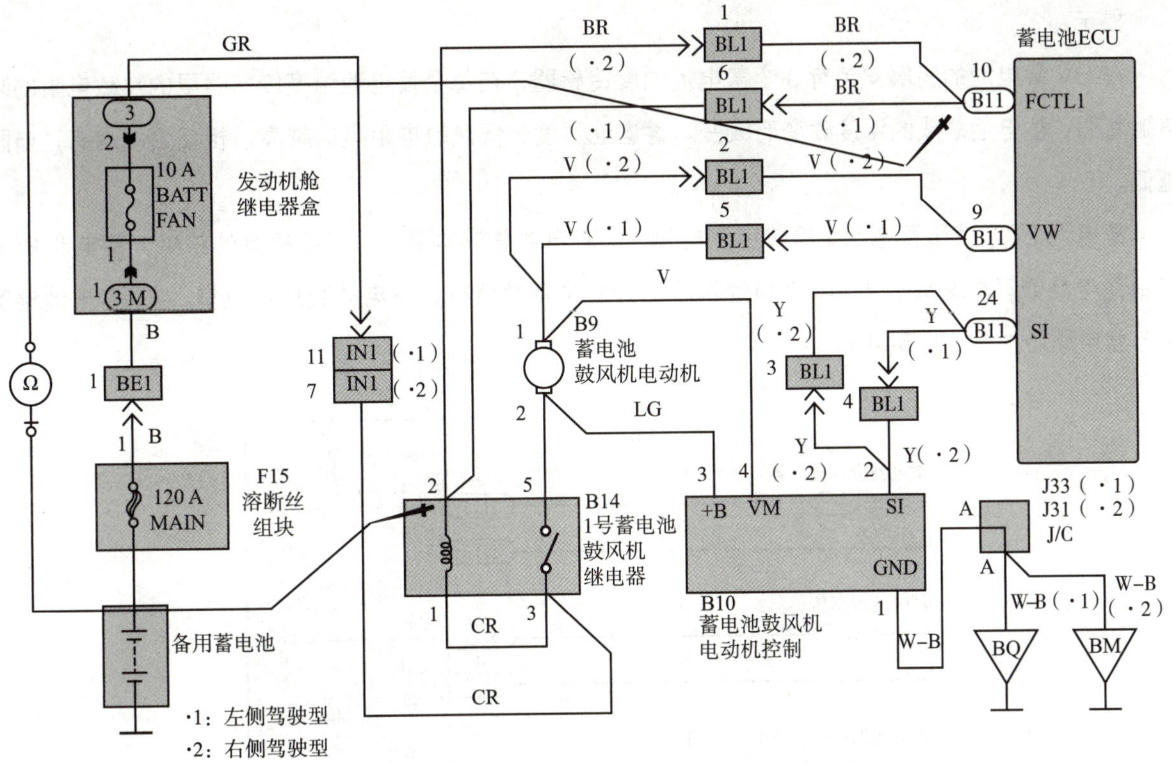

图 5–44　测量示意图

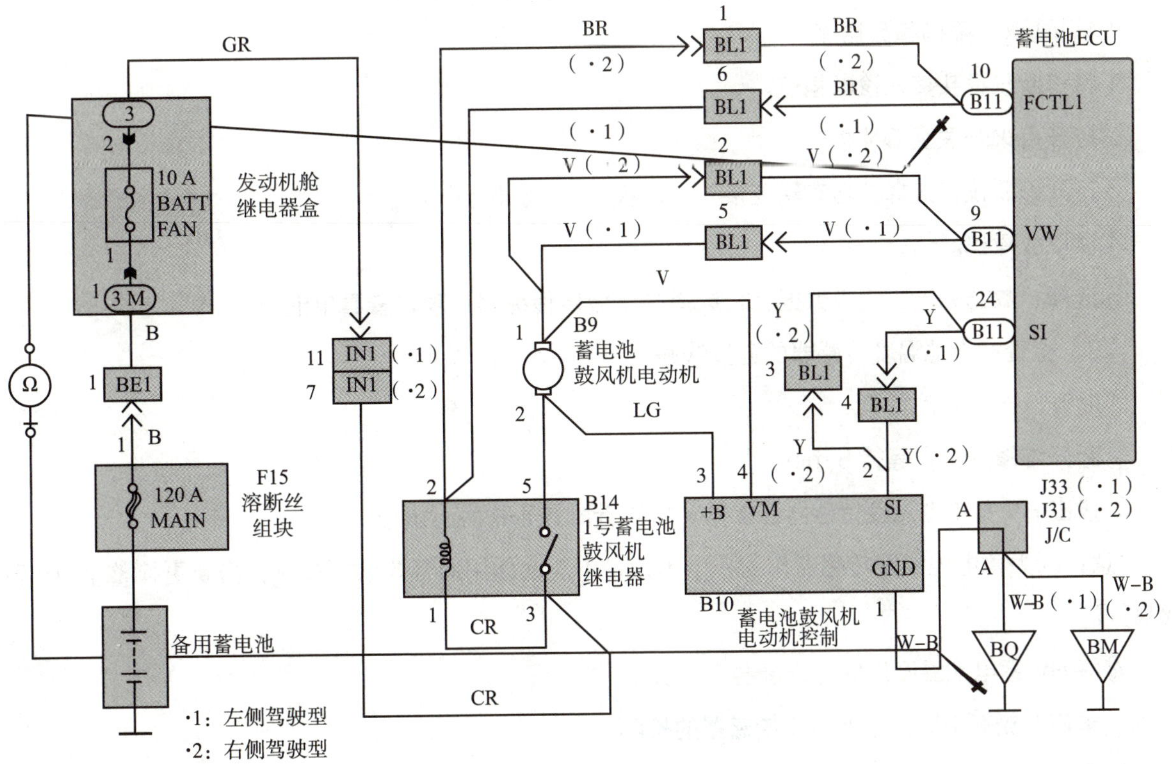

图 5–45　测量示意图

3. 丰田普锐斯 HV 蓄电池温度传感器的检测

提示：

在 HV 蓄电池的底部安装有 3 个蓄电池温度传感器，在每个蓄电池温度传感器里的热敏电阻的阻值随着 HV 蓄电池总成的温度改变而改变。蓄电池温度越低热敏电阻阻值越高，相反温度越高，电阻越低。

蓄电池 ECU 使用蓄电池温度传感器检测 HV 蓄电池总成的温度。根据检测的结果，蓄电池 ECU 控制蓄电池鼓风机总成。当 HV 蓄电池温度上升到预定数值时，将启动鼓风机风扇。HV 蓄电池温度传感器电路示意图（图 5-46）。

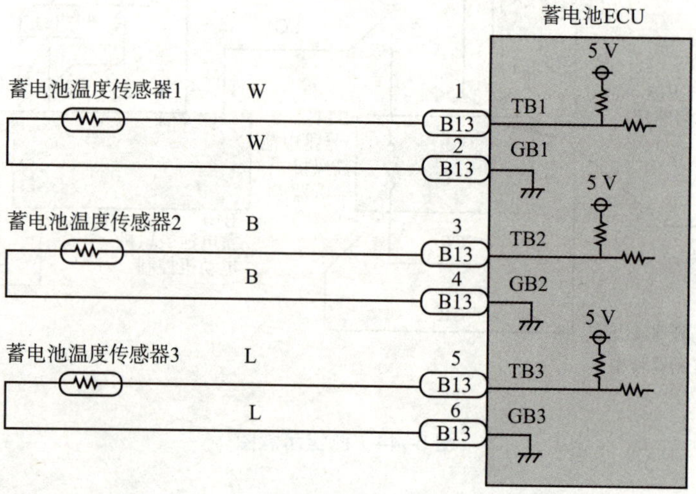

图 5-46　HV 蓄电池温度传感器电路示意图

（1）读取故障码和数据流

①将诊断仪插头接入诊断插座。

②打开点火开关至 ON 挡。

③打开诊断仪，选择“与车辆连接”，选择“HV 蓄电池”。

④读取故障码。

⑤选择“数据列表”查看数据流，选择 3 个温度传感器选项，查看电池温度。

（2）检查蓄电池温度传感器的连接线路

①断开低压蓄电池负极。

②断开维修开关，等待 5 min。

③拔出 HV 蓄电池温度传感器连接器，检查针脚是否松脱、虚接。

注意：因为蓄电池温度传感器作为一个单元，不能起作用而且要求更换时，需要更换整个 HV 蓄电池组总成。

④将 HV 蓄电池温度传感器连接器归位。

4. 丰田普锐斯 HV 蓄电池电流传感器的检测

提示：

安装在 HV 蓄电池总成上的负极电缆侧的蓄电池电流传感器，检测流入 HV 蓄电池的电流值。蓄电池电流传感器向蓄电池 ECU 的 IB 端子输入一个电压，电压根据电流值在 0 ～ 5 V 之间变化。蓄电池电流传感器的输出电压低于 2.5 V 时，指示 HV 蓄电池总成正在充电；高于 2.5 V 时，指示 HV 蓄电池总成正在放电。

蓄电池 ECU 根据输入到 IB 端子的信号来决定 HV 蓄电池总成的充电和放电，并通过确定电流值测算 HV 蓄电池的充电状态。其电路示意图如图 5-47 所示。

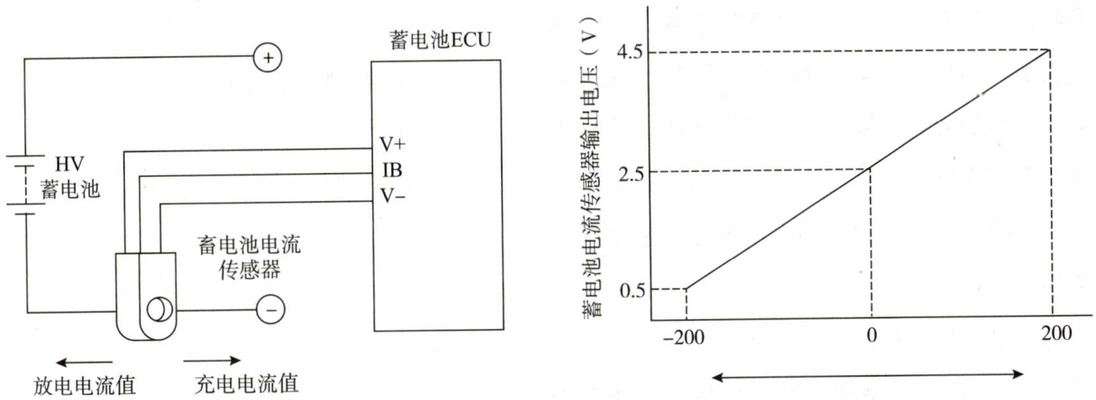

图 5-47　电路示意图

（1）读取故障码和数据流

①将诊断仪插头接入诊断座。

②打开点火开关至 ON 挡。

③打开诊断仪，选择“与车辆连接”，选择“HV 蓄电池”。

④读取故障码。选择故障码，查询 DTC 是否有 P3056 蓄电池电流传感器故障。

提示：

在检修塞卡箍拆下来的条件下，打开电源开关时，将会输出关于互锁开关系统故障码。

⑤选择“数据列表”查看数据流，选择 Batt Pack Current Val，电池组电流值有无波动。

（2）检查蓄电池 ECU 与蓄电池电流传感器的连接

①断开低压蓄电池负极。

②断开维修开关，等待 5 min。

③断开 B13 蓄电池 ECU 连接器。

④断开蓄电池电流传感器连接器。

⑤接通低压蓄电池负极，打开电源开关至 IG 挡。

⑥测量蓄电池电流传感器连接器端子和车身搭铁之间的电压。

a. 将正极探针插入蓄电池电流传感器连接器的 VIB 针脚。

b. 将负极探针与车体搭铁。

c. 将万用表旋至直流电压挡，测量对地电压，电压值应小于 1 V。

⑦将正极探针插入蓄电池电流传感器连接器的 GIB 针脚。

⑧将负极探针搭铁与车体搭铁，测量对地电压，电压值应小于 1 V。

⑨将正极探针插入蓄电池电流传感器连接器的 IB 针脚。

⑩将负极探针与车体搭铁，测量对地电压，电压值应小于 1 V。

⑪断开电源开关。

⑫断开低压蓄电池负极。

（3）检查线束连接器间的电阻

①将万用表旋至电阻挡，校准万用表。

②将正极探针插入蓄电池电流传感器 1 号针脚。

③将负极探针插入蓄电池 ECU 的 B13 插头的 VIB 针脚，测量电阻，电阻值应小于 1 Ω。

④将正极探针插入蓄电池电流传感器 2 号针脚。

⑤将负极探针插入蓄电池 ECU 的 B13 插头的 GIB 针脚测量电阻，电阻值应小于 1 Ω。

⑥将正极探针插入蓄电池电流传感器 3 号针脚。

⑦将负极探针插入蓄电池 ECU 的 B13 插头的 IB 针脚，测量电阻，电阻值应小于 1 Ω。

⑧将万用表旋至电阻挡，校准万用表。

⑨将正极探针插入蓄电池电流传感器 1 号针脚。

⑩将负极探针与车身搭铁，测量对地电阻，电阻值应大于 10 kΩ 或者更大。

⑪将正极探针插入蓄电池电流传感器 2 号针脚。

⑫将负极探针与车身搭铁，测量对地电阻，电阻值应大于 10 kΩ 或者更大。

⑬将正极探针插入蓄电池电流传感器 3 号针脚。

⑭将负极探针对地搭铁，测量对地电阻，电阻值应大于 10 kΩ 或者更大。

注意：因为蓄电池电流传感器作为一个单元，不能起作用而且要求更换时，需要更换整个 HV 蓄电池组总成。

⑮关闭万用表，安装连接器。

⑯重新安装检修塞卡箍。

⑰安装低压蓄电池负极。

课程思政

巾帼不让须眉！汽修班的“宝藏女孩”技能拉满

在人们的刻板印象里，汽车技术这类职业技能是很难与女性联系到一起。而 00 后女孩古慧晶拿下广东省汽修大赛一等奖，打破了人们对女性的固有认知，女性一样可以学汽修，同样能够在职业教育领域闯出一番天地，为更多犹豫不决的学子提供了另一条出路——职业教育。

职业教育大环境一片光明

《国家职业教育改革实施方案》中明确提出，职业教育与普通教育只是两种不同的教育类型，但在地位上两者相同重要，为更多学生选择职业教育提供一个良好的发展环境。

选择＋努力，认准方向很重要

选择与努力同等重要，但很多人只看到他人做出选择的结果，却忽略了他们为选择所付出的努力。来自郑州万通的双胞胎姐妹申冰双、申冰雪撕掉了“女生不适合学汽修”的标签，让选择成为人生的重要转折点。双胞胎姐妹申冰双、申冰雪通过努力，于是有了如今“工匠万通”汽车商务营销、汽车双人快保项目一等奖的成就。

“我不在乎外面的声音和看法，因为这是自己的选择。”广东女孩古慧晶面对质疑和非议时这样说。同样来自郑州万通的申冰雪、申冰双姐妹，也正是坚持自己内心的声音——要做就要做到最好，谁说女生不能学汽修！

中国是制造大国，要迈向制造强国，对产业工人的需求数量和质量逐年提高，破除对职业教育的偏见，方能让更多人才走进职业教育队伍，锻造技能精英，培养能工巧匠、大国工匠，为我国“三高四新”战略提供全方位的人才支撑。

（来源：人民网－安徽频道小字号　2021 年 08 月 16 日）

思考练习

一、选择题

1. 安全防范的三种基本防范手段是：人防、物防和（　　）。

A. 心防　　B. 预防　　C. 艺防　　D. 技防

2. 在设备检修、调试过程中最常用的仪表是（　　）。

A. 万用表　　B. CAN 分析仪　　C. 解码仪　　D. 功率计

3. 在高速上发生事故后，若车辆能移动，应将车停在（　　）。

A. 超车道　　B. 行车道　　C. 应急道　　D. 慢车道

4. 比亚迪 E5 车型的电机旋变传感器正弦、余弦和励磁阻值分别是（　　）。

A. 16 Ω、16 Ω、8 Ω　　B. 25 Ω、25 Ω、16 Ω

C. 20 Ω、20 Ω、18 Ω　　D. 以上都不正确

5. 新能源汽车型仪表上的 OK 灯点亮相当于传统燃油车电源处于哪个挡位？（　　）

A. OFF 挡　　B. ACC 挡　　C. ON 挡　　D. ST 挡

6. 比亚迪新能源汽车设计有智能充电功能，智能充电是针对（　　）来说的。

A. 动力电池包　　B. DC-DC　　C. 低压铁电池　　D. VTOG

7．电动机上安装的旋变传感器用于检测电动机的转速和旋转位置，相当于燃油车上的（　　）。

A．凸轮轴位置传感器　　B．氧传感器

C．曲轴位置传感器　　D．进气压力温度传感器

8.车辆行驶时，动力系统故障突然点亮，车速逐渐降低，10 s以后，整车停止运行，可能原因是(　　)。

A．电机损坏　　B．电机控制器损坏　　C．车轮损坏　　D．高压互锁断开

二、简答题

1．简述混合动力汽车电机及驱动系统故障表现形式。

2．简述混合动力汽车整车动力控制系统故障表现形式。

第六章

新能源汽车典型故障诊断与排除

本章导读

新能源汽车技术先进，涉及高压系统，结构复杂。本章通过两个任务学习内容，掌握新能源故障诊断思路。对新能源汽车常见的低压供电不正常、高压不能上电、车辆无法正常行驶、交流不能充电等故障现象进行诊断与排除，在遵循高压安全防护的基本操作技能情况下，通过专业知识和诊断设备检测完整准确填写任务作业表。作业过程中熟练查阅维修资料和电路图、正确使用工量具和仪器设备、准确测量技术参数和判断故障点。

学习目标

1. 熟悉新能源汽车故障诊断流程。
2. 掌握新能源汽车诊断设备的使用规范。
3. 能独立操作新能源汽车诊断设备。
4. 能建立新能源汽车故障诊断思路。

第一节 比亚迪车型典型故障诊断与排除

一、2014 款比亚迪秦混合动力车型仪表报动力系统故障

（一）故障现象

一辆 2014 款比亚迪秦车辆行驶一段时间后无论是 EV 或 HEV 模式，仪表报动力系统故障，散热器风扇常转，用 ED400 检测故障码为 P1 B0300（IGBT 过温告警）。

（二）故障分析

出现此故障应从这几方面进行分析。

（1）电机冷却系统防冻液不足或有空气。

（2）电机散热器堵塞。

（3）电机电动水泵不工作。

（4）驱动电机控制及 DC 总成本身故障。

（5）相关线路故障等。

（三）维修过程

此类故障维修过程包括以下几个方面。

（1）检查冷却液正常情况下没有空气，电机散热器也没有堵塞现象。

（2）检查电动水泵时发现电动水泵不工作；检查电动水泵插头 C17-3 针脚搭铁正常，C17-1 针脚没有 12 V 电压，故障点基本落实，重点排查冷却水泵继电器的工作状态。

（3）继电器电源经过 F2/9-7.5 A 保险，水泵电源经 F1/12-10 A 保险，检查 F2/9-7.5 A 保险及 F1/12-10 A 保险 12 V 电压正常；上 OK 挡再检查冷却水泵继电器 K1-2-85 针脚水泵输出信号正常；检查冷却水泵继电器 K1-2-86 针脚有时有电，有时无电，再仔细检查发现前舱配电盒冷却水泵继电器 K1-2-86 针脚内部松动导致继电器间歇性不工作（偶发性故障）。

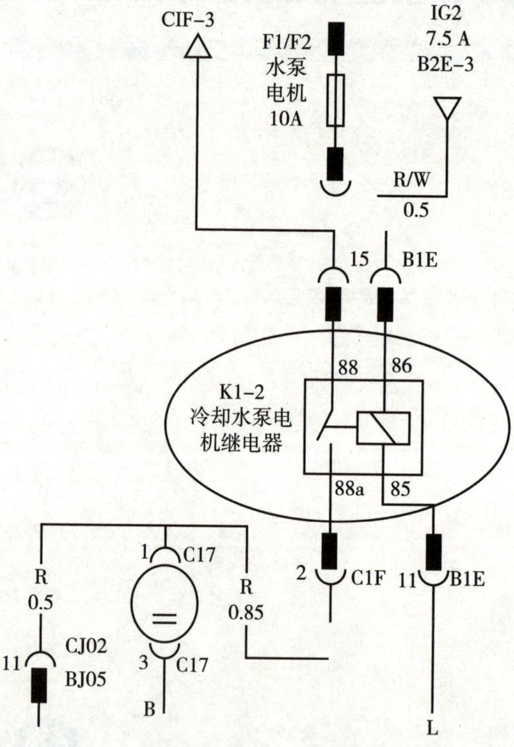

图 6-1　比亚迪秦 100 电路图

（4）更换前舱配电盒故障排除。

（四）维修小结

线束问题根据电路原理图逐个接插件、保险进行检查，如图 6-1 所示。

二、比亚迪秦 100 车型无法使用 EV 案例

（一）故障现象

比亚迪秦 100 混合动力车辆无法使用 EV 模式、无法充电、仪表提示检查动力系统。读取高压电池管理器的系统故障码：P1A3E00（正极接触器回路故障）；P1A3F00（预充接触器回路故障）；P1A4000（充电接触器回路故障）。

（二）故障分析

出现此故障应从以下几方面进行分析。

（1）高压电池管理器故障。

（2）高压配电箱故障。

（3）线束连接故障。

（三）维修过程

故障维修过程如下。

（1）3 个接触器同时报故障码，查询 3 个接触器的共同点，确认 3 个接触器的电源均经过 FX–2 号保险，再由电池管理器控制拉低信号来控制接触器的吸合。

（2）对 FX 保险盒进行检查，发现测量 FX–2 号保险丝时上面没电压，用力往下压时有 12 V 电压，拔下保险发现里面的线束针脚退针，处理针脚后故障解决。

（四）维修小结

（1）若出现多个故障码，要先了解故障码是否有共性。

（2）熟悉电路原理有助于提升排查效率。

三、比亚迪宋车型发动机附件功能受限故障

（一）故障现象

一辆比亚迪宋车辆行驶 400 km，行驶时仪表偶发性故障显示发动机附件功能受限，读取故障码为 P0805（离合位置传感器线路故障）。

（二）故障分析

出现此故障应从这几方面进行分析。

（1）离合位置传感器（离合器总泵）故障。

（2）发动机 ECU 故障。

（3）线束连接故障。

（三）维修过程

此类故障维修过程如下。

（1）排查由简入难，先对传感器（离合器总泵）及发动机 ECU 进行排查确认，未见异常。

（2）根据以上排查，排查目标主要在线束上，如图 6-2 和图 6-3 所示，根据电路图进行排查，检查离合器线束 B46-1 搭铁正常，B46-5 电压为 12 V 属于正常，分别测量线束 B46-1 与车身、B46-5 与前舱配电盒 F1-4、B46-3 与发动机电脑 A01-25 针脚导通性良好。

（3）由于该故障属于偶发性故障，再次测量发动机 ECU 的 A01-25 针脚发现没有电压，离合器位置传感器由霍尔信号传递，踩下离合器踏板应该有变化；该车辆现无任何反应，再次测量发现 B46-5 无 12 V 电源，经检查后发现为线束接插件针脚有退针现象；处理接插件后故障排除。

图 6-2　接插件分解图

（四）维修小结

（1）偶发性故障一般为线束虚接导致。

（2）熟悉电路及线束，有利于快速排除故障。

四、比亚迪宋 MAX 车型偶发性 EPB 失效

（一）故障现象

比亚迪宋 MAX 车型，行驶里程为 248 km。偶发性 EPB 失效，电子手刹无法正常工作，仪表提示“请检查电子驻车系统”。

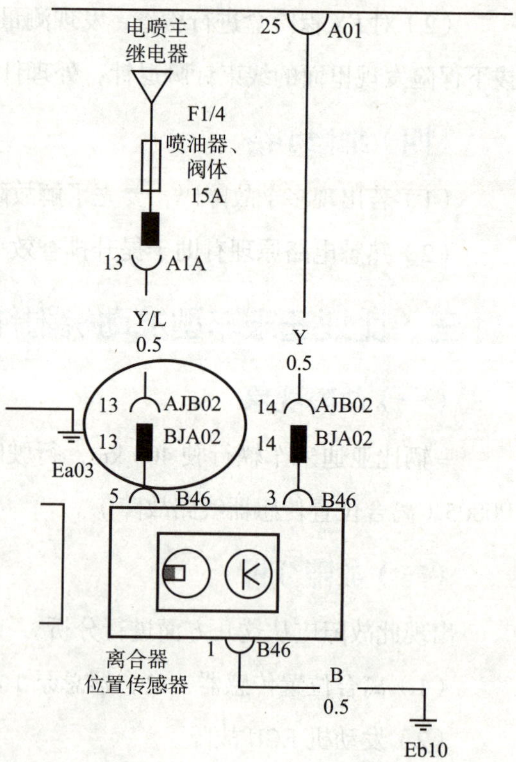

图 6-3　比亚迪宋车型电路图

（二）故障分析

出现此故障应从这几方面进行分析。

（1）EPB 控制器故障。

（2）EPB 开关或执行电机故障。

（3）线束故障。

（三）维修过程

此类维修过程如下。

（1）用 VDS1000 进入 EPB 系统，读取故障码为 C117009（EPB 开关故障）。

（2）根据维修手册测量 EPB 开关上各接插件之间的阻值正常，电源及搭铁信号正常。

（3）在不拔下 EPB 开关线束接插件的情况下，测量 1# 针脚电压为 6 V 左右。测量正常车辆上电压约为 8.8 V。怀疑 1 号针脚电源接触不良。根据电路图检查 KJG10-27# 针脚，发现有因进水引起的腐蚀起铜绿的现象，重新处理接插件后测量 EPB 开关线束接插件 1# 针脚，电压为 8.8 V 左右，EPB 恢复正常工作。

（4）检查前风挡，未发现有漏水现象。与客户沟通得知，前期风挡玻璃贴膜后该故障就出现了。应为贴膜不当导致插头进水引起。

（四）维修小结

EPB 开关属于复位式开关，EPB 控制模块通过判断 EPB 开关拉起或释放的过程中，各针脚电压的变化判断驾驶员具体的操作行为。所以在后期检查类似问题时，一定要对各针脚电压变化有明确了解，也可以和正常车辆上对应的 EPB 针脚做对比。

第二节　新能源汽车充电及电池管理系统常见故障诊断

一、故障现象

连接慢充充电枪，充电连接指示灯正常点亮，但充电机故障指示灯异常点亮，仪表上其他指示灯正常点亮，始终没有听到高压继电器吸合的声音，无法进行充电。

电池管理系统

二、故障分析

车载充电机故障指示灯点亮，说明可能存在以下情形：

（1）检测点 3（CC）的电压始终没有检测到最高值（12 V）。

（2）在检测点 3（CC）电压正常后，检测点 2（CP）始终没有检测到 9 V 的信号电压。

（3）在检测点 3（CC）电压正常后，检测点 2（CP）始终没有检测到 6 V 的 PWM 信号电压。

（4）在检测点 2（CP）电压正常后，车载充电机未发出慢充唤醒信号。

由于充电连接指示灯点亮，说明检测点 3 信号正常。而后三种原因存在因果关系，按照故障树的诊断原则，应该从慢充唤醒信号开始测量。

三、故障诊断

（一）车载充电机的慢充唤醒信号

连接充电枪，选用检测工具万用表。标准值应该由始终为 0 V 切换到 12 V。实测值 0 V，异常。分析可能的故障原因有以下两点。

（1）车载充电机主控单元自身故障。

（2）CP 信号异常。

（二）测量充电机端 CP 信号

连接充电枪，选用检测工具示波器。标准值应该由 0 V 切换到 9 V，再变成 9 V 方波，最后变成 6 V

方波。实测值始终为 12 V 直线，异常。说明车载充电机主控单元接收到来自充电设备的 12 V 信号，但在车载充电机内没有通过 R3 接地，可能的故障原因：R3 自身及其线路故障。

（三）测量 R3 上端的电压

连接充电枪，选用检测工具万用表。标准值应始终为直线，异常值为 0 V。实测值为 12 V。由于车载充电机 CC 信号正常，说明 PE 搭铁回路正常。故障为 R3 与 PE 搭铁线路之间存在故障。恢复后车载充电机故障指示灯熄灭。可以报出此故障后，予以恢复。

四、故障检查

连接慢充充电枪，充电连接指示灯、CAN 通信指示灯正常点亮，但 BMS 唤醒指示灯不亮，充电系统故障指示灯异常点亮，始终没有听到高压继电器吸合的声音，系统无法正常充电。

由于 CAN 通信指示灯正常点亮，说明 CAN 总线系统通信正常并处于通信状态；但 BMS 唤醒指示灯不亮，说明 BMS 没有接收到唤醒信号，或者对唤醒信号没有做出正确反应，所以应检查 BMS 端的唤醒信号是否正常。

（一）测量 BMS 端的慢充唤醒信号

连接慢充充电枪，选用检测工具万用表。标准值应该由始终为 0 V 切换到 12 V。实测值为 0 V，异常。分析可能的故障原因有以下两点。

（1）BMS 至 VCU 之间的线路。

（2）故障 VCU 自身故障。

（二）测量 VCU 端的慢充唤醒信号

连接慢充充电枪，选用检测工具万用表。标准值应该由 0 V 切换到 12 V。实测值正常。BMS 至 VCU 之间的线路断路故障，恢复故障后系统恢复正常。根据两端电压比较后得出断路故障即可协助恢复故障。

五、故障机理

R3 至 PE 之间线路断路，导致插入充电枪后，CP 信号没有被从 12 V 拉低到 9 V，充电机没有被唤醒，无法与充电供电装置及其他模块正常通信，所以不能充电。

慢充唤醒线路断路，导致 VCU 不能唤醒 BMS，BMS 无法正常与其他模块交换数据，所以无法正常充电。

任务训练

新能源汽车故障诊断与排除

在规定时间内，对新能源汽车常见的低压供电不正常、高压不能上电、车辆无法正常行驶、交流不能充电故障现象进行诊断与排除，在全面考核学生的基本操作技能情况下，要求按照维修手册的规范，在规定时间内完成作业的流程，发现和确认故障点，设置故障点 4 个，根据现场要求排除故障，完整准确填写任务作业表。作业过程中熟练查阅维修资料和电路图、正确使用工量具和仪器设备、准确测量技术参数和判断故障点、正确记录作业过程和测试数据、安全文明作业，并形成书面报告。（建议采用吉利帝豪 EV300 车型）

1. 填写车辆信息

作业项目	作业内容
整车型号	
工作电压	
电池容量	
车辆识别代码	
电机型号	
里程表读数	

2. 故障点 1——诊断与排除过程

<table>
<tr><th>作业项目</th><th colspan="4">作业内容</th><th>备注</th></tr>
<tr><td>故障现象确认</td><td colspan="4"></td><td>※ 确认故障症状并记录症状现象</td></tr>
<tr><td>模块通信状态及故障码检查</td><td colspan="4"></td><td></td></tr>
<tr><td rowspan="7">正确读取数据</td><td>项目</td><td>数值</td><td>单位</td><td>判断</td><td rowspan="7">※ 如果无相关数据则无须填写</td></tr>
<tr><td></td><td></td><td></td><td></td></tr>
<tr><td></td><td></td><td></td><td></td></tr>
<tr><td></td><td></td><td></td><td></td></tr>
<tr><td></td><td></td><td></td><td></td></tr>
<tr><td></td><td></td><td></td><td></td></tr>
<tr><td></td><td></td><td></td><td></td></tr>
<tr><td>清除故障码并再次读取</td><td colspan="4">确认故障码是否再次出现，并填写结果
□无 DTC
□有 DTC：</td><td></td></tr>
<tr><td>确定故障范围</td><td colspan="4">结合仪表现象、诊断数据和电路图分析，最有可能的故障范围：</td><td></td></tr>
<tr><td>基本检查</td><td colspan="4">线路 / 连接器外观及连接情况
□正常□不正常
零件安装等□正常□不正常</td><td>※ 不拆装</td></tr>
</table>

<table>
<tr><th>作业项目</th><th>作业内容</th><th>备注</th></tr>
<tr><td>部件 / 电路测试</td><td><table>
<tr><th>部件 / 线路范围</th><th colspan="2">检查或测试后的判断结果</th></tr>
<tr><td></td><td>□正常</td><td>□不正常</td></tr>
<tr><td></td><td>□正常</td><td>□不正常</td></tr>
<tr><td></td><td>□正常</td><td>□不正常</td></tr>
<tr><td></td><td>□正常</td><td>□不正常</td></tr>
<tr><td></td><td>□正常</td><td>□不正常</td></tr>
<tr><td></td><td>□正常</td><td>□不正常</td></tr>
<tr><td>波形采集</td><td>□正常</td><td>□不正常</td></tr>
</table></td><td>※ 注明测试条件、插件代码和编号，控制单元针脚代号以及测量结果</td></tr>
<tr><td>故障部位确认和排除</td><td><table>
<tr><th>故障类型</th><th>确认的故障位置</th><th>排除处理说明</th></tr>
<tr><td>线路故障</td><td></td><td>□更换□维修□调整</td></tr>
<tr><td>元件故障</td><td></td><td>□更换□维修□调整</td></tr>
</table></td><td></td></tr>
</table>

3. 故障点 2——诊断与排除过程

<table>
<tr><th>作业项目</th><th>作业内容</th><th>备注</th></tr>
<tr><td>故障现象确认</td><td></td><td>※ 确认故障症状并记录症状现象</td></tr>
<tr><td>模块通信状态及故障码检查</td><td></td><td></td></tr>
<tr><td>正确读取数据</td><td><table>
<tr><th>项目</th><th>数值</th><th>单位</th><th>判断</th></tr>
<tr><td></td><td></td><td></td><td></td></tr>
<tr><td></td><td></td><td></td><td></td></tr>
<tr><td></td><td></td><td></td><td></td></tr>
<tr><td></td><td></td><td></td><td></td></tr>
<tr><td></td><td></td><td></td><td></td></tr>
<tr><td></td><td></td><td></td><td></td></tr>
</table></td><td>※ 如果无相关数据则无须填写</td></tr>
<tr><td>清除故障码并再次读取</td><td>确认故障码是否再次出现，并填写结果
□无 DTC
□有 DTC：</td><td></td></tr>
<tr><td>确定故障范围</td><td>结合仪表现象、诊断数据和电路图分析，最有可能的故障范围:</td><td></td></tr>
</table>

<table>
<tr><th>作业项目</th><th>作业内容</th><th>备注</th></tr>
<tr><td>部件 / 电路测试</td><td>
<table>
<tr><th>部件 / 线路范围</th><th colspan="2">检查或测试后的判断结果</th></tr>
<tr><td></td><td>□正常</td><td>□不正常</td></tr>
<tr><td></td><td>□正常</td><td>□不正常</td></tr>
<tr><td></td><td>□正常</td><td>□不正常</td></tr>
<tr><td></td><td>□正常</td><td>□不正常</td></tr>
<tr><td></td><td>□正常</td><td>□不正常</td></tr>
<tr><td></td><td>□正常</td><td>□不正常</td></tr>
<tr><td>波形采集（不用者不填）</td><td>□正常</td><td>□不正常</td></tr>
</table>
</td><td>※ 注明测试条件、插件代码和编号，控制单元针脚代号以及测量结果</td></tr>
<tr><td>故障部位确认和排除</td><td>
<table>
<tr><th>故障类型</th><th>确认的故障位置</th><th>排除处理说明</th></tr>
<tr><td>线路故障</td><td></td><td>□更换□维修□调整</td></tr>
<tr><td>元件故障</td><td></td><td>□更换□维修□调整</td></tr>
</table>
</td><td></td></tr>
</table>

4. 故障点 3——诊断与排除过程

<table>
<tr><th>作业项目</th><th>作业内容</th><th>备注</th></tr>
<tr><td>故障现象确认</td><td></td><td>※ 确认故障症状并记录症状现象</td></tr>
<tr><td>模块通信状态及故障码检查</td><td></td><td></td></tr>
<tr><td>正确读取数据</td><td>
<table>
<tr><th>项目</th><th>数值</th><th>单位</th><th>判断</th></tr>
<tr><td></td><td></td><td></td><td></td></tr>
<tr><td></td><td></td><td></td><td></td></tr>
<tr><td></td><td></td><td></td><td></td></tr>
<tr><td></td><td></td><td></td><td></td></tr>
<tr><td></td><td></td><td></td><td></td></tr>
<tr><td></td><td></td><td></td><td></td></tr>
</table>
</td><td>※ 如果无相关数据则无须填写</td></tr>
<tr><td>清除故障码并再次读取</td><td>确认故障码是否再次出现，并填写结果
□无 DTC
□有 DTC：</td><td></td></tr>
<tr><td>确定故障范围</td><td>结合仪表现象、诊断数据和电路图分析，最有可能的故障范围:</td><td></td></tr>
</table>

<table>
<tr><th>作业项目</th><th>作业内容</th><th>备注</th></tr>
<tr><td>部件 / 电路测试</td><td>
<table>
<tr><th>部件 / 线路范围</th><th colspan="2">检查或测试后的判断结果</th></tr>
<tr><td></td><td>□正常</td><td>□不正常</td></tr>
<tr><td></td><td>□正常</td><td>□不正常</td></tr>
<tr><td></td><td>□正常</td><td>□不正常</td></tr>
<tr><td></td><td>□正常</td><td>□不正常</td></tr>
<tr><td></td><td>□正常</td><td>□不正常</td></tr>
<tr><td></td><td>□正常</td><td>□不正常</td></tr>
<tr><td>波形采集（不用者不填）</td><td>□正常</td><td>□不正常</td></tr>
</table>
</td><td>※ 注明测试条件、插件代码和编号，控制单元针脚代号以及测量结果</td></tr>
<tr><td>故障部位确认和排除</td><td>
<table>
<tr><th>故障类型</th><th>确认的故障位置</th><th>排除处理说明</th></tr>
<tr><td>线路故障</td><td></td><td>□更换□维修□调整</td></tr>
<tr><td>元件故障</td><td></td><td>□更换□维修□调整</td></tr>
</table>
</td><td></td></tr>
</table>

5. 故障点 4——诊断与排除过程

<table>
<tr><th>作业项目</th><th>作业内容</th><th>备注</th></tr>
<tr><td>故障现象确认</td><td></td><td>※ 确认故障症状并记录症状现象</td></tr>
<tr><td>模块通信状态及故障码检查</td><td></td><td></td></tr>
<tr><td>正确读取数据</td><td>
<table>
<tr><th>项目</th><th>数值</th><th>单位</th><th>判断</th></tr>
<tr><td></td><td></td><td></td><td></td></tr>
<tr><td></td><td></td><td></td><td></td></tr>
<tr><td></td><td></td><td></td><td></td></tr>
<tr><td></td><td></td><td></td><td></td></tr>
<tr><td></td><td></td><td></td><td></td></tr>
<tr><td></td><td></td><td></td><td></td></tr>
</table>
</td><td>※ 如果无相关数据则无须填写</td></tr>
<tr><td>清除故障码并再次读取</td><td>确认故障码是否再次出现，并填写结果
□无 DTC
□有 DTC：</td><td></td></tr>
</table>

<table>
<tr><td>确定故障范围</td><td>结合仪表现象、诊断数据和电路图分析，最有可能的故障范围：</td><td></td></tr>
<tr><td>部件 / 电路测试</td><td>
<table>
<tr><th>部件 / 线路范围</th><th colspan="2">检查或测试后的判断结果</th></tr>
<tr><td></td><td>□正常</td><td>□不正常</td></tr>
<tr><td></td><td>□正常</td><td>□不正常</td></tr>
<tr><td></td><td>□正常</td><td>□不正常</td></tr>
<tr><td></td><td>□正常</td><td>□不正常</td></tr>
<tr><td></td><td>□正常</td><td>□不正常</td></tr>
<tr><td></td><td>□正常</td><td>□不正常</td></tr>
<tr><td>波形采集（不用者不填）</td><td>□正常</td><td>□不正常</td></tr>
</table>
</td><td>※注明测试条件、插件代码和编号，控制单元针脚代号以及测量结果</td></tr>
<tr><td>故障部位确认和排除</td><td>
<table>
<tr><th>故障类型</th><th>确认的故障位置</th><th>排除处理说明</th></tr>
<tr><td>线路故障</td><td></td><td>□更换□维修□调整</td></tr>
<tr><td>元件故障</td><td></td><td>□更换□维修□调整</td></tr>
</table>
</td><td></td></tr>
</table>

6. 最终维修结果确认

<table>
<tr><th>作业项目</th><th>作业内容</th><th>备注</th></tr>
<tr><td>维修后故障代码读取，并填写读取结果</td><td></td><td rowspan="3">※表中项目检查有内容时填写检查结果，如果没有时填写“无”</td></tr>
<tr><td>与原故障相关数据检查结果</td><td>
<table>
<tr><th>项目</th><th>数值</th><th>单位</th><th>判断</th></tr>
<tr><td></td><td></td><td></td><td></td></tr>
<tr><td></td><td></td><td></td><td></td></tr>
<tr><td></td><td></td><td></td><td></td></tr>
<tr><td></td><td></td><td></td><td></td></tr>
<tr><td></td><td></td><td></td><td></td></tr>
<tr><td></td><td></td><td></td><td></td></tr>
<tr><td></td><td></td><td></td><td></td></tr>
<tr><td></td><td></td><td></td><td></td></tr>
<tr><td></td><td></td><td></td><td></td></tr>
</table>
</td></tr>
<tr><td>维修后的功能操作确认并填写结果</td><td></td></tr>
</table>

课程思政

成都市双流区举行数控车工、汽车维修工比赛

2021年10月20日，由成都市双流区总工会组织的“2021成都百万职工技能大赛双流区数控车工、汽车维修工比赛”在成都市机械高级技工学校拉开帷幕。

根据规则，比赛共包括理论考试和实操竞赛两项，主要考核参赛选手的理论水平和实际操作水平。在理论考试现场，选手们奋笔疾书、认真仔细地完成每一道题。

上件、找正……在举行的汽车维修工实操竞赛现场，一个个简单的器件在参赛选手们的精心改造后变成了一件件精美的工业“艺术品”。

双流总工会相关负责人表示，开展职工技能大赛既是职工技能水平的展示，也为职工学练技能、提高本领搭建了平台，对不断提高广大职工的技能素质、培养和造就一批具有高级技能的劳动人才，引领广大职工在推动经济社会发展中发挥主力军作用，充分调动职工积极性、主动性和创造性具有重要意义。

（来源：人民网－四川频道小字号 2021年10月21日）

思考练习

一、选择题

1. 打开点火开关后，仪表正常点亮，但是解码仪无法与整车通信，原因可能是（　　）。

A．智能钥匙失效　　B．整车无电

C．点火开关损坏　　D．OBD诊断接口损坏

2. 交流充电插枪之后，仪表充电指示灯不亮，可能原因是（　　）。

A. CC断路　　B．充电枪电源未接

C．CP断路　　D．点火开关损坏

3. 以下会造成动力电池故障灯点亮的原因是（　　）。

A．主接触器故障　　B．电机控制器不工作

C．分压接触器不工作　　D．漏电模块不工作

4. 以下会造成整车无法驱动的是（　　）。

A．智能钥匙电量不足　　B．动力电池包SOC低

C．旋变传感器余弦信号线断路　　D．DC-DC不工作

5. 旋变传感器的故障码一般出现在哪个整车模块？（　　）

A．电机控制器　　B．动力电池管理器

C．充电控制器　　D．空调控制器

参考文献

[1] 王辉，张乐平，罗易．新能源汽车维护与故障诊断［M］．南京：南京大学出版社，2021.

[2] 蔡晓兵，樊永强．电动汽车维修从入门到精通［M］．北京：化学工业出版社，2021.

[3] 王强，李楷，孙兵凡．新能源汽车维护与故障诊断［M］．北京：机械工业出版社，2020.

[4] 吴立新．新能源汽车维护与故障诊断［M］．北京：机械工业出版社，2018.

[5] 李伟，刘强，王军．新款电动汽车构造原理与故障检修［M］．北京：化学工业出版社，2018.

[6] 宋广辉，陈东．新能源汽车维护与故障诊断［M］．北京：机械工业出版社，2019.

参考文献

[1] [illegible]. 新能源汽车维护与故障诊断[M]. [illegible]: [illegible]大学出版社, 2021.

[2] [illegible]. 电动汽车[illegible][M]. 北京: 化学工业出版社, 2021.

[3] [illegible]. 新能源汽车维护与故障诊断[M]. [illegible]: [illegible]出版社, 2020.

[4] [illegible]. 新能源汽车维护与故障诊断[M]. 北京: 机械工业出版社, 2018.

[5] [illegible]. 新能源汽车[illegible][M]. 北京: 化学工业出版社, 2018.

[6] [illegible]. 新能源汽车维护与检修[M]. 北京: 机械工业出版社, 2019.